区块链技术、应用与知识产权保护

国家知识产权局专利局专利审查协作北京中心◎组织编写

知识产权出版社
全国百佳图书出版单位
—北京—

图书在版编目（CIP）数据

区块链技术、应用与知识产权保护/国家知识产权局专利局专利审查协作北京中心组织编写. —北京：知识产权出版社，2023.10
ISBN 978-7-5130-8962-3

Ⅰ.①区… Ⅱ.①国… Ⅲ.①区块链技术—应用—知识产权保护—研究 Ⅳ.①D913.4

中国国家版本馆CIP数据核字（2023）第205847号

内容提要

本书旨在通过梳理区块链的技术发展和应用领域，分析区块链的技术原理、关键技术、应用场景和政策法规，介绍区块链在知识产权领域的运用以及相关知识产权保护情况，明确区块链技术知识产权保护的方向，完善知识产权保护模式，助力区块链产业的高效有序发展，进而助力未来的数字经济建设。本书适合市场营销和决策人员、知识产权从业者、相关创新主体法务人员、高校和科研院所研究人员阅读。

责任编辑：王祝兰　章鹿野	责任校对：王　岩
封面设计：杨杨工作室·张　冀	责任印制：刘译文

区块链技术、应用与知识产权保护

国家知识产权局专利局专利审查协作北京中心　组织编写

出版发行：知识产权出版社有限责任公司	网　　址：http://www.ipph.cn
社　　址：北京市海淀区气象路50号院	邮　　编：100081
责编电话：010-82000860转8555	责编邮箱：wzl_ipph@163.com
发行电话：010-82000860转8101/8102	发行传真：010-82000893/82005070/82000270
印　　刷：天津嘉恒印务有限公司	经　　销：新华书店、各大网上书店及相关专业书店
开　　本：787mm×1092mm　1/16	印　　张：17.25
版　　次：2023年10月第1版	印　　次：2023年10月第1次印刷
字　　数：324千字	定　　价：99.00元
ISBN 978-7-5130-8962-3	

出版权专有　侵权必究
如有印装质量问题，本社负责调换。

前 言

21世纪，随着全球新一轮科技革命和产业变革持续深入，信息技术将成为引领新一轮变革的主导力量。2009年，比特币横空出世，由于其独特价值属性，随后的几年中，全球掀起了追逐比特币的热潮。区块链技术作为比特币系统的底层技术也因此浮出水面，得到全球技术人员的重视。区块链技术被认为是继大型计算机、个人计算机、互联网、移动社交之后的第五次颠覆式的计算范式。

目前市面上关于区块链的书籍主要分为两类：一类是面向公众，技术描述上通俗易懂，偏向于科普性质，但是通常对技术的讲解不够系统，深度与广度不够，对技术的行业应用没有讲解或者涉及较少；另一类则面向专业技术人员，技术描述更为全面和深入，注重技术细节，但是通常较为晦涩难懂，且不涉及对应用的研究，更不涉及对知识产权保护情况的研究。在区块链产业和技术发展的过程中，有一类人扮演着重要角色，他们是区块链在产业化、商业化过程中的推进者，包括市场营销和决策人员、知识产权从业者、相关创新主体法务人员、高校和科研院所研究人员等。相对于公众，他们对技术更加了解；相对于直接参与研发的专业技术人员，他们则更关心技术的发展趋势、市场分布以及产业的应用动态、行业参与者的发展动向。他们不仅需要系统把握区块链技术的相关知识，而且需要了解区块链的知识产权保护情况以及未来的发展趋势，以更准确地开展商业方面的判断，更好地为区块链相关创新主体的创新保驾护航，更快、更深入地将区块链技术的优势融入更多行业的发展中。

本书聚焦于区块链的技术、应用场景和知识产权保护，旨在通过深入、完整地把握区块链的技术发展，系统梳理区块链的应用领域，了解区块链在知识产权领域的运用以及相关知识产权保护情况，重点分析区块链的技术发展趋势和应用前景，明确知识产权保护的方向，完善知识产权保护模式，助力区块链产业的高效有序发展，进而助力国家未来的数字经济建设。

全书分技术篇、应用篇、保护篇三篇。第1—5章为技术篇：第1章是区块链技术概述，第2—5章分别介绍了安全机制、网络架构、数据结构、共识机制四个方面的关键技术。第6—10章为应用篇：第6章是区块链发展现状及应用场景概述，第7—10章分别介绍了金融、医疗、交通运输、知识产权四个典型的应用场景。第11—14章为保护篇：第11章是区块链技术的知识产权保护概述，第12章开展了区块链相关专利布局分析，第13章重点讲解区块链相关专利审查与司法实践，第14章给出了区块链相关的知识产权保护建议。参与编写本书的各位作者都有丰富的区块链知识储备、10年以上的专利审查经历以及较为丰富的专利分析经验。其中，前言、第1—3章、第12章第12.1节、第14章第14.2节及附录由张颖浩编写；第4章、第12章第12.2节由王兴编写；第5—6章、第8章、第12章第12.3.2节、第13章、第14章第14.3节由赵晓红编写；第7章、第9章、第12章第12.3.1节和第12.3.3节由傅颖编写；第10—11章、第12章第12.3.4节、第14章第14.1节由谢幸初编写。在本书编写过程中，陈玉华、于行洲、张璞等专家给予了许多宝贵的指导意见。

  本书从一个新的角度出发，窥一斑而知全豹，通过有限的篇幅为读者整理出区块链发展的大致脉络，希望读者通过阅读本书，能够对区块链的技术原理、关键技术、应用场景、政策法规以及知识产权保护有更多了解，对区块链有一个更全面的认识，从而更好地把握未来技术发展的趋势。

目 录

技 术 篇

第1章 区块链技术概述 ………………………………………………………… 3
1.1 起 源 ………………………………………………………………………… 4
1.2 定 义 ………………………………………………………………………… 5
1.3 特 征 ………………………………………………………………………… 5
1.4 组成结构 ……………………………………………………………………… 6
1.5 工作流程 ……………………………………………………………………… 8
1.6 分 类 ………………………………………………………………………… 10
1.7 系统构架 ……………………………………………………………………… 10
1.8 典型问题 ……………………………………………………………………… 11
  1.8.1 区块链分叉问题 ………………………………………………………… 12
  1.8.2 区块链双花问题 ………………………………………………………… 12
1.9 技术分解 ……………………………………………………………………… 13

第2章 区块链的安全基础——安全机制 …………………………………… 16
2.1 哈希算法 ……………………………………………………………………… 16
2.2 非对称密钥 …………………………………………………………………… 17
2.3 数字签名 ……………………………………………………………………… 18
2.4 多重签名 ……………………………………………………………………… 19
2.5 私钥存储 ……………………………………………………………………… 19

第3章 区块链的网络承载——网络架构 …………………………………… 21
3.1 区块链网络架构概述 ………………………………………………………… 21
3.2 P2P组网 ……………………………………………………………………… 22

1

3.2.1　节点发现 ··· 22
　　3.2.2　组网方式的分类 ·· 23
3.3　Gossip 协议 ·· 24
　　3.3.1　Gossip 协议的优点 ··· 25
　　3.3.2　Gossip 协议的缺点 ··· 25
3.4　DHT 技术 ·· 26

第 4 章　区块链的数据组织——数据结构 ··············· 27
4.1　默克尔树 ·· 27
4.2　时间戳 ·· 28
4.3　有向无环图 ·· 29

第 5 章　区块链的设计灵魂——共识机制 ··············· 30
5.1　区块链共识机制概述 ··· 30
5.2　PoW 算法 ·· 31
5.3　PoS 算法 ··· 31
5.4　BFT 算法 ·· 32
5.5　Raft 算法 ··· 33
5.6　跨链共识 ·· 34

应　用　篇

第 6 章　区块链发展现状及应用场景概述 ··············· 37
6.1　区块链发展进程 ··· 37
6.2　区块链应用现状 ··· 38
6.3　区块链应用场景概述 ··· 39

第 7 章　区块链 + 金融 ·· 42
7.1　区块链在金融领域的应用概述 ··· 42
7.2　区块链 + 数字货币 ·· 42
7.3　区块链 + 交易结算 ·· 44
　　7.3.1　现代银行交易结算的发展瓶颈 ································· 44
　　7.3.2　区块链赋能跨境交易 ·· 44
7.4　区块链 + 证券 ·· 46

7.4.1	传统证券业务的发展需求		46
7.4.2	区块链+证券的应用模式		46

7.5 区块链+保险 … 48
7.6 区块链+审计 … 49
    7.6.1 现代审计的痛点 … 49
    7.6.2 区块链+审计应用模式 … 49
7.7 区块链+供应链金融 … 51
    7.7.1 供应链金融概述及发展困境 … 51
    7.7.2 区块链赋能供应链金融 … 52
7.8 区块链在金融领域应用面临的问题及发展前景展望 … 53

第8章 区块链+医疗 … 55
8.1 医疗领域的痛点及区块链解决方案 … 55
8.2 区块链在医疗领域的应用现状 … 56
8.3 区块链在医疗领域的应用场景 … 57
    8.3.1 区块链+电子病历 … 57
    8.3.2 区块链+药品防伪溯源 … 58
    8.3.3 区块链+医疗保险 … 59
    8.3.4 区块链+远程诊疗 … 60
8.4 区块链+医疗存在的问题及发展前景展望 … 61

第9章 区块链+交通运输 … 63
9.1 现代交通运输的发展瓶颈及区块链解决方案 … 63
    9.1.1 数据资源共享与信息安全问题 … 63
    9.1.2 资金结算与支付问题 … 64
    9.1.3 产业链整合与信息溯源问题 … 64
    9.1.4 交通体系化管理问题 … 64
9.2 区块链在交通运输业的应用现状 … 67
9.3 区块链在交通运输领域的应用场景 … 69
    9.3.1 区块链+客运出行 … 69
    9.3.2 区块链+货运物流 … 70
    9.3.3 区块链+交通执法 … 71
    9.3.4 区块链+交通基建 … 72

第 10 章　区块链＋知识产权 ……… 73
10.1　知识产权的概念和特点 ……… 73
10.2　传统知识产权行业的痛点分析 ……… 75
10.2.1　知识产权确权难 ……… 75
10.2.2　知识产权用权难 ……… 76
10.2.3　知识产权维权难 ……… 78
10.3　区块链技术在知识产权关键环节的应用分析 ……… 79
10.3.1　提供知识产权原创证明 ……… 79
10.3.2　优化知识产权申请审批流程 ……… 80
10.3.3　助力知识产权交易流转 ……… 81
10.3.4　支撑知识产权维权举证 ……… 82
10.4　区块链技术在知识产权中的应用局限和未来展望 ……… 83
10.4.1　应用局限 ……… 83
10.4.2　未来展望 ……… 84

保　护　篇

第 11 章　区块链技术的知识产权保护概述 ……… 89
11.1　计算机领域常见的知识产权保护方式 ……… 89
11.1.1　专利权保护 ……… 90
11.1.2　著作权保护 ……… 90
11.1.3　商标权保护 ……… 91
11.1.4　商业秘密保护 ……… 91
11.1.5　开源许可 ……… 92
11.2　区块链技术的知识产权保护现状 ……… 93
11.2.1　专利保护现状 ……… 94
11.2.2　商标保护现状 ……… 95
11.3　知识产权保护需要考虑的重点问题 ……… 98
11.3.1　如何选择合适的保护方式 ……… 98
11.3.2　如何实现合理的布局 ……… 98
11.3.3　如何充分利用已有知识产权 ……… 99

11.3.4	如何维护自己的海外权益	100

第12章 区块链相关专利布局分析 … 102

12.1 区块链整体专利分析 … 102
- 12.1.1 区块链在数据库中的检索 … 102
- 12.1.2 全球专利现状分析 … 105
- 12.1.3 中国专利状况分析 … 111
- 12.1.4 专利申请人及创新人才状况分析 … 113

12.2 区块链核心技术专利分析 … 118
- 12.2.1 安全机制 … 118
- 12.2.2 网络架构 … 130
- 12.2.3 数据结构 … 140
- 12.2.4 共识机制 … 150
- 12.2.5 需要重点关注的专利技术预警 … 160

12.3 区块链应用领域的专利分析 … 169
- 12.3.1 区块链+金融专利分析 … 169
- 12.3.2 区块链+医疗专利分析 … 185
- 12.3.3 区块链+交通运输专利分析 … 196
- 12.3.4 区块链+知识产权专利分析 … 208

第13章 区块链相关专利审查与司法实践 … 225

13.1 区块链相关专利申请法律状态分析 … 225

13.2 区块链相关专利适格性审查 … 226
- 13.2.1 中国区块链相关专利适格性审查 … 226
- 13.2.2 美国区块链相关专利适格性审查 … 230
- 13.2.3 欧洲区块链相关专利适格性审查 … 234

13.3 区块链相关专利实质性条件审查 … 235
- 13.3.1 中国区块链相关专利实质性条件审查 … 235
- 13.3.2 美国区块链相关专利实质性条件审查 … 237
- 13.3.3 欧洲区块链相关专利实质性条件审查 … 239

13.4 区块链相关专利司法实践 … 243

第14章 区块链相关知识产权保护建议 … 245

14.1 采取多元化的保护方式 … 245

- 14.1.1 以专利权保护为主 …………………………………………………… 246
- 14.1.2 以著作权、商标权和商业秘密保护为补充 …………………………… 246
- 14.1.3 协调知识产权保护和开源许可之间的关系 …………………………… 248
- 14.2 区块链技术发展趋势预测及建议 …………………………………………… 249
  - 14.2.1 技术创新解决方案 …………………………………………………… 249
  - 14.2.2 中国企业发展路径和风险防范路径 ………………………………… 251
  - 14.2.3 创新人才培养和引进路径 …………………………………………… 253
  - 14.2.4 专利协同运用和市场运营路径 ……………………………………… 255
  - 14.2.5 本节小结 ……………………………………………………………… 256
- 14.3 全链条加强保护 ……………………………………………………………… 257
  - 14.3.1 从专利申请的角度 …………………………………………………… 257
  - 14.3.2 从国家战略的角度 …………………………………………………… 259
- 附录 申请人名称约定表 ………………………………………………………… 261

技 术 篇

第1章 区块链技术概述

区块链（blockchain）也可称为分布式账本（distributed ledger），或分布式分类账，或共享分类账，是分布式数据存储、点对点传输、共识机制、加密算法等技术的新型应用模式。从严格意义上来说，区块链是一种在网络成员之间共享、复制和同步的数字数据库。由于在金融领域的应用范围较为广泛，美国联邦储备系统、欧洲中央银行等将区块链技术作广义界定，即由点对点（peer to peer，P2P）网络、分布式数据存储、加密技术等多种技术要素组合而成，具备改变数据记录、存储和数字资产转移方式能力的技术。比特币是区块链技术的第一个应用。

区块链技术属于一种去中心化的记录技术，从实质上说就是一个可以在多个站点、机构或者不同地理位置组成的P2P网络里进行数据分享的数据库，没有中心管理员或集中数据存储。区块链中的每一条记录都具有时间戳和唯一的数字签名，由上述记录形成的账本能够实现全网络中所有交易历史的追溯。在网络中的每个参与者都可以获得一个唯一且真实的账本副本，记录里的任何改动都会体现在所有的副本中。可通过公开密钥（public key，以下简称"公钥"）和私有密钥（private key，以下简称"私钥"）以及数字签名（DSA）的使用控制账本的访问权，从而确保账本里所存储的资产的安全性和准确性。全网中的所有参与者根据网络中的共识算法规则进行更新。[1]

本章系统概述了区块链技术，并从区块链的起源、定义、特征、组成结构、工作流程、分类、系统构架、典型问题以及技术分解等九个方面详尽介绍区块链技术，旨在通过有限的篇幅为读者整理出区块链的基础技术原理以及技术发展的大致脉络，从而帮助读者对区块链技术有一个较为全面的认识。

---

[1] 沈鑫，裴庆祺，刘雪峰. 区块链技术综述［J］. 网络与信息安全学报，2016，2（11）：11–19.

1.1 起　源

2008年11月1日，一个自称中本聪（Satoshi Nakamoto）的人在互联网一个讨论信息加密的邮件组上发表了一篇文章《比特币：一种点对点的电子现金系统》（Bitcoin: A Peer-to-Peer Electronic Cash System）。该文章勾画了比特币系统的运行原理和基本构架，第一次较为完整地提出了"区块链"的概念，认为区块链技术是构建比特币系统的数据结构与交易记录加密传输的基础技术。

该文章提出了一种完全通过点对点技术实现的电子现金系统——比特币系统，该系统能够支持在线支付，即直接由一方发起并支付给另外一方，中间不需要通过任何的第三方金融机构的支持。这种解决方案，使现金系统在点对点的环境下运行，并能避免双重支付问题。系统网络通过随机散列给全部交易加上时间戳，将时间戳记入一个不断延伸的、基于随机散列的工作量证明（proof of work，PoW）的链条作为交易记录，形成的交易记录将不可更改。系统本身需要的基础设施非常少，信息尽最大努力在全网传播即可，节点（nodes）可以随时离开和重新加入网络，并将最长的PoW链条作为在该节点离线期间发生的交易的证明。❶ 不同的记账管理方式示意如图1-1-1所示。

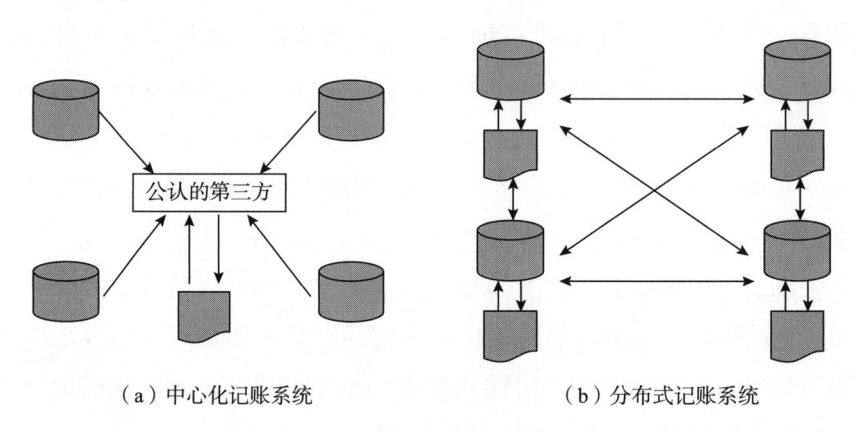

（a）中心化记账系统　　　　（b）分布式记账系统

图1-1-1　不同的记账管理方式示意

中本聪在上述文章中提出的比特币系统所涉及的区块链技术并不是从天而降的，

---

❶ 卞鹏. 区块链技术发展现状和启示［J］. 辽宁经济，2017（4）：36-37.

一方面，区块链技术是从20世纪70年代密码学的蓬勃兴起逐渐发展、演变而来的；另一方面，区块链技术的发展是由互联网技术的发展和云计算、大数据的兴起所决定的。

在密码学技术和互联网技术发展的基础上，2009年1月3日，比特币系统开始在一个开源的区块链上运行，由中本聪创造了比特币的"创世区块"。后面所有的区块通过区块头哈希值（block hash value）层层传导，都可以溯源到创世区块。可以说，比特币系统是区块链技术的首个应用，区块链技术是构建比特币系统网络与交易信息加密传输的基础技术。

1.2 定 义

那么究竟什么是区块链？有没有标准的定义？这里我们首先参考工业和信息化部指导发布的《中国区块链技术和应用发展白皮书（2016）》。

该白皮书是工业和信息化部信息化和软件服务业司指导中国电子技术标准化研究院，联合诸多骨干企业，开展区块链技术和应用发展趋势专题研究后编撰形成的。其将区块链定义为分布式存储、点对点传输、共识机制、加密算法等计算机技术的新型应用模式。狭义来讲，区块链是一种按照时间顺序将数据区块以顺序相连的方式组合成的链式数据结构，并以密码学方式保证其不可篡改和不可伪造。其主要解决交易的信任和安全问题，最初是作为比特币的底层技术出现的。

从数据的角度来看，区块链是一种由网络中不同地理位置或不同虚拟位置的多个站点共同构建的，用于共享、复制和同步的数字资产数据库，是一种几乎不可能被更改的分布式数据库。其中，资产可以是货币以及法律定义的实体的或者电子的资产。这里的分布式主要体现为数据的分布式存储，即多个站点共同维护信息。也就是说，分布式账本是由网络中各个节点共享的一种数据库。

1.3 特 征

区块链技术建立的系统主要有四个重要特征：①去中心化、去信任化；②独立、开放、共识；③交易双方匿名，交易信息透明；④不可篡改，可追溯。

第一个特征是去中心化、去信任化。这也是区块链的核心特征。区块链最经典的结构，是由众多平等节点共同组成的一个 P2P 网络，不存在中心化的管理设备，强调网络的共享性。同时，数据的计算和储存都是分散式的，节点之间的数据交换通过数字签名技术进行验证，无须互相信任，每个节点都需要自我验证、传递和管理，系统按照既定的规则进行。

　　第二个特征是独立、开放、共识。独立是指每一台设备都能作为一个节点，允许获得一份完整的数据库拷贝。开放是指区块链系统是开源的，除了其中交易数据会被加密，其余的运算数据都对所有人开放，任何人都可以去查询区块链中的数据。共识是指区块链系统的运行基于预设的共识机制，网络中的所有节点基于共识机制通过竞争计算实现自治，共同维护整个区块链，不需要依靠第三方而独立运行。

　　第三个特征是交易双方匿名，交易信息透明。区块链的运行规则和每笔交易信息对网络中所有节点都是公开的。平等节点之间是去信任的，每个平等节点都可以是匿名的，不需要公开身份。

　　第四个特征是不可篡改，可追溯。区块链系统中的每笔交易记录一旦写入就不能够再改动，只要交易信息被验证完就永久地写入区块中，这其中通过使用哈希算法，使得交易信息不能被篡改。区块链中每个区块计算出的数值会被放进下一个区块中，让区块链之间的交易信息能够被正确地保障。每笔交易的信息会在加密后传输至相邻区块，即可以通过区块查询并获取任何一笔交易的发生过程，甚至可以追溯到创世区块。

1.4　组成结构

　　区块＋链的组成结构是构成区块链的基础结构，区块链就是依据这个组成结构来命名的。

　　区块链以区块为基本单位。全网络中所有的交易记录均以交易单的形式分别存储在网络中唯一的区块中。已达成交易的区块串联形成主链，网络中所有参与计算的节点都记录主链或主链中的一部分。区块之间的连接如图 1－4－1 所示。

　　区块作为区块链的基本结构单元，由包含三组元数据的区块头和包含交易数据的区块体（也称"区块主体"）两部分组成，区块体负责记录之前的交易信息，区块头主要用于维持区块链各功能的正常运行。区块的构成如图 1－4－2 所示，区块的组成结构如表 1－4－1 所示。

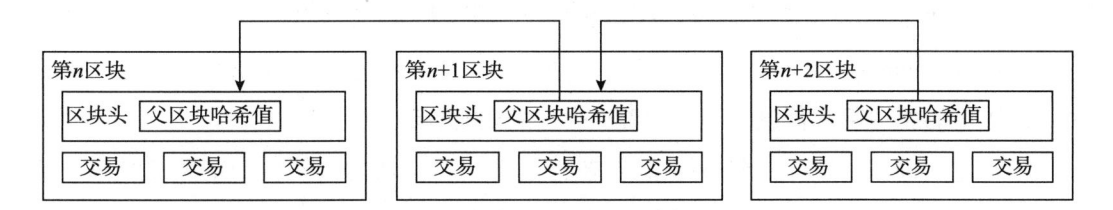

图1-4-1 区块之间的连接

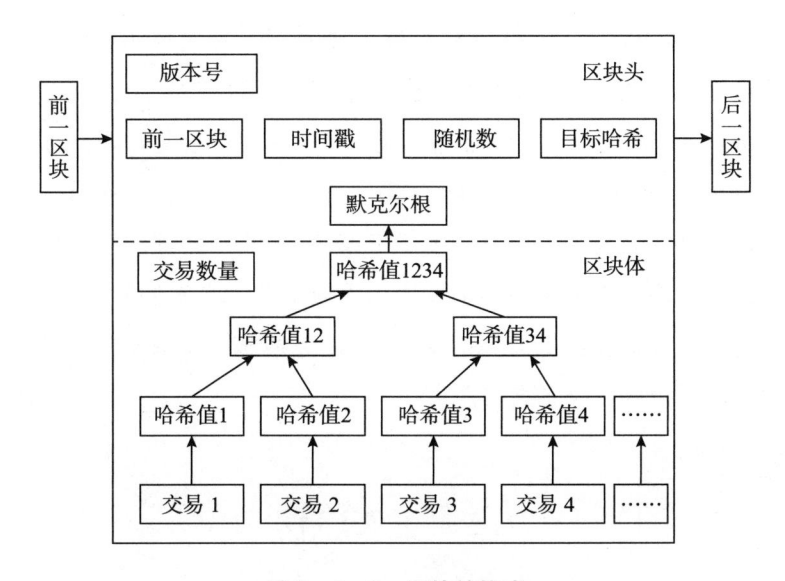

图1-4-2 区块的构成

表1-4-1 区块的组成结构

字段	子字段	大小	描述
区块头	区块大小	4字节	本区块字节大小（不含本字段在内）
	版本号	4字节	标示区块协议版本
	父区块哈希值	32字节	父区块（前一区块）的区块头部哈希值
	默克尔根	32字节	本区块中所记录交易的默克尔根的哈希值
	时间戳	4字节	本区块的产生时间
	难度值	4字节	产生本区块所进行的PoW计算的难度目标
	随机数	4字节	用于PoW算法的计数器
区块体	交易数量	1—9字节	本区块记录的交易数量
	交易	由交易数量决定	记录本区块的所有交易

区块头通常为80字节，具体包括以下六个方面。❶

版本号（version number）：大小为4字节，记录了本区块区块头的版本信息，标示软件及协议的相关版本信息，用于跟踪软件/协议的更新。

哈希值（hash value）：大小为32字节，记录了本区块的前一区块的哈希地址，即父区块哈希值，相邻区块通过哈希值首尾相连组成区块链。同时，哈希值也用于保障区块链的安全性。

默克尔根（merkle root）：大小为32字节，该值是区块主体中所有交易通过多次哈希计算获得的最终一个数值，主要用于检验一笔交易是否在本区块中存在。

时间戳（time stamp）：大小为4字节，记录了本区块的创建时间，通常精确到秒。

难度值（difficulty target）：大小为4字节，记录了本区块的PoW算法难度目标。

随机数（nonce）：大小为4字节，用于PoW算法的计数器，记录了用于证明工作量的计算参数，也可理解为记录解密本区块相关数学题的答案的值。

区块体所记录的交易信息是区块所承载的任务数据，具体包括交易双方的私钥、交易的数量、电子货币的数字签名等。

1.5 工作流程

本节重点介绍区块链到底是如何工作的。可先将区块链系统分成交易与区块两个部分，基于此来了解区块链交易的原理流程。我们以经典的比特币系统的一次交易为例，介绍区块链的工作流程。区块链的工作原理如图1-5-1所示。

第一步，交易的生成，新交易创建。用一个例子来说明，用户A和用户B之间发起交易，A从B处购买商品，向B支付比特币。这里由用户A向用户B发起交易信息。用户A利用他的私钥对前一次交易（比特币来源）和下一位用户B（比特币收款人）的公钥签署一个数字签名，并将这个签名附加在这枚货币的末尾，制作成交易单。

第二步，交易信息全网络传播。A将交易单广播至全比特币网，每个节点都将收到的交易信息纳入一个区块。具体来说，每个节点通常会收集到数笔未验证的交易哈希值，每个区块可以包含数百笔或上千笔交易。最快完成PoW的节点，会将自己的区块传播给其他节点。在这个过程中，该交易涉及的比特币同时发送给了B，B使用自己

---

❶ 谢辉，王健. 区块链技术及其应用研究 [J]. 信息网络安全, 2016 (9): 192–195.

的私钥对 A 的数字签名进行检验获得比特币。

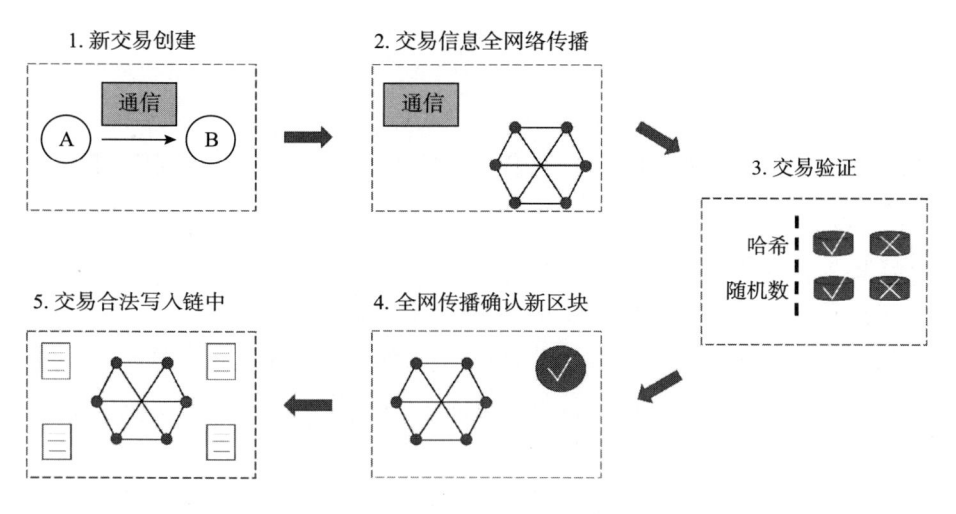

图 1-5-1 区块链的工作原理

第三步，交易验证，确认交易尝试形成新区块。全网中每个节点根据收到的交易信息，进行 PoW，也就是俗称的"挖矿"。具体来说，每个节点进行数学运算，通过计算符合条件的哈希值的过程，去获得创建新区块记录这笔交易的权利，并争取得到比特币的奖励，新比特币会在"挖矿"的过程中产生。各节点进行 PoW 的计算来决定谁可以获得验证权，通常是由最快算出结果的节点获得验证权，这就是取得共识的做法。

第四步，验证 PoW 结果，全网传播确认新区块。当一个节点解出合理的哈希值时，节点将创建一个新区块，将该区块的区块头广播到区块链网络中，并由其他节点核对验证。其他节点会确认这个区块所包含的交易是否有效，确认没被重复花费且具有有效签章。

第五步，交易合法写入链中。当区块链网络中的其他节点接收到该区块头时，对该区块头中的随机数和区块体的哈希值进行验证，以确定该区块头的真实性。若其他节点对该区块头验证通过，则其他节点可以将该区块头记录到本地存储的区块链账本中，全网认可的合法区块形成。在该合法区块之后，先前没算完 PoW 工作的区块会失效，各节点会重新建立一个区块，全网节点继续下一个区块的竞争，从而形成合法记账的区块链系统。

1.6 分　类

区块链形态的划分是根据区块链去中心化的程度以及各节点的权限和范围（即节点的开放程度）来确定的，主要分为三种类型：公有链、私有链、联盟链。公有链是真正意义上的去中心化分布式区块链；私有链没有去中心化的特点，但是具有分布式的特点；联盟链是介于公有链和私有链之间的形态。

公有链，即公共区块链，是指全世界任何一个人都可以读取、发送交易且交易能够获得有效确认的公共共识区块链。公有链是全网公开的，用户无须授权就可随时加入或脱离网络。

私有链，顾名思义，与公有链相反，是完全私有区块链，其写入权限完全属于一个组织或机构，所有参与到这个区块链中的节点都会被严格控制，只向满足特定条件的个人开放。

联盟链是指区块链存在多个共同参与管理、共同记录交易数据的机构或组织，仅有上述机构或组织具有数据读写和发送交易的权限，每个机构或组织控制网络中一个或多个节点。

1.7 系统构架

目前产业中主流的说法是将区块链系统构架分为六层，分别是数据层、网络层、共识层、激励层、合约层、应用层。区块链系统构架如图1-7-1所示。

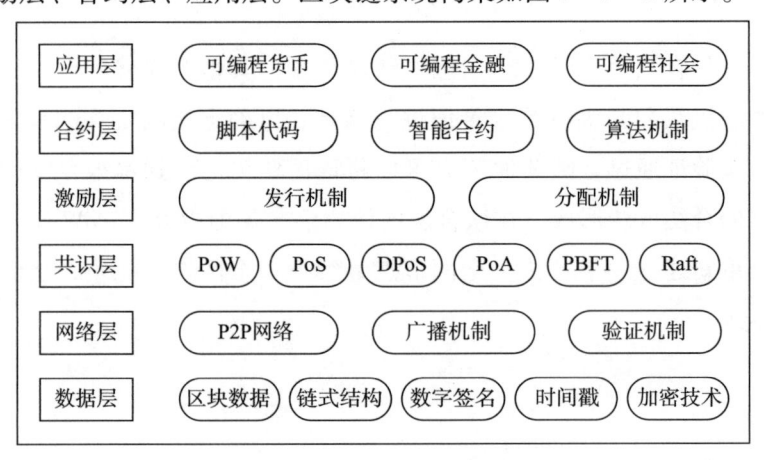

图1-7-1　区块链系统构架

数据层位于区块链系统构架的最底层，内容涉及区块链的数据结构，主要包括区块数据（哈希函数）、链式结构（默克尔树）、数字签名（非对称密钥/公钥私钥）、时间戳等，主要是对存储在区块链链上和链下数据库信息的管理。

网络层位于区块链系统构架的次底层，内容涉及区块链的分布式存储，还包含隐私和安全相关技术。网络层主要包括P2P网络、广播机制、验证机制，主要实现网络节点的连接和通信。在网络层中，对等点共享有关网络状态的信息。

共识层的内容涉及共识机制或算法，共识算法主要是为了在区块链网络中选出对应的记账节点，例如，比特币系统中的PoW。共识层的目的是解决区块链节点存储的数据一致性问题，同时使区块链抵御恶意攻击，包括拜占庭（Byzantine）攻击、女巫（wizard）攻击等。共识层和数据层、网络层一起构成了区块链系统构架的底层基础。

激励层的内容涉及激励的发行机制和分配机制，激励包括经济激励、信誉激励等。例如，比特币系统中的"挖矿"奖励，是指通过数字资产的奖励激励节点付出算力去验证交易信息，从而维持"挖矿"活动以及区块链账本更新的持续进行。

合约层是区块链系统构架中作为信任机器的重要层级，包括脚本代码、智能合约和算法机制，主要是为了使区块链这一分布式账本具备可编程的功能，能够把交易写到智能合约里，自定义约束条件，不需要第三方信任背书，根据合约时限实时操作。

应用层位于区块链系统构架的最上层，内容涉及各种应用场景，类似于手机上的各种App，包括可编程货币、可编程金融和可编程社会，主要是实现转账和记账功能，专注于开发跨不同应用和行业使用的区块链解决方案。❶

1.8　典型问题

虽然区块链系统具备诸多优点，能够永不停歇地自然运行下去，但是区块链系统也存在天然的问题。本节将重点讨论区块链中的分叉和双花等问题。

---

❶ @卓越俊逸_角立杰出@．区块链技术分6层：数据层、网络层、共识层、激励层、合约层、应用层［EB/OL］．（2021－10－09）［2022－07－20］．https：//blog. csdn. net/leaning_java/article/details/120664349.

1.8.1 区块链分叉问题

区块链分叉问题是区块链系统中不可避免的，区块链分叉包括自然分叉和升级分叉。区块链系统分叉示意如图1-8-1所示。

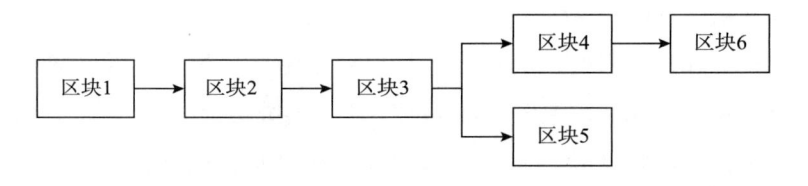

图1-8-1 区块链系统分叉示意

自然分叉是由区块链自身运行规律造成的。区块有可能在不同时间达到不同节点，进而产生不同的区块链视角。解决自然分叉的原则是：每个节点总是选择并尝试延长代表累积了最大PoW的区块链，也就是最长的或最大累计难度的区块链，这样系统最终会收敛到一致状态。具体来说，如果在较短的时间内，全网不止一个节点能计算出随机数，即完成了PoW工作，那么上述多个节点会在网络中广播它们"挖矿"成功的消息，即广播各自打包好的临时区块。当某一节点收到多个针对同一前续区块的后续临时区块，则该节点不能也无法立即判断哪个后续临时区块是所谓的合法的后续区块，那么该节点会在本地区块链上建立分支，多个临时区块对应多个分支，如图1-8-1所示。僵局的打破要等到下一个PoW被发现，而其中的某一链条被证实为较长，那么在其他分支链条上工作的节点将会被转移到较长的链条上开始工作。其他分支将会被网络彻底抛弃，系统达到一致。[1]

升级分叉是人为干预的分叉。随着区块链技术的发展，各种数字通证都需要升级。但是会存在某些数字通证由于设计的原因难以实现升级，同时系统中不同的参与者对于如何升级有不同的看法，协调起来较为困难，这时候就会形成新旧版本两个派别，分叉便会产生。

1.8.2 区块链双花问题

区块链双花，即双重支付，是指攻击者几乎同时将同一笔数字资产用作不同交易。

---

[1] 能链科技. 区块链分叉，不可避免的是破坏还是升级？[EB/OL]. (2020-09-12) [2023-08-07]. https://taojintong.com.cn/1350246.html/comment-page-5.

举例说明，假设笔者用100元去超市购买水果，一箱苹果和一箱葡萄都是100元。正常的话笔者可以选择买一箱苹果，但是笔者用100元把一箱苹果和一箱葡萄都买回来了，那么这100元的支付就是双花。

加密虚拟货币和其他数字资产一样，具有无限可复制性的缺陷，同一个文件可以保存并任意发送多次。在没有中心化机构的网络中，人们无法确认一笔数字现金或者资产是否已经被花掉或提取。而区块链系统通过利用其可回溯性解决这个问题。节点在将收到的交易单加入区块前，会检查交易单中涉及的数字资产是否属于交易发起方，即使用该发起方的公钥向前遍历检查，直至检查到该数字资产产生的区块。虽然由于网络传输、网络节点位置等原因，多份交易单可以任意排序广播，但是交易单最终加入区块时会产生时间戳，其必然呈现一定的顺序。区块链系统以哈希值作为时间戳排列区块，决定了任意一笔交易的数字货币来源都可被确定地追溯，从而避免了区块链双花的问题。❶ 区块链双花问题示意如图1-8-2所示。

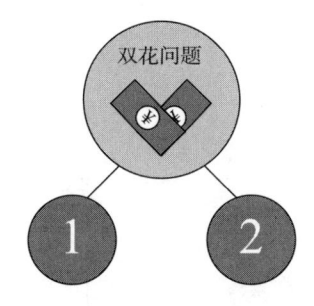

图1-8-2 区块链双花问题示意

1.9 技术分解

早先，学术界的普遍观点认为区块链技术由哈希算法、数字签名、P2P网络和PoW四项基础技术构成。这样的技术分解是否正确？正确性没有问题，但是全面性不够。上述四项基础技术是中本聪在文章《比特币：一种点对点的电子现金系统》中重点提及的技术，是构建区块链整体框架的必要技术。然而，随着技术的发展，更多更先进的理念和算法被应用到区块链系统中，成为区块链系统的组成部分。通过对多篇学术论文的研究，并结合产业链数据，笔者认为区块链主要由安全机制、网络架构、数据结构和共识机制四大关键技术组成，四大关键技术的有机统一决定了区块链具有不可篡改、不可伪造、去中心化、点对点无须中介、存储高效、能够实现加密货币发行的特点。区块链技术分解如图1-9-1所示。

---

❶ 大杂说. 入门科普：什么是双花？[EB/OL]. (2020-02-24) [2022-07-20]. https://www.jianshu.com/p/c8159d2ae951.

表1-9-1 区块链技术分解

一级技术分支	二级技术分支
安全机制	哈希算法
	非对称密钥
	数字签名
	多重签名
	私钥存储
网络架构	P2P组网
	Gossip协议
	DHT技术
数据结构	链式结构
	哈希指针
	默克尔树
	时间戳
	有向无环图
共识机制	PoW算法
	PoS算法
	BFT算法
	Raft算法
	跨链共识

区块链涉及安全机制方面的核心技术主要包括哈希算法、非对称密钥、数字签名、多重签名、私钥存储等多种技术,其中哈希算法、非对称密钥以及数字签名是区块链尤其是比特币系统中的基础技术,SHA-256算法以及椭圆曲线数字签名算法(ECDSA)是目前在区块链中使用最多的算法。多重签名技术进一步保障了交易的安全性,冷钱包私钥存储则保证了比特币财产的存储安全。

区块链涉及网络架构方面的核心技术主要包括P2P组网、Gossip协议、分布式哈希表(distributed hash table, DHT)技术。其中P2P组网和Gossip协议为主的广播机制是区块链运行的基础,保证了区块链去中心化的特点。DHT技术实现了P2P组网的结构化,提高网络效率。

区块链涉及数据结构方面的核心技术主要包括链式结构、哈希指针、默克尔树、时间戳以及有向无环图等处理技术。其中以区块形成的链式结构是区块链的基础结构,自创世区块以来一直在延伸；所有区块通过哈希指针相连；默克尔树是为了提高区块链数据的存储效率；时间戳被用来加盖在区块头中，是区块链内容存在的证明，是区块链中不可或缺的部分。

区块链涉及共识机制方面的核心技术主要包括 PoW 算法、股权证明（proof of stake，PoS）算法、Raft 算法、拜占庭容错（Byzantine fault tolerance，BFT）算法等。其中 PoW 算法是比特币系统运行的基础机制，也是比特币发行的经典机制。然而 PoW 算法存在效率不高的问题，越来越多的对共识机制的改进被应用在区块链中。

在下面的章节中，笔者将重点介绍组成区块链的四大关键技术。

第 2 章 区块链的安全基础——安全机制

安全机制是区块链系统构建的安全基础,是涉及区块链的核心技术之一,主要包括哈希算法、非对称密钥、数字签名、多重签名、私钥存储等多种技术。下面将逐一具体介绍区块链技术中安全机制相关技术。

2.1 哈希算法

区块链系统中,交易双方 A 和 B 之间信息加密传输的过程中也涉及哈希算法,发送方 A 发送报文时,用一个哈希函数从报文文本中生成报文摘要。哈希算法是区块链系统中一项非常重要的技术。

哈希的英文为"hash",除了直接音译为"哈希",也称为"散列"。哈希算法是指将数据打乱混合后重新创建,将任意长度的二进制值映射为较短的、固定长度的二进制值,即哈希值。也就是说,哈希算法把输入的消息或数据压缩成摘要,以达到数据量变小、数据格式固定的效果。哈希值可以被看作一段输入数据唯一且结构紧凑的数值表示形式,通常用随机字母和数字组成的字符串来代表。区块链中通常使用的是 SHA-256 算法。将任意长度的一串数据输入 SHA-256 将得到一个 256 位的哈希值。这个算法的优势在于,能够仅占用很小的数据来记录整个区块链中前面每一个区块的信息,从而保证每一个区块的可追溯性。[1]

相同的输入数据将获得相同的输出结果。输入数据变化,比如其中一位的 1 变成了 0,将得到一个完全不同的输出结果,而且结果无规律性、无法推演。也就是说,不可能存在哈希值结果为同一个值但是输入数据不同的情况。基于此,哈希值可以用来检验数据的完整性。哈希算法演示如图 2-1-1 所示。

---

[1] 杜江天. 区块链工作量证明机制中的哈希算法探讨 [J]. 电脑编程技巧与维护, 2018 (4): 40-42.

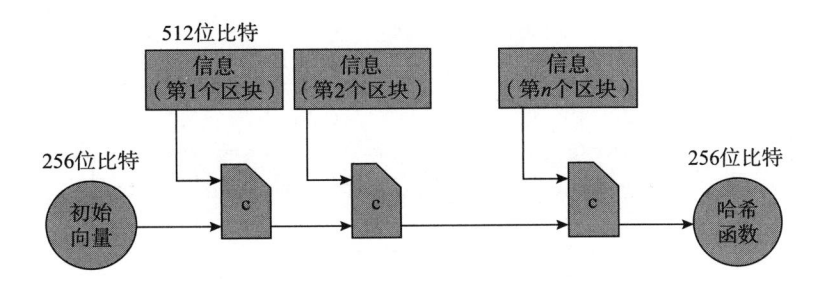

图 2-1-1　哈希算法演示

2.2　非对称密钥

非对称密钥算法又称为双钥密码体制或公钥密码体制。非对称密钥算法不同于对称加密算法，其有两个密钥，分别称为公钥和私钥，用于对数据存储和传输进行加密和解密。其中公钥对外公开，而私钥为用户自己保留，无法从公钥中推导出。在非对称密钥算法中，通信双方不需要进行密钥协商，发送方无须知道接收方的私钥，仅凭接收方的公钥即可完成加密。在通信系统中，发送方使用公钥对明文加密形成密文后即可安全传输，接收方得到密文后通过自己的私钥进行解密，即可得到明文。

第 2.1 节在介绍区块链系统中节点 A 和 B 之间信息加密传输的过程中，提及了公钥加密、私钥解密的过程，使用的就是非对称密钥技术。其工作原理为：非对称密钥算法公钥可公开发布，用于发送方加密要发送的信息；私钥用于接收方解密接收到的加密内容。如果用公开密钥对数据进行加密，只有用对应的私钥才能解密；如果用私钥对数据进行加密，那么只有用对应的公钥才能解密。区块链正是使用非对称密钥的公钥和私钥对来构建节点间信任的。[1] 非对称密钥算法演示如图 2-2-1 所示。

---

[1] 中国区块链技术和产业发展论坛. 中国区块链技术和应用发展白皮书（2016）[EB/OL].（2016-10-18）[2023-08-07]. https：//blockchain. sjtu. edu. cn/doc/slides/forum/Development - of - Blockchain - Technology - and - Application - in - China - Whitepaper. pdf.

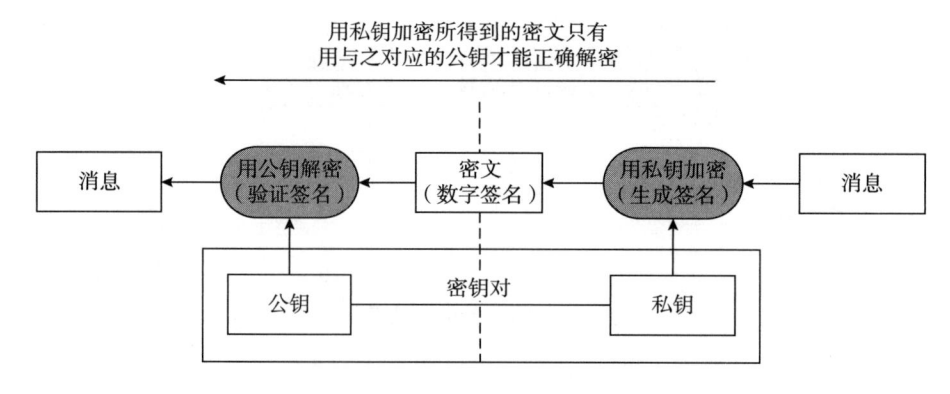

图 2-2-1　非对称密钥算法演示

2.3　数字签名

　　数字签名，顾名思义是一种数字形式的、能够起到标识用户身份作用的数据，是虚拟的而不是有形的签名，但是可以合法地、可识别地来表述用户的名字。数字签名用于资产交易、文件交换等多种用途，能够以密码学的方式为用户准确和安全地提供身份证明。有效的数字签名是使用特殊安全设备加密的电子证书创建的电子标识。

　　区块链系统中使用的数字签名涉及一个哈希函数、发送者的公钥、发送者的私钥。数字签名主要用于实现两个作用，一是用于确定消息是由发送方签名并发出来的，二是用于确定该消息的完整性。

　　数字签名在区块链系统中是如何起作用的？其工作流程如图 2-3-1 所示，还是以用户 A 和用户 B 之间的交易举例。A 作为发送方发送报文时，用一个哈希函数从文本中生成报文摘要，然后用自己的私钥对摘要进行加密，加密后的摘要将作为报文的数字签名，和 B 作为接收方的公钥加密的报文一起发送给 B，B 首先用与 A 一样的哈希函数从接收到的原始报文中计算出报文摘要，接着再用 A 的公钥来对报文附加的数字签名进行解密，如果这两个摘要相同，那么 B 就能确认该数字签名是 A 的。通过这个过程，确定了消息的完整性和发送方的确定性，从而实现去信任化的过程。

　　从目前已部署在一些区块链应用中的数字签名来看，最常见的主要有聚合签名、盲签名和环签名等。这些签名方案可以配合区块链系统的去中心化、开放性、自治性、不可篡改性和匿名性等特点，能够有针对性地解决一些先前存在的安全性问题，例如，区块链应用中交易双方隐私信息的泄露、交易者的信息被篡改、身份被伪造、交易过程被外部攻击者盗取、交易金额或者交易数据被篡改等。

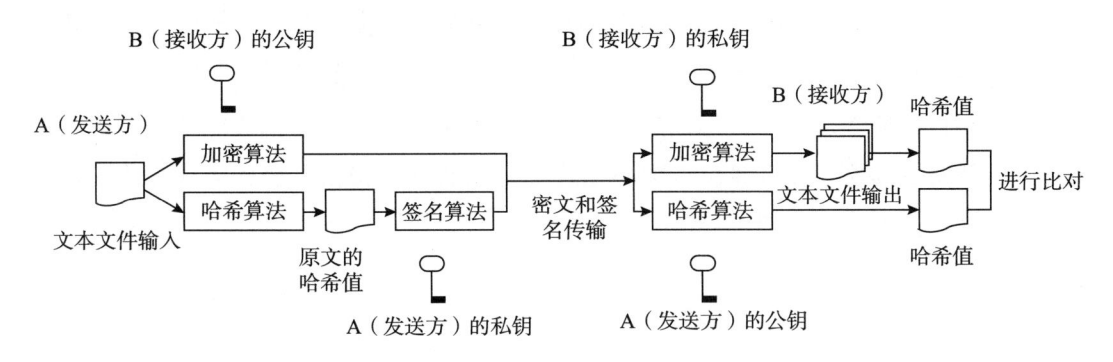

图 2-3-1 区块链系统中数字签名的工作流程

2.4 多重签名

多重签名是指多个签名参与者利用他们所对应的私钥合作对消息进行签名，从而多个用户合作生成一个使得消息生效的签名。多重签名分为有序多重签名和广播多重签名。有序多重签名是指按照预先规定的顺序，由各个用户依次对消息签名。广播多重签名是将消息发送给每一位签名用户，每位用户构造部分签名并将部分签名发送给签名收集者合成多重签名，最后由验证者验证签名。[1]

2.5 私钥存储

区块链系统中通常使用非对称密钥技术。私钥是系统中用户唯一的身份证明，是用户之间进行比特币等虚拟货币交易的基础。区块链中的钱包是保存、管理和加密用户私钥的工具，存储并管理账户公私钥对。保证钱包程序的安全、安全地使用钱包以及安全地保管好私钥是区块链系统中非常重要的环节。

---

[1] 徐朝东，王化群. 基于区块链的有序多重签名方案 [J]. 南京邮电大学学报（自然科学版），2021，41（2）：85-94.

比特币系统的钱包有多种类型，按照私钥是否处于联网状态中，可分为冷钱包和热钱包。热钱包是指在线钱包，始终与网络连接的、能够快速地为持币者提供存取服务；冷钱包是指离线钱包，网络不能访问到存储私钥的位置。而按照钱包程序是否运行在本地以及区块数据是否完全保存在本地，可分为全节点钱包、轻钱包和中心化钱包。全节点钱包是指同步了区块链系统中所有节点的数据，其可以参与区块链系统数据维护的钱包，通常是去中心化钱包；轻钱包是指仅同步与自己相关的数据，运行时依赖于区块链上其他全节点钱包；中心化钱包是指数据依赖钱包服务商的账本，而不是记录在区块链上的钱包。[1]

---

[1] 肖欢，谭良. 虚拟货币热钱包的可信保护方案［J］. 计算机工程与设计，2019，40（7）：1801-1808.

第3章 区块链的网络承载——网络架构

3.1 区块链网络架构概述

区块链系统通常使用 P2P 网络架构。P2P 网络即对等计算机网络或点对点网络，是一种网络节点处于对等地位，且节点之间可以直接通信，无须第三方管理或辅助的分布式架构，是对等计算模型在应用层形成的一种组网或网络形式。其可以定义为：网络的参与者共享他们所拥有的一部分硬件资源（处理能力、存储能力、网络连接能力、打印机等），这些共享资源通过网络提供服务和内容，能被其他对等节点直接访问而无须经过中间实体。[1]

P2P 网络中每个节点都是对等节点，不存在任何特殊节点。每个节点权利相等，义务相同，所有节点形成区块链系统共同对外提供服务。P2P 网络可以有效解决单点失效问题，提升网络负载能力，同时网络也具有可扩展性与鲁棒性。

在理想的区块链系统中，每个节点地位应是对等的，不存在任何中心化的特殊节点和层级结构，每个节点均会承担网络路由、验证交易信息、传播交易信息、发现新节点等工作，整个网络以扁平式拓扑结构相互连通和交互。

除此之外，P2P 组网还为区块链提供了以下五点特性。

（1）可扩展性。

P2P 组网允许节点随时自由地加入或退出整个网络，整个网络根据节点情况自动扩展或剪裁，这使得区块链系统的资源和服务能力在理论上几乎可以无限扩展。

（2）鲁棒性。

P2P 组网没有中心节点，网络中的数据和服务分散在各个节点之间，并且是高度冗余的，不存在因网络中某个节点丢失而导致的数据丢失，因为其他节点仍然保留该

---

[1] 周伟平. 结构化 P2P 网络中的资源发现技术研究［D］. 长沙：中南大学，2009.

数据副本，所以区块链系统很难被攻击或劫持，部分节点遭到破坏或崩溃对区块链系统没有影响。

(3) 低成本。

P2P 组网可以将互联网中大量普通节点利用起来，将存储或计算任务分配到大量节点上，以充分利用这些普通节点空闲的算力资源或存储资源，并且在此过程中无须通过昂贵的中心设备辅助或管理，因此能降低成本。

(4) 私密性。

在 P2P 网络中，所有参与者都可以提供中继转发的功能，信息的传输分散在各节点之间进行而无须经过某个集中环节，因而信息传递的路径更加随机和分散，为实现用户信息的隐私保护提供了天然优势，隐私信息被窃听和泄露的可能性大大减小。此外，区块信息采用广播机制，无法定位广播初始节点，可防止用户通信被监听，保护用户隐私。

(5) 负载均衡。

P2P 组网方式下，每个节点既是服务器又是客户端，摆脱了之前客户端、服务器（C/S）构架对服务器吞吐量、处理能力的依赖，并且将资源分散在各个节点，便于实现负载均衡。

随着区块链技术的发展，区块链的 P2P 组网技术也在不断地迭代和调整。下面笔者将重点介绍 P2P 组网、Gossip 协议及 DHT 技术。

3.2　P2P 组网

P2P 组网的关键点在于节点发现和组网方式的分类，具体介绍如下。

3.2.1　节点发现

节点发现分为种子节点、地址广播和地址数据库。

(1) 种子节点。

一些区块链系统会选择一些安全可控节点，将它们的地址写入区块链系统的代码中，在区块链初始化时会从代码里加载这些安全可控节点，然后其他节点从这些安全可控节点获取区块链系统中的节点地址列表。这些安全可控节点就像生成区块链的种子，因此被称为种子节点。

（2）地址广播。

新的节点接入后，会从种子节点获取区块链系统中的节点地址列表，被称为地址广播。根据是主动还是被动，地址广播又可以分为推送、拉取两种方式。

推送的方式就是主动将节点自己的地址发送给与其连接的节点，其他节点接收后保存在本地，并类似地推送自己的地址给其他节点。

拉取的方式就是节点向与其连接的其他节点发送地址请求，其他节点收到请求后发送自身节点地址，从而发出地址请求的节点可以不断扩展自己的节点地址列表。

（3）地址数据库。

非种子节点一旦获取种子节点中的节点地址列表，便将其保存在本地，这样下一次需要节点地址列表时就不必再连接种子节点获取。

通过以上三种机制，节点可以在没有中心服务器的情况下，实现节点地址列表的分享和维护，从而区块链系统中的节点之间得以相互通信。

3.2.2　组网方式的分类

按照 P2P 网络的组织架构可将其分为四种不同的组网方式，这些组网方式出现的先后顺序分别是：集中式、纯分布式、混合式和结构化。[1]

（1）集中式。

最早期的 P2P 集中式组网并没有完全摆脱传统服务器－客户端构架，其必须依靠一个服务器中心节点来完成网络的建立以及其他所有节点的索引信息的存储，索引信息一般包括节点互联网协议（IP）地址、端口、节点资源等。集中式组网的优点在于结构简单、实现容易。但缺点也很明显：由于中心节点需要存储所有节点的路由信息，当节点规模扩展时，就很容易出现性能瓶颈，也存在单点故障问题。

（2）纯分布式。

为了克服集中式组网单点故障的缺陷，一种朴素的处理方式就是在组网的过程中移除中心节点，在 P2P 节点之间建立随机网络，每一个新加入节点和 P2P 网络中的某个节点间随机建立连接通道，从而形成一个随机拓扑结构。一种比较简单的方式是当新节点需要加入该网络时，新节点可以随机选择一个已经存在的节点并与其建立邻居关系。然而相比于集中式 P2P 组网，由于没有了作为中心节点的服务器，新节点在随

---

[1] 请给我骨头. java 实现区块链 p2p 网络_详解区块链 P2P 网络 [EB/OL]. （2021 - 02 - 27）[2022 - 07 - 20］. https：//blog.csdn.net/weixin_36378951/article/details/114775121.

机选择已经存在的节点前需要先获知目前网络中的节点信息，这需要一些查询手段，例如使用域名系统（DNS）的方式来查询其他节点。新节点与随机选择的节点建立邻居关系后，还需要进行全网广播，让整个网络知道该新节点的存在。这种广播方法被称为泛洪机制。纯分布式结构不存在集中式结构的单点性能瓶颈问题和单点故障问题，具有较好的可扩展性。但泛洪机制本身也存在一些可控性差的问题，如果节点之间形成了环路，消息将沿着环路不断广播发送，形成泛洪循环，这将浪费大量系统资源；并且如果某一节点拥有大量的邻居节点，短时间内将会出现大量节点同时向该节点发送广播消息，可能导致该节点无法响应而瘫痪。

（3）混合式。

混合式 P2P 组网将集中式和分布式结构进行了结合，选取网络中的部分处理能力较强的节点作为超级节点，这些超级节点平等地组成基础网络，每个超级节点再与多个普通节点组成局部的集中式网络。当一个新的普通节点加入时，只需选择其中任一个超级节点进行通信，以获取超级节点列表。该普通节点再根据超级节点列表中的超级节点状态指定具体的超级节点作为父节点。由于这种结构的分布式结构部分只存在于超级节点之间，泛洪广播只是发生在超级节点构成的网络中，适当控制超级节点的数量就可以避免大规模泛洪导致的问题。在实际应用中，混合式结构是相对灵活并且比较有效的 P2P 组网架构，实现难度也相对较小，因此目前较多 P2P 系统基于混合式结构进行开发实现。

（4）结构化。

结构化网络一种较新的分布式网络结构，其与纯分布式结构不同。纯分布式网络是一个完全随机组织的网络，而结构化网络则将所有节点按照某种结构进行有序组织，由此形成一个环状网络或树状网络。目前结构化网络实现时采用较为广泛的方式基本源于 DHT 技术。DHT 技术提出了一种网络模型，其并不限定具体实现方式，可以解决如何在分布式环境下快速而又准确地路由、定位数据的问题，并可以在事先不知道 IP 地址的情况下，访问到存储某个文件的节点。常见的实现方案有 Chord、Pastry、CAN、Kademlia 等算法，其中 Kademlia 也是以太坊网络的实现算法。

3.3 Gossip 协议

Gossip 协议最初是由艾伦·德默斯（Alan Demers）在 1987 年发表在美国计算机协

会（ACM）上的论文《用于再生数据库维护的泛滥算法》（Epidemic Algorithms for Replicated Database Maintenance）提出的。Gossip 过程是由种子节点发起，当一个种子节点有状态需要更新到网络中的其他节点时，它会随机选择周围几个节点散播消息，收到消息的节点也会重复该过程，直至最终网络中所有节点都收到了消息。这个过程可能需要一定的时间，由于不能保证某个时刻所有节点都收到消息，但是理论上最终所有节点都会收到消息，因此它是一个最终一致性协议。❶

3.3.1　Gossip 协议的优点

Gossip 协议有以下五个优点。❷

（1）扩展性。

网络可以允许节点的任意增加和减少，新增加的节点的状态最终会与其他节点一致。

（2）容错。

网络中任何节点的宕机和重启都不会影响 Gossip 消息的传播，Gossip 协议具有天然的分布式系统容错特性。

（3）去中心化。

Gossip 协议不要求任何中心节点，所有节点都可以是对等的，任何一个节点无须知道整个网络状况，只要网络是连通的，任意一个节点就可以把消息散播到全网。

（4）一致性收敛。

Gossip 协议中的消息会以一传十、十传百一样的指数级速度在网络中快速传播，因此系统状态的不一致可以在很短的时间内收敛到一致。

（5）简单。

Gossip 协议的过程极其简单，实现起来几乎没有太多复杂性。

3.3.2　Gossip 协议的缺陷

Gossip 协议的缺陷包括消息延迟和消息冗余。

（1）消息延迟。

由于 Gossip 协议中的节点只会随机向少数几个节点发送消息，消息最终是通过多

---

❶ 王锋. 分布式算法与云平台研究 [J]. 现代信息科技，2019，3（8）：97.
❷ 周桐. 基于区块链技术的可信数据通证化方法的研究与应用 [D]. 合肥：中国科学技术大学，2019.

个轮次的散播而到达全网的，因此使用 Gossip 协议会造成不可避免的消息延迟，不适合用在对实时性要求较高的场景下。

（2）消息冗余。

Gossip 协议规定，节点要周期性地从其连接的节点中选择一些节点，并向它们广播消息，收到消息的节点同样向其连接的节点随机广播消息，因此很大概率上就会出现同一个消息由多个节点多次发送给同一个节点，造成了消息的冗余，同时也增加了收到消息的节点的处理压力。

3.4　DHT 技术

在第 3.2 节中介绍结构化 P2P 网络时，提到用 DHT 技术在分布式环境中可以实现快速路由和数据定位，并且可以在事先不知道 IP 地址的情况下，访问存储某个文件的节点。DHT 技术的核心思想在于将整个路由索引信息均匀地分散存储到整个网络的各个节点中，从而避免了中心化；同时通过算法又能够迅速定位存储特定索引信息的节点，避免泛洪广播。在结构化 P2P 网络中，对所有节点保存的资源信息和节点信息分别用哈希函数生成一个数值，这样每个资源就有对应的一个资源身份证明（ID），每个节点也有一个节点 ID，资源 ID 和节点 ID 之间建立起一种映射关系，比如，将资源 n 的所有索引信息存放到节点 n 上，那么要搜索资源 n 时，只要找到节点 n 即可，从而就可以避免泛洪广播，能更快速而又准确地路由和定位数据。DHT 技术在资源编号和节点编号上使用了分布式哈希表，使得资源空间和节点空间的编号有唯一、均匀分布等较好的性质，能够适合结构化分布式网络的要求。[1]

DHT 技术通过哈希算法将 P2P 网络节点映射为一个定长数据，路由索引信息就由这一个个映射值构成。每个参与节点都有一部分的映射值，并储存维护自身数据，路由索引信息形成了一系列映射值散布在各个节点上，且任意一个节点都有自身在这一系列映射值中的 ID，从而可以通过 ID 查找其他节点，也可以被其他节点找到。DHT 技术对于路由信息的维护方式比较复杂，这限制了节点加入或退出的速度。

---

[1] 廖芳芳. KAD 网络测量系统设计与实现［D］. 武汉：华中科技大学，2014.

第4章 区块链的数据组织——数据结构

4.1 默克尔树

默克尔树也被称为哈希树，是区块链技术的基本组成部分。它是由不同数据块的哈希值组成的数学数据结构，用作块中所有交易的摘要，还允许对大量数据中的内容进行有效和安全的验证。该结构有助于验证数据的一致性和内容。比特币和以太坊都使用默克尔树结构。默克尔树结构示意如图4-1-1所示。

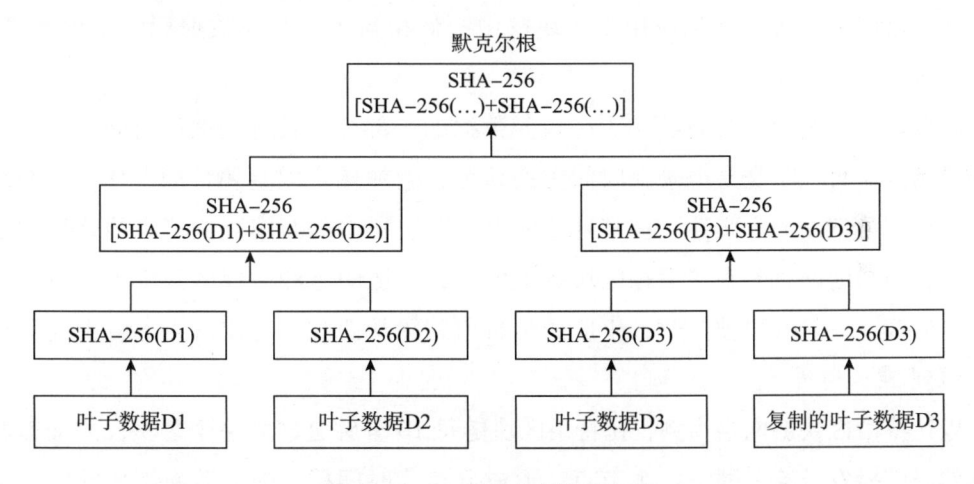

图4-1-1 默克尔树结构示意

从根本上说，默克尔树是数据结构树，其中每个叶子节点都用数据块的哈希值标记，非叶子节点用加密标记其子节点标签的哈希值。叶子节点是树中的最低节点。

区块链中每个区块都会有一个默克尔树，它从叶子节点（树的底部）开始，一个叶子节点就是一个哈希值。叶子节点的数量必须是双数，但是并非每个区块都包含了双数的交易。如果一个区块里面的交易数为单数，那么就将最后一个叶子节点（也就是默克尔树的最后一个交易，不是区块的最后一笔交易）复制一份凑成双数。

从下往上，两两成对，连接两个节点哈希，将组合哈希作为新的哈希。新的哈希就成为新的树节点。重复该过程，直到仅有一个节点，也就是默克尔根。默克尔根就会被当作整个块交易的唯一标示，将它保存到区块头，然后用于 PoW 算法。

4.2 时间戳

在现实生活中，人们经常使用时间戳来标记与实物相关的事件发生的时间，例如食品的生产日期、合同的签署日期等。这些时间戳在实物上很难模仿或被毫无痕迹地篡改，因此保证了相关事件发生时间的可信度。然而在数字世界中，数据的修改变得十分容易且不着痕迹。如何确保数字世界的时间戳不被篡改，根据前文的介绍，相信读者容易想到可以使用区块链实现。既然区块链可以保证其存储的数据不被篡改，而时间戳也是一种数据，因此区块链可以保证时间戳无法被篡改。但除此之外，实际上时间戳对于区块链溯源有着重要意义，时间戳可以证明其他数据在什么时间点已经完整存在。可以说，将时间戳应用于区块链中，就相当于给其他数据标明了生产日期，能起到数据验证的作用。

在区块链系统中，时间戳作为区块元数据的一部分，具有天然的时间特性，时间戳的应用是对每一次交易记录在时间上的认证，它就像合同签署日期一样，能够从时间上佐证交易记录的真实性。在某种意义上，区块链中的时间戳比传统的公证制度更为可信，因为时间戳是直接写在区块链上的，区块链中已经生成的区块不能以任何方式进行修改，一旦区块被修改，生成的哈希值就无法匹配，篡改行为也将由此而被系统检测到。[1]

以比特币区块链网络为例，比特币区块链每 10 分钟会建立一个区块，并加盖时间戳。然后广播发送给全网络各个节点，形成分布式时间戳。随着后面添加的区块越来越多，要想改动某个区块几乎是不可能的。

---

[1] 袁满. 区块链技术视角下孤儿作品利用的解决路径 [J]. 南海法学，2020，4 (5)：115–124.

4.3 有向无环图

有向无环图是不同于主流区块链的一种分布式账本技术,把同步记账提升为异步记账,被不少人认为可以解决传统区块链的高并发问题,是区块链从容量到速度的一次革新。以有向无环图为网络基础,解决了区块链的局限性。这允许区块链以微小的成本无限地扩展。支付过程很快就能完成。不过,目前还只有一小部分加密货币在使用下一代有向无环图体系结构。

有向无环图相比于目前的公链技术,其实是链和图的区别。对于链而言,无法只处理一个局部,因为链的入度和出度只有一个,不能把链上的节点拆成好几个节点去处理。但是对于图而言却可以,因为图可以有多个出度,那么可以同时处理多个出度连接的节点。所以,有向无环图有以下三个特点。

第一,交易速度快。有向无环图实现的局部处理和并行结算可以使交易速度大幅度提升。

第二,拓展性强。由于各个节点无须等待同步其他的节点的数据就可计算,记账节点很容易答复延展,因此有向无环图很适用于物联网类项目,例如机器微支付。

第三,作恶难度更大。相比于链式结构,在有向无环图中恶意修改的难度会大很多,因为有向无环图拥有很多的出度和入度,假如要修改某一个节点,那么对应的出入度都要进行修改。[1]

---

[1] 康海燕,邓捷. 区块链数据隐私保护研究综述 [J]. 山东大学学报(理学版),2021,56(5):106-107.

第 5 章　区块链的设计灵魂——共识机制

5.1　区块链共识机制概述

在生活中的共识机制有很多。一种最简单的解决方案就是找出一个大家都信任的人，由他来作出决策。还有一种比较常见的解决方案就是投票，少数服从多数。

在一个去中心化的系统中，所有分布式节点之间的关系都是对等的，没有哪个节点具有决策权，可是很多时候为了完成任务，整个系统必须作出一些决策。如何使得分布式节点间的决策能够达成一致？解决这个问题的方法就是建立共识机制。在某种程度上讲，共识机制是分布式系统的核心。

实现共识机制的算法被称为共识算法。按照一个新的交易数据区块从生成到最终确认过程中算法执行的先后顺序，可将共识算法拆分为三个阶段：记账人选择阶段、数据上链阶段和交易确认阶段。记账人选择阶段完成对数字证据的提议，数据上链阶段完成数字证据的存储，交易确认阶段则完成对数字证据的确认。经过以上三个阶段的完整流程，便可以认为新的交易数据区块中记录的数字证据在各节点之间达成了共识，可以基于此开展协作。[1]

区块链作为一种按时间顺序存储数据的数据结构，可支持不同的共识机制。共识机制的设计是区块链技术设计的关键之一，其目的在于尽量解决区块链的安全性低、扩展性差、性能效率低和能耗代价高等方面的问题。区块链共识机制的目标是使所有的诚实节点保存一致的区块链视图，同时满足两个性质：一是一致性，所有诚实节点保存的区块链的前缀部分完全相同；二是有效性，由某诚实节点发布的信息终将被其他所有诚实节点记录在自己的区块链中。[2]

---

[1] 傅翔. 场景相关的区块链系统共识技术研究［D］. 长沙：国防科技大学，2020.
[2] 韩璇，刘亚敏. 区块链技术中的共识机制研究［J］. 信息网络安全，2017（9）：147-152.

5.2 PoW 算法

PoW 算法即工作量证明算法,该算法的核心思想是通过设置需要高昂算力(工作量代价)破解的数学难题,来增加恶意节点发起攻击的代价。例如,在比特币交易中节点需要通过自身算力来破解区块链网络中设置的数学难题,从而获得比特币作为奖励,这就像在金矿中辛苦挖矿淘金的矿工,因此这些参与计算的节点被称作"矿工",破解数学难题以获得奖励的过程被称作"挖矿"。

在 PoW 共识协议中,新币奖励和交易费保护了比特币网络的安全。如果一个贪婪的破坏者能够集中比诚实节点更多的算力,即发动 51% 攻击,他将不得不在使用高昂算力进行欺骗和用其产生新币之间作出选择。从经济学角度考虑,遵守比特币系统规则所获利益多数情况下大于攻击带来的利益。[1]

PoW 算法虽然在一定程度上解决了 51% 攻击的问题,然而同样也加大了合法节点的负担。一方面,破解数学难题是耗费大量算力来计算一个没有实际价值的结果,这导致大量电力白白耗费;另一方面,由于破解数学难题需要花费较长时间,这导致 PoW 算法的效率较低。此外,PoW 算法只奖励最先得到正确答案的"矿工",因此出现了集合大量"矿工"协同"挖矿"的现象,被称为矿池。个体"矿工"很难再取得收益,这导致算力的集中化。

5.3 PoS 算法

在 PoW 算法中,只有第一个得到正确答案的"矿工"可以得到奖励,单独的"矿工"很难与"矿池"的算力抗衡,为此"矿工"们更愿意加入"矿池",这导致了区块链的算力越来越向"矿池"集中,违反了去中心化的原则。为解决这一问题,桑尼·金(Sunny King)和斯科特·纳达尔(Scott Nadal)于 2012 年提出了 PoS 算法。PoS 算法对记账人的资格进行了限制,要求只有币的拥有者(铸币人)才能产生区块,并引入一种叫作币龄(coin age)的概念,将其定义为铸币人拥有的硬币数量乘以铸币

---

[1] 戴安博,陈恭亮. POW 区块链共识算法分析与展望[J]. 通信技术,2019,52(12):2839-2845.

人拥有这些硬币的天数。PoS算法结合了一定量的随机化考量和币龄,以自动选择下一个铸币人来生成区块。币龄高的铸币人比币龄低的铸币人铸造下一个区块的概率更高。在PoS算法中,铸币人不需要解决计算难题。

具体来说,PoS算法使用一种选举机制,随机在网络节点中选取一个,并且不再需要"矿工",取而代之的是验证人。为了成为验证人,节点必须先抵押一定数量的代币作为股本,抵押的数量决定了下一次选举时被选为验证人的概率大小。同时PoS算法引入了惩罚机制,如果验证人被证明加入了非法交易的区块,那么会将部分股本罚没,只要保证损失的股本大于作弊带来的收益,作弊就会赔钱,因此不会有节点愿意作弊。通过这样的机制,PoS算法保证了算法的安全性。❶

5.4 BFT算法

传统的共识算法大多是以投票为基础的思路,现实生活中投票也是达成共识最简便的方式,例如传统分布式计算领域中的Paxos算法和改进的Raft算法,然而这些算法只能解决节点崩溃失效的问题,无法解决拜占庭容错问题。而区块链系统中使用的共识算法必须具有BFT能力,进而引出了BFT算法,其中最著名的是实用拜占庭容错(PBFT)算法。PBFT算法的流程如图5-4-1所示。

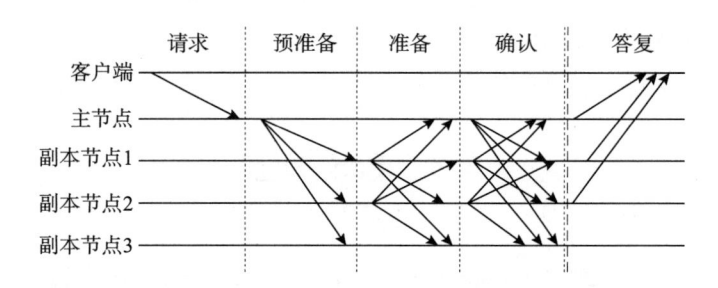

图5-4-1 PBFT算法的流程

PBFT算法的系统中共有四个节点,分别是主节点和副本节点1—3,其中副本节点3已经失效。该算法采用了三个阶段提交共识过程:①预准备阶段,该阶段副本节点验证预准备消息;②准备阶段,该阶段节点验证通过后向其他节点同时发送准备消息,如果节点收到了超过$f+1$个相同的准备消息,则进入确认阶段;③确认阶段,该阶段

---

❶ 罗才华. PoS共识算法在多方分布式账本上的应用研究 [J]. 现代计算机,2020(17):12-15.

节点向全网其他节点同时发送确认消息，当节点收到超过 $f+1$ 个相同的确认消息后，则代表共识达成。

PBFT 算法可以说是解决系统存在拜占庭问题节点时较好的算法，它将解决分布式系统中的拜占庭问题简化为多项式级别。PBFT 算法在保证共识网络的安全性以及活性的同时提供了最大的容错性。然而将 PBFT 算法直接用于区块链中也会存在一定的问题，具体包括以下三个问题。

第一，目前 PBFT 算法应用于联盟链中最主要的问题是动态性。原始 PBFT 网络中的节点数量固定，节点的增减都需要对共识网络进行初始化。

第二，PBFT 算法对于作恶的主节点并没有惩罚机制，仅仅是切换视图更换主节点，而拜占庭节点仍然停留在共识网络中，在区块链的实际应用中需要进行改进。

第三，PBFT 算法对于网络的带宽要求过高，带宽随着节点的数量的增加呈多项式级别的增长。因此可以与其他的共识算法进行融合改进，选举出代表节点进行 PBFT 算法，从而减小网络带宽的开销。

5.5　Raft 算法

Raft 算法是由迭戈·翁加罗（Diego Ongaro）和约翰·奥斯特豪特（John Ousterhourt）提出的一种分布式共识机制，目标是实现账本复制的一致性。Raft 算法将一致性算法分解成两个关键的模块：领导者选举和日志复制。[1]

Raft 算法定义了节点的三种状态：跟随者、候选者和领导者。该算法将时间划分为若干个任期，每个任期都进行一次领导者选举。一开始所有节点身份都是跟随者，如果跟随者没发现领导者，那么跟随者的身份变为候选者。候选者将会发起投票，请求成为领导者，如果竞选成功，那么它就成为领导者。这样，网络中会有一个领导者，其余节点均为跟随者。领导者在这个任期内负责所有交易的验证和打包，并生成区块。随后当收到超过半数节点确认后，领导者发送确认信息给跟随者，并将该区块作为账本上的下一个区块。

Raft 算法是一种强领导者算法，领导者选举是该共识协议的重要组成部分。在基于 Raft 算法的区块链系统中，数据仅能从领导者到其他服务器单向流动，因而架构简

---

[1] 跨链技术践行者. Raft 算法原理 [EB/OL]. (2019-05-17) [2022-07-20]. https://blog.csdn.net/shangsongwww/article/details/90287565.

单且易于理解。Raft 算法具有线性的复杂度，因而共识效率很高。在容错性方面，Raft 算法可以容忍不超过 50% 的停机故障，但不具备 BFT 能力。

5.6　跨链共识

区块链所面临的诸多问题中，区块链之间互操作性极大程度地限制了区块链的应用空间。无论是公有链还是联盟链，跨链技术就是实现价值互联网的关键，是区块链向外拓展和连接的桥梁。[1]

跨链交互根据所跨越的区块链底层技术平台的不同可以分为同构链跨链和异构链跨链。同构链之间安全机制、共识算法、网络拓扑、区块生成验证逻辑都一致，它们之间的跨链交互相对简单。而异构链的跨链交互相对复杂，其区块的组成形式和确定性保证机制均有很大不同，直接跨链交互机制不易设计。异构链之间的跨链交互一般需要第三方辅助服务辅助跨链交互。

跨链要达到安全可信，必然对跨链机制、步骤等有一些要求，其中最重要的是跨链事务的原子性。对于普通的链内交易来说，其需要支持原子性——交易如果失败，则需要回滚。而跨链的交易也是如此，其失败时要回滚涉及本次交易两条或多条链的交易。

---

[1] 区块链技术空间. 区块链中常用的跨链技术 [EB/OL]. (2021-05-19) [2022-07-20]. https：//blog.csdn.net/wxudong1991/article/details/117015753.

应用篇

第6章　区块链发展现状及应用场景概述

6.1　区块链发展进程

2008年国际金融危机爆发后，传统信用货币体制的问题愈发凸显，人们对于去中心化的需求急剧增强。在这样的背景下，中本聪在互联网上发表了一篇名为《比特币：一种点对点式的电子现金系统》的论文，首次提出比特币的概念。随后在2009年发布了首个比特币软件及在其上构建的P2P交易架构，并开始正式运行，区块链中第一个区块（即创世区块）诞生，从此开始了区块链的发展之路。

区块链诞生之后，区块链产业的发展变化大致可以分为三个阶段：区块链1.0、区块链2.0和区块链3.0阶段。

区块链1.0是从2009年区块链诞生开始的，在这个阶段中，区块链概念来源于比特币。

2014年，随着区块链技术获得在比特币之外的其他应用——以太坊的出现，区块链产业进入区块链2.0。区块链2.0阶段的一种重要标志就是智能合约，智能合约也是以太坊中的显著特点之一。

区块链3.0的应用是区块链与众多行业相结合，让区块链应用落地。对于区块链3.0的出现，目前较为认可的一种说法是Block.one公司主导开发的高性能区块链底层操作系统（enterprise operation system，EOS）引入了新的区块链结构，使得区块链技术可以作为底层技术为更多行业应用提供底层基础，这也成为区块链3.0的出现标志。

6.2 区块链应用现状

随着区块链3.0的到来，区块链的应用场景更加丰富，国内外相关标准组织纷纷出台相关标准，抢占国际话语权和规则制定权。

2016年9月，国际标准化组织（ISO）成立了区块链和分布式记账技术委员会（ISO/TC 307），主要工作范围是制定区块链和分布式记账技术领域的国际标准，以及与其他国际性组织合作研究该领域相关的标准化问题。截至2018年4月，ISO/TC 307成立了基础工作组，安全、隐私和身份认证工作组，智能合约及其应用工作组三个工作组，以及用例研究组、治理研究组和互操作研究组等三个研究组。

2016—2017年，国际电信联盟（ITU）电信标准分局（ITU-T）的SG16、SG17、SG20小组分别启动了分布式账本的总体需求、安全、在物联网中的应用等研究。ITU-T还成立了分布式账本焦点组（FG DLT）、数据处理与管理焦点组（FG DPM）、法定数字货币焦点组（FG DFC）三个焦点组来开展和推进区块链相关标准制定工作。目前，国际电信联盟已经启动区块链参考架构、监管技术架构、评测准则等多项标准的制定。

电气与电子工程师协会（IEEE）的区块链标准委员会（BSC）支持P2418、P2140、P2144、P2145、P2141等数个工作组，就区块链在供应链金融、医疗、政务等领域应用，以及数字资产管理、数字货币交易平台、数据治理等方面开展标准制定工作。

国内的区块链标准化工作早在2016年就开始布局。2016年，由中国电子技术标准化研究院牵头在中国区块链技术和产业发展论坛下设标准工作组，先后发布了《区块链参考架构》和《区块链数据格式规范》。同年，中国区块链技术和产业发展论坛编写并发布的《中国区块链技术和应用发展白皮书（2016）》中首次提出中国区块链标准化路线图即标准体系框架，将区块链标准分为基础、过程和方法、可信和互操作性、业务和应用、信息安全五个大类。2017年12月，由中国电子技术标准化研究院牵头的首个区块链领域国家标准《信息技术区块链和分布式记账技术 参考架构》（计划编号：20173824-T-469）正式立项。据不完全统计，截至2021年底，我国已发布153项区块链标准，其中包含8项国家标准、3项行业标准、18项地方标准、70项区块链团体标准以及 54 项企业标准。❶ 2022 年 6 月在最新一期的 ISO/TC 307 标准大会上，中国电子技术标准化研究院向 ISO/TC 307 提交了《区块链和分布式记账技术　数字藏品服务》《区块链和分布式记账技术　可信碳排放数据管理规范》《区块链和分布式记账技术　系统测试要求》等三项提案，我国在国际区块链标准制定中的参与度和话语权日益增强。

在全球很多国家对区块链技术应用的不断扶持下，区块链应用的发展日益迅猛。根据国际数据公司（IDC）数据显示，2020 年全球区块链市场规模达到 43.11 亿美元，同比增长 53.96%。❷

对于中国区块链市场，根据中商情报网的统计数据，国内区块链市场规模一直保持增长态势，从 2017 年的 0.85 亿元增长至 2020 年的 5.61 亿元，年均复合增长率达 87.58%，说明国内拥有很大的区块链应用市场。❸

从上述分析不难看出，在区块链 3.0 的当前发展阶段，区块链产业，特别是"区块链 +"的应用场景落地拥有极大的发展空间。

6.3　区块链应用场景概述

从区块链产业角度分析，区块链产业大致可以分为基础设施层、平台服务层、行业应用层。❹ 其中，基础设施层主要涉及硬盘、交换机、芯片、路由器等提供区块链底层技术的硬件设施。平台服务层涉及区块链通用技术及区块链平台，例如区块链服务（BaaS）平台、智能合约、跨链技术、信息安全、共识算法等，为行业应用的开发落地提供技术支持。行业应用层主要用于实现区块链在实体经济、民生领域、智慧城市建设、政务服务等行业领域中的应用落地，实现"区块链 +"不同行业的应用场景，具体包括区块链 + 金融、区块链 + 农业、区块链 + 能源、区块链 + 医疗、区块链 + 教育、区块链 + 公益、区块链 + 交通、区块链 + 物流、区块链 + 零售、区块链 + 政务、区块链 + 知识产权等。区块链产业架构如图 6 - 3 - 1 所示。

---

❶ 区块链星际社. 中国区块链标准建设分析 [EB/OL]. (2022 - 03 - 17) [2023 - 08 - 07]. https://blog.csdn.net/xfilesystem/article/details/123551118.
❷ 链尚教育. 区块链（数据结构）的发展现状 [EB/OL]. (2021 - 10 - 14) [2023 - 08 - 07]. https://www.sohu.com/a/495059553_120097999.
❸ 佚名. 2022 年中国区块链行业投融资情况及市场规模预测分析 [EB/OL]. (2021 - 10 - 14) [2023 - 08 - 07]. https://caifuhao.eastmoney.com/news/20220421080459509683390.
❹ 区块链. 区块链技术的几个基础必要层级介绍 [EB/OL]. (2019 - 07 - 29) [2022 - 07 - 20]. https://m.elecfans.com/article/1004220.html.

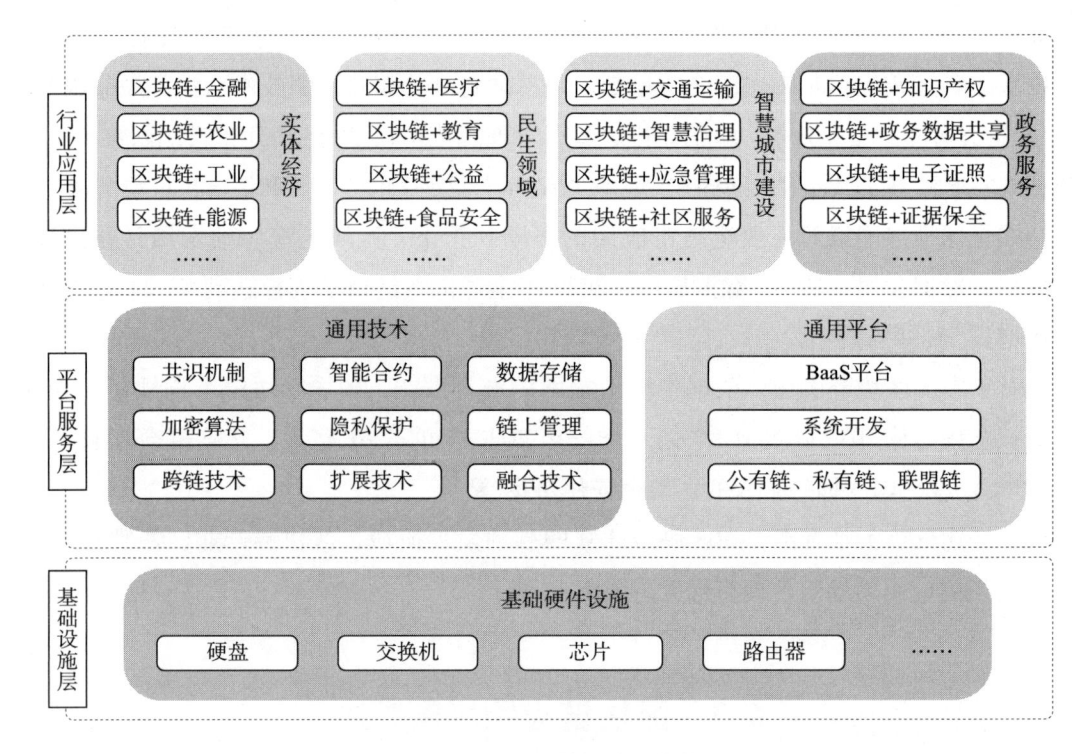

图 6-3-1　区块链产业架构

在区块链3.0的今天，"区块链+行业"的区块链应用场景落地研发是上述区块链产业结构中关键所在，也是全球区块链发展的重中之重。

（1）区块链+实体经济。

金融业是区块链最初且应用最多的应用落地场景，基于区块链去中心化、分布式链状存储、公开透明、不可篡改等特点，其天然适于与金融业融合。区块链+金融除了数字货币与区块链的深度融合，还可以广泛应用于跨境交易、证券股权、保险保理、审计、供应链金融、票据等多种金融业应用场景。

除了区块链+金融应用模式，区块链在农业发展、工业制造、能源电力等场景也有较多助力。例如在区块链+农业中，区块链为我国"三农"的数字化发展提供有力的技术支持，具体应用场景包括农产品溯源、农地信用评估、农业供应链管理、农业信贷、农业保险等。区块链+能源电力方面，已经开发研究的应用场景包括智能制造、绿电溯源、能源交易、碳核查等。

（2）区块链+民生领域。

随着生活水平的提高，对于民生领域的技术创新和改进需求也越来越大。其中区块链技术就成为提高民生领域科技水平的一个热门且有益的技术。区块链技术在医疗行业的应用较为广泛，其最大的一个应用分支就是电子病历。此外，区块链技术也广泛应用于医疗健康信息管理系统、药品追溯系统、医疗保险系统等应用场景中。目前，国际相关领域的研究前沿还出现了基于区块链的生物识别系统，而国内的研究前沿还包括基于区块链的传染病疫情防控监测、医疗物资追溯等方面。

除了医疗应用场景，区块链在教育、公益、食品安全、养老、就业等行业也开展了相应的融合建设。其中，区块链＋教育包括学籍管理、学生征信、教育资源共享等应用场景。区块链＋公益的应用落地主要集中在捐赠项目、募集明细、资金流向、受助人反馈等慈善信息的上链管理上。

（3）区块链＋智慧城市建设。

智慧城市是近年来的热门概念，很多企业纷纷开展相关技术的研究开发，以期在未来的智慧城市建设中抢占先机。而交通运输属于城市日常运行中非常重要的环节，区块链＋交通运输的应用场景包括区块链＋共享出行、区块链＋车联网、区块链＋供应链物流、区块链＋交通执法等。

区块链＋智慧城市建设还包括将区块链应用于智慧治理、城市大脑、数字防疫、城市应急管理、基层社区服务等场景，有效提升了城市管理智能化、精准化水平。

（4）区块链＋政务服务。

区块链应用在政务服务方面也开始了更多的实践，包括近年来比较热门的区块链＋知识产权应用场景。在区块链赋能知识产权应用中，包括利用区块链提供知识产权原创证明，借助区块链优化知识产权申请审批流程，区块链技术助力知识产权交易流转，运用区块链支撑知识产权维权举证等。

区块链＋政务服务还包括区块链＋政务数据共享、区块链＋电子证照、区块链＋电子发票、区块链＋互联网监管、区块链＋电子证据保全等。

根据中国信息通信研究院和中商产业研究院的统计数据显示，在中国区块链产业应用分布情况统计数据中，"区块链＋"业务已经成为区块链行业的发展重点，根据数据显示，金融是区块链技术应用场景中探索最多的领域，供应链、溯源、互联网、物流、政务及知识产权、医疗等也具有较多市场份额。[1]

基于市场占有比例及"区块链＋"在实体经济、民生领域、智慧城市建设、政务服务等领域中的应用分支情况，本书选取区块链＋金融、区块链＋医疗、区块链＋交通运输以及区块链＋知识产权四个典型应用场景进行具体分析。

---

[1] 中商产业研究院. 2022年中国区块链行业市场规模及发展前景预测分析［EB/OL］.（2022－06－28）［2022－07－20］. https://www.askci.com/news/chanye/20220628/1058491905938.shtml.

第7章 区块链+金融

7.1 区块链在金融领域的应用概述

比特币是区块链技术诞生的起源，也是区块链技术最初的应用场景。虽然在当今时代，"区块链+"的行业应用场景越来越丰富，但金融领域始终是区块链最适合也是最常用的落地场景。

区块链是一个去中心化、非信任、匿名性和基于博弈的自治体系❶，使得交易双方可以实现直接的支付，而不再需要传统金融领域中的第三方可信中介的参与，这就为传统金融业的技术变革提供了极有力的技术支撑。此外，区块链中的智能合约能够利用程序算法代替人来执行合同，这就意味着区块链技术在证券交易、保险保理等领域存在应用落地的极大潜力。

区块链的特性，使其天然适用于金融领域几乎所有的应用场景，包括数字货币、银行结算交易、跨境支付、证券股权、保险保理、审计监管、票据管理、供应链金融等。本章从传统金融业相关场景的问题及需求、区块链在相应金融场景中的应用现状等方面介绍区块链技术在金融领域的应用落地，并给出相关应用场景中的业界典型应用案例，以供读者参考。

7.2 区块链+数字货币

采用数字化形式的货币可以称为数字货币，货币形式按照发行主体的不同可以分

---

❶ 佚名. 区块链技术本身不是全新的技术，那是什么技术呢？[EB/OL]. (2022-10-09) [2023-09-09]. https://www.sohu.com/a/591345825_121043592.

为三种：由个人或任意机构通过"挖矿"方式发行的私人加密数字货币、由可信企业或商业机构发行的中心化的稳定币、由各国中央银行发行的法定数字货币。❶

（1）私人加密数字货币。

在这三种形式的数字货币中，以私人加密数字货币与区块链的关联最为紧密。其中，最初出现也是最有名的私人加密数字货币就是比特币。目前，除了比特币，还衍生出了以比特币为基础产生的其他虚拟货币，如以太币、狗狗币、莱特币等。但同时，随着比特币"挖矿"所需要计算的次数逐渐增多，计算时间逐渐增长，陆续出现了"矿机""矿池"等大体量设备，会浪费大量能源。此外，由于其本身所具有的匿名性，加之其在某些国家能够与法定货币自由兑换，容易被不法分子所利用，引发了诸多的国际犯罪。因此，各国在不同程度上对比特币交易行为、交易平台等方面制定了相应监管措施。

（2）稳定币。

稳定币是由大型企业或商业机构发行的中心化的数字货币，属于一种价值相对稳定的加密货币。稳定币主要可以分成四种：法币型稳定币、加密货币型稳定币、商品型稳定币和算法型稳定币。目前常见的稳定币包括：Tether USD（USDT）、USD Coin（USDC）、Terra USD（UST）、Libra 等。

稳定币与其他使用区块链的数字货币一样，是加密安全且保证匿名的。但与个人加密数字货币不同的是，稳定币可以与法定货币或者贵金属等关联。因此，与比特币等个人加密数字货币相比，稳定币不会出现急速的升值或贬值，作为数字货币其价格更为稳定。

（3）法定数字货币。

还有一种法定数字货币是央行数字货币，其是由各国中央银行发行的法定数字货币，且其中央银行作为中心角色行使统筹和监管职能。以中国人民银行数字货币和电子支付工具（DCEP）为例，DCEP 是由中国人民银行担保并签名发行的代表具体金额的加密数字串，其本质是对货币主要属性及权属的加密处理，在具体交易的时候，可以做到"一次一密"。DCEP 交易的具体方式取决于字符串预设匹配规则，预设匹配规则可以是最多数字货币策略、最少数字货币策略或最少差额策略，并且 DCEP 的交易由

---

❶ 小任说财经. 数字货币方兴未艾，你对它的了解有多少？［EB/OL］.（2022-08-07）［2023-09-09］. https：//baijiahao. baidu. com/s? id = 1740484177172462718&wfr = spider&for = pc.

中国人民银行确认权属变更。[1]

从上文分析可以看出，中国人民银行数字货币的发行并不使用区块链技术，那么，其数字货币是否与区块链有关联？其实，中国人民银行数字货币在以下四个方面是可能运用到区块链技术的：①在定向流通等功能中应用智能合约；②通过区块链技术来构建"确权链"以确认数字货币的状态；③区块链技术用于数字货币钱包地址的管理；④区块链技术用于数字票据交易等。

7.3 区块链+交易结算

7.3.1 现代银行交易结算的发展瓶颈

支付清算是金融领域中的一个重要应用领域。一方面，随着近年来跨境贸易和跨境电商平台的日益发展，跨境交易和跨境支付的应用越来越多，成为银行交易结算中的重要业务分支；另一方面，随着海淘、跨境旅游、出国留学等活动的兴盛，跨境支付的应用场景也越来越多。但跨境交易中的支付结算方式非常依赖于第三方机构，导致存在以下三个问题，制约了跨境交易的发展潜力。

第一，跨境支付结算的周期长。涉及多个国家之间的交易行为，导致第三方金融机构在实际操作时过程非常烦琐，业务处理速度慢。

第二，跨境支付结算的手续费用较高。由于需要第三方金融机构的参与，在进行跨境支付结算时需要支付较高的手续费用。

第三，跨境支付存在信用风险。使用跨境电商平台进行交易时，仅仅依赖第三方信用中介的可信任性也难以解决信任问题。

7.3.2 区块链赋能跨境交易

区块链技术作为新兴技术，具有去中心化、不可篡改、数据透明等特性，能够有效解决传统跨境支付中需要第三方金融机构介入而导致的时间长、手续费用高等问题，

---

[1] 国盛区块链研究院. 三探央行数字货币：透过专利看"超级货币"蓝图 [EB/OL]. (2020-04-08) [2022-07-20]. http://finance.sina.com.cn/blockchain/roll/2020-04-08/doc-iimxxsth4204990.shtml.

可实现实时到账功能。此外,区块链技术的可信任账本机制使其能够便捷地成为跨境支付结算系统中建立信任的有效工具。

不同于传统跨境支付系统需要由第三方机构及中央系统的中心化银行来执行支付结算处理的模式,将区块链技术用于跨境支付结算系统中时,是将跨国的两个用户的支付系统直接连接到区块链网络中,由区块链网络来实现跨境支付结算功能。

(1) 去中心化的支付系统架构。

通过区块链的去中心化 P2P 网络架构,位于链上的不同节点之间可以直接对接,不需要通过传统跨境交易系统中的中心金融机构,消除了对于中心金融机构的记账及信用证明等功能的依赖,通过 P2P 区块链网络可以使任何金融机构都能接入系统,从而实现节点之间的点对点信息传输。

(2) 采用分布式账本进行交易记录。

通过使用区块链的分布式记账功能和共识机制,进行交易的节点之间可以不用建立多层账户代理关系,而是通过分布式记账功能就可以在区块链的所有节点中记录交易结果,保证了交易信息的不可篡改性。此外,通过使用区块链的记账方式,支付双方不必提供个人信息和银行卡账户信息,商家通过在链上的信息验证完成收款,保证了交易中相关信息的安全可靠。

(3) 使用时间戳标定交易活动。

通过使用时间戳标定交易活动,可确保所有的交易活动都能够被追溯查询,实现了跨境交易的可追溯性,降低了跨境支付交易的监管成本。

(4) 利用智能合约实现跨境支付结算的自动执行。

利用区块链智能合约为交易条件设置规则,当触发交易设置的规则时,自动执行合同以实现结算清算过程,提高了自动化水平,简化了跨境支付结算的服务流程。

上面重点讨论了区块链技术在跨境支付结算场景中的主要应用方式,而在跨境交易中,还可利用区块链技术来改进跨境贸易中小进口贸易企业的融资、跨境商品溯源、跨境贸易链管理等多个方面。此外,跨境支付结算属于银行支付的一种典型应用场景。在实际应用中,银行支付结算还包括跨机构平台支付等。基于区块链技术去中心化、分布式账本、去中心化等技术特点,区块链技术在银行支付结算的其他领域中也有着巨大的发展前景。

7.4 区块链+证券

7.4.1 传统证券业务的发展需求

证券业务属于一种重要的金融业务，证券按照交易对象分为股票、债券和基金等。证券业务主要包括证券发行和证券交易。证券发行是指证券发行人向投资者出售证券的过程，主要包括资产评估、发行证券申请、证券发行审批、选定发行机构、组织证券发行等。证券交易是指证券持有人和其他投资者之间进行证券交易的过程。

传统证券发行过程中，需要很多时间，且需要多个中介机构参与，还会产生大量花费。在证券发行上市后，证券交易过程同样需要委托券商来进行买卖，并且需要交易中心、结算中心等多个机构参与，交易效率很低。

同时，证券业务对数据安全性要求也很高，需要警惕虚假交易数据和虚假证券机构等虚假信息，防止出现交易数据作假，威胁资金安全。

基于上述传统证券发行和交易业务的痛点和需求，具有去中心化、智能合约、不可篡改、可溯源性强等技术特性的区块链技术，就成为一项可用于优化证券发行和交易的有效手段，在证券发行和交易业务中有着十分广阔的应用前景。

7.4.2 区块链+证券的应用模式

目前，将区块链技术应用于证券业务的主要应用模式包括：利用区块链P2P网络构建去中心化的证券业务系统、基于区块链技术执行证券智能合约、基于区块链技术执行证券结算和构建海量数据的分布式存储等。

（1）基于区块链技术的证券业务系统。

利用区块链去中心化的P2P网络构建新的证券发行和交易系统，将证券发行机构的资产凭证信息在链上发布，相关交易过程直接上链，在交易过程中直接取消了作为代理的证券经纪代理机构，交易双方可以利用区块链P2P系统直接进行竞价和点对点的证券交易，提高了交易效率。此外，对交易指令进行数字签名，并利用非对称加密方式将交易信息加密上传到区块链节点，实现基于非对称加解密的信息追溯验证过程。

在追溯验证完成后，在区块链共享账本中记录加注了时间戳的信息，并由各节点执行信息核对，实现了所有节点共同维护交易信息，从而保证交易过程及相关信息的安全可靠和完整性。

（2）基于区块链技术执行证券交易。

区块链技术中的一个关键性特征就是智能合约。智能合约是一种计算机代码，可以在区块链网络中自动执行合同的内容。它是一种自动化合约，能够提高交易效率，并且由于其不可篡改性提高了智能合约运行的安全性。通过在区块链发行证券、自动执行合同来实现证券区块链系统中的智能合约。智能合约可以自动判断某项交易条件是否符合要求，在符合时根据合约约定的条件自行执行合同，并确定证券资产交易是否生效。

利用智能合约执行证券交易的具体实现过程如下。首先，投资者需要在区块链证券业务系统上注册个人账户，获得用于交易的公私密钥，并妥善保管账户信息及交易密钥。其次，投资者在证券智能合约中注入数字资产，进而将资金或证券以数字形式录入证券区块链交易系统中用于后续证券交易。再次，系统判断是否符合交易的条件，当符合要求时智能合约自动运行，根据智能合约中初始设定条件自动执行合同，并自动判定证券资产交易是否生效。最后，在证券区块链系统中对上传的证券交易信息进行验证，并在验证通过后达成共识。根据验证共识，智能合约就可以执行点对点的证券交易结算。在上述基于区块链智能合约的证券交易过程中，上传到区块链的证券交易数据还会被注入时间戳信息，保证该数据是无法被篡改的，提高了交易安全性。

（3）基于区块链技术执行证券结算。

基于区块链技术的证券结算体系中，利用区块链智能合约在去中心化的区块链系统中实现一对一的证券交易，在此过程中，每笔交易都被嵌入智能合约，且区块链证券结算使用的是具有一致性的分布式数据库，可以实现交易后实时逐笔全额结算。基于去中心化的区块链结构，不需要再利用证券公司或者第三方中介机构来执行证券合约更替、清算结算等证券中介操作，可以直接由交易双方直接进行证券结算操作，结算时间可以缩短，结算成本也会显著降低。❶

此外，区块链技术可以应用于延伸证券业的综合服务中。利用区块链的数字签名和加密系统来实现股东投票机制，可以保证投票股东的真实性，确保投票结果不会被轻易篡改，以及有效避免重复投票现象。基于去中心化分布式的区块链网络构建股权

---

❶ 王玉. 基于区块链技术的证券业生态圈构建研究［J］. 探求，2021（4）：73-83.

众筹平台，可以绕过第三方平台，规避依赖第三方平台的众筹方式所带来的较大监管风险。

7.5 区块链+保险

保险是金融业中的一个重要业务分支，分为社会保险和商业保险。随着当今社会人们对保险认知的逐步提高，购买保险以及相应产生的保险理赔业务也日渐增多。但传统保险保理业务中，存在以下四个问题：①保险业务种类繁多，数据繁杂，在海量数据中缺少有效的数据共享机制；②传统保险业务一般需要相应的保险业务员为投保人服务，保险业务员人工收集信息，反馈给保险机构的相应人员进行投保及保理操作，操作过程繁杂，处理时间长，且增加人工成本；③存在投保人提供虚假信息进行骗保的现象，如果不能及时发现会给保险机构带来经济损失；④网络攻击等行为可能导致客户敏感信息泄露的危险。例如2015年，安森保险（Anthem Insurance）公司披露了一起数据泄露事件，在该次事件中7880万客户的敏感数据被泄露，造成极大隐患。[1]

区块链技术具有不可篡改、信息共享、数据透明公开、智能合约等技术特性，能够有效应对传统保险保理业务的痛点，解决传统保险保理流程中存在的问题。目前在医疗保险、车辆保险等众多热门行业中区块链+保险技术具有广阔的应用前景。

在区块链+保险的应用场景中，执行保险交易的主要流程包括：①发送保险交易请求，用户想要进行保险交易时，通过所在节点的客户端向区块链保险平台发送保险交易的请求；②执行保险合同，在区块链保险系统接收到用户发送的保险交易请求后，触发智能合约来自动执行保险合同，判断交易是否生效，并对生效的交易结果进行数字签名，将签名后的信息返回给客户端；③验证交易信息，将客户端验证通过的签名信息和交易数据上传到区块链中的节点，使得区块链中的所有节点通过共识算法来验证交易信息的合法性；④更新区块链账本，当所有节点均验证通过交易信息后，根据验证后的信息更新区块链账本，确保所有节点的保险交易数据的同步。

将区块链技术应用于保险应用场景中具有以下四点优势：①在区块链体系中，共

---

[1] PUA C. 区块链在保险中的应用［EB/OL］.（2022-06-29）［2022-07-20］. https：//baijiahao.baidu.com/s? id=1736911436829133672&wfr=spider&for=pc.

享的信息被加密为块的电子列表，不能被篡改，有利于信息的准确性、安全性和可信度，为用户之间的安全交易提供了保障；②通过使用智能合约，可以将保单编写成智能合约，规定两方之间的交易规则，同时还可以跟踪保险索赔并让双方承担责任；在智能合约中，所有数据都是透明的，不受中间人的干扰；③区块链是去中心化的分布式记账功能，解密区块链的数据需要花费很多的时间和算力成本，进而增加了网络攻击的难度，有效保证了用户敏感信息数据的安全性；④使用区块链技术可以实现保险支付索赔的自动化，从而能够降低保险公司的管理成本，包括增强风险分析、流程自动化和加快理赔速度等。

7.6 区块链+审计

7.6.1 现代审计的痛点

审计是指由企业机构内部进行的或由外部审计单位对企业机构组织的重大项目和财务收支进行事前和事后审查的独立性经济监督活动。审计作为一种监督机制，需具备独立性、权威性和公正性的特质。传统审计采用的是人工审计的模式，在整个审计过程中，需要专业的审计人员按照计划、评估、改进及报告的流程开展审计活动。

在上述传统审计的过程中会遇到以下三个问题。

第一，审计数据的真实性得不到保证。审计程序有时会借鉴公司的内部审计报告，这就给数据造假等留有操作空间，进而增加了审计风险。

第二，独立性和公正性得不到保证。在传统审计中，极有可能受到单位管理层的影响，从而不能完全客观地进行独立审计。

第三，审计效率较低。传统审计中，审计人员需要与被审计单位内部的财务人员进行审计所需数据的交接，倘若资料交接不及时就会影响审计活动的开展。

7.6.2 区块链+审计应用模式

针对传统审计存在的痛点，区块链技术则可以改变传统审计方式，并具有以下三个优点：①信息和财务数据透明；②审计机构和审计人员可直接访问区块链节点进行操作，从而提供了远程审计的可能；③分布式记账使自动审计成为可能，节省时间，减少错误等。下文将对目前的区块链审计的实现方式进行简要介绍。

（1）区块链类型选择。

区块链的类型包括公有链、联盟链、私有链等多种形式，构建区块链审计系统时，可以根据审计机构象属性、成本要求、安全需求等来选择合适的区块链架构类型。例如根据审计机构来区分，官方审计机构更适合使用公有链，而公司内部开展的审计工作则优选私有链模式来实现。

（2）区块链审计模式。

利用区块链技术改造传统的审计方式，不是要改变审计的属性和内容，而是要改变审计的具体模式。传统审计的难点和重点均在数据分析方面，因此，区块链审计实质上是一种以数据分析为核心的新型审计工作模式，其中，区块链系统中的一个节点可以作为审计工作的单位来执行对应的审计工作，这样就可以通过区块链系统的特性，实现审计单位与审计对象之间信息的互联互通，实时传输审计数据，获取审计证据，及时进行审计交互工作。

（3）区块链审计模型。

结合现有的海量数据处理技术以及区块链技术的应用，目前区块链审计系统主要包括三个实体，分别是审计用户、区块链审计系统以及区块链分布式存储系统。

第一，审计用户。

审计用户是需要进行审计的被审计方，也是拥有待审查数据的实体。审计用户将待审计的所有数据上传到云服务器系统进行存储，同时通过发送审计请求来委托第三方审计单位对数据进行审计。

第二，区块链审计系统。

位于区块链网络中的审计单位节点，可以接收用户的审计请求并在接收到用户请求后，首先生成对应块的挑战信息，并将挑战信息发送给分布式数据存储系统。其次验证来自分布式存储系统的数据持有性证据是否可靠，并执行相应的审计过程。最后向审计用户返回审计结果。

第三，区块链分布式存储系统。

区块链分布式存储系统为审计用户提供海量数据的存储空间。在区块链审计过程中，区块链分布式存储系统应答来自区块链网络中审计节点的挑战信息，根据挑战信息来计算文件的持有性证明，并将证明返回给区块链中的审计节点进行验证。

（4）区块链审计流程。

第一，数据采集和预处理。

区块链数据信息平台可以主动进行数据的采集工作及预处理操作。区块链技术的数据预处理包括数据储存、数据清理和数据转换。

第二，审计证据分析。

在区块链＋审计系统中，区块链会实时记录链上发现和需要保存的审计证据，这就保证了区块链中存储的审计证据的实时性和完整性。同时，在区块链系统中，被传送到区块链中的数据还会被实时地附上时间戳，加之区块链技术的不可篡改性，进一步保证了存储在链中的审计证据的真实性和可靠性。

第三，审计报告的生成与输出。

一方面，需要将在区块链＋审计系统的审计过程中应用到的数据转化为可视化和易于呈现的审计输出结果；另一方面，根据可视化的审计证据及相关数据可以构建可视化的审计数据模型，进而实现审计监督监控结果、风险预警结果、审计结论和审计意见等审计相关内容的输出。

7.7 区块链＋供应链金融

7.7.1 供应链金融概述及发展困境

供应链金融是为供应链上的企业提供融资渠道的业务形式，是银行信贷业务的一个新兴领域。在供应链金融体系中，供应链的核心企业和相关联的上下游企业是这个金融体系的金融产品销售和服务的对象，为企业提供了综合的信贷产品和服务。供应链金融把供应链上的核心企业和其上下游企业看作一个整体，根据供应链上的不同企业在供应链交易中拥有的存货等资产作为融资的资本，为参与的中小企业提供融资授信及相关金融服务。传统供应链金融以核心企业为融资等金融业务的信用依托核心，并不能将贷款融资业务覆盖所有的链上中小企业，使得供应链金融融资仍存在如下三个方面的困难。

（1）供应链信息透明度差。

传统供应链的交易信息分散在不同环节的众多企业中，没有实现信息共享，数据真实性和可信度较低。

（2）供应链融资成本高、效率差。

银行对企业信息的真实性存在判断困难，也就需要花费较多的成本进行交易和资产真实性的判断评估，造成银行监管成本居高不下。

（3）供应链金融风险控制难度大。

供应链上涉及的企业主体众多，与传统金融信贷业务相比，供应链金融业务所面临的信贷风险种类更多，范围更广，隐匿性更高。

7.7.2 区块链赋能供应链金融

在利用区块链技术实现的供应链金融系统中，供应链的核心企业和上下游企业作为区块链节点接入区块链系统，在完成供应链交易后，企业将交易数据上传到区块链节点，而后节点将交易数据在区块链系统中进行广播，由区块链的所有节点对该交易数据进行验证。被验证有效的交易数据被存储到区块链的共享账本中。此外，供应链金融由于存在跨区域等情况，还会存在利用区块链的联盟链架构来实现供应链金融服务的情景。在基于联盟链的供应链金融体系中，在进行常规的企业节点交易数据上传、验证、共享的操作之外，加入联盟链的节点还需要基于相应的规则共同组建联盟链网络。在联盟链网络中，每个节点都维护共享的区块链账本。存储系统的所有交易数据，共同组成联盟链+供应链金融的运营系统。

供应链金融体系中的企业和金融机构作为区块链节点，负责实时上传交易中产生的数据信息，保证数据的实时性和真实性，同时将供应链中的企业资产数字化，以便将数字化后的资产作为企业信用实现在融资过程中的流转传递。此外，由于核心企业的优质信息随着应收款作为融资的资产在基于区块链技术的供应链金融体系中流转，降低了供应链体系中下游微小企业的融资困难和银行等金融机构在融资业务中的风险，不仅为供应链融资等金融业务的安全监管提供了便利，而且为供应链金融服务的优化提供了极大助力。

区块链+供应链金融的应用模式主要包括如下四种。

（1）基于实物资产数字化的融资模式。

这种模式主要应用在大宗商品行业中。在供应链管理过程中，利用区块链技术将实物资产数据实时上链，形成和实体资产流转对应的数字资产。实物资产数字化后，通过密码学技术由企业和金融机构等多方参与主体联合监控资产状态，实现供应链金融的监管。

(2) 基于核心企业信用的应付账款融资模式。

这是目前区块链在供应链金融场景中应用比较成熟的场景，通过将核心企业和下属单位的应付账款形成一套不可篡改的区块链数字凭证，在核心企业的内部单位中依照一定的规则签发，具有已确权、可持有、可拆分、可流转、可融资、可溯源等特点。

(3) 基于多而分散的中小微企业再融资模式。

在该种应用场景中，基于区块链智能合约技术对资产的表现情况进行实时追踪展示，可及时反映底层资产的表现情况，底层客户的经营信息、还款情况以及业务信息等，有助于根据资产情况的变化来调整资产价格的变动；同时，也便于监管进行针对资产支持证券（ABS）底层资产的穿透式管理，降低由于人工干预造成的业务复杂度和出错概率，显著提升现金流管理效率。

(4) 基于订单的融资模式。

针对供应商采用赊销方式进行货物销售，订单融资模式往往可以解决供应商资金回笼的困难。在该种模式中，通过区块链将中标通知书存证的方式来解决项目的真实性问题。一方面，通过将标书的核心数据不可篡改地上链，体现中标金额、交付周期等重要事项，从而为金融机构给中标企业的授信融资提供场景支持；另一方面，将供应商历史的过往销售数据进行不可篡改的链上存证，通过趋势分析等手段，可以判断出这一时期可能发生的供应规模，并以此为依据，给予授信支持等。[1]

7.8 区块链在金融领域应用面临的问题及发展前景展望

区块链在金融领域中的应用受到广泛关注，业界对区块链在金融中的应用落地也普遍看好，认为区块链在金融领域的应用有很大的发展空间。但在目前的应用中，区块链+金融仍面临安全风险、基础技术扩展、区块链金融监管等问题。

(1) 区块链的安全风险。

区块链平台采用的是开源代码，这就意味着黑客对区块链的开源代码的攻击会更加方便容易，同时，如果编写的代码存在漏洞，也会加大被黑客利用和攻击的

---

[1] 季栖凡. 区块链+供应链金融 四类常见模式全解！[EB/OL]. (2021-05-21) [2022-07-20]. https://baijiahao.baidu.com/s?id=1700329265009363588&wfr=spider&for=pc.

风险。

（2）区块链技术扩展瓶颈。

区块链平台的研发能力掌握在部分区块链龙头企业手中，且区块链平台设计各自为政，存在兼容问题，这也导致基础平台和通用技术的互融互通仍存在欠缺。

（3）需要进一步加强区块链金融的监管。

区块链技术通过采用分布式记账的开放式账本来实现交易记录，由此区块链分布式记账也就代替了传统的金融机构成为金融行为的监管对象。但如何在区块链系统中对链上产生的金融交易行为进行监控成为一个需要研究的课题。

第8章 区块链+医疗

8.1 医疗领域的痛点及区块链解决方案

医疗被认为是区块链技术最有应用前景的领域之一，源于人们对于解决传统医疗行业痛点问题的迫切期望。

就医疗行业而言，传统医疗产业的信息化和数字化改造已大部分完成，"互联网+医疗"的各种商业模式也趋于成熟，进入了稳健发展阶段。但是，仍然存在很多行业问题。

（1）数据安全难以保障。

医疗健康领域很多数据，例如患者诊疗档案数据中包含了患者基本信息、诊断信息、药品信息、收费信息、主治医生信息等重要内容，还可能包含了患者指纹数据、基因数据等重要数据，此类数据泄露会对个人隐私带来极大的伤害。

（2）数据孤岛化且缺乏标准化体系。

由于医疗体系复杂、不同系统或机构间相对独立、技术的壁垒以及个人隐私安全等原因，不同个人、不同阶段的医疗健康数据分散在不同类型机构中，且这些机构之间数据共享程度非常低，这样既会导致医疗资源的巨大浪费，也不利于患者获得高效准确的诊断服务。

（3）医药产品供应链溯源困难。

众所周知，假冒伪劣医药、器材对患者的伤害极大，但在巨大的经济利益的刺激下，假冒伪劣医药产品屡禁不止。医药行业供应链由制药厂商、批发商、药店、医院等众多参与主体构成，信息传递的不流畅导致各参与主体难以及时准确了解各阶段及相关事项的实时状况及存在的问题，因此医药产品供应链溯源非常困难。

区块链的技术特性，恰好能够很好地解决医疗健康领域的上述痛点问题。

第一，区块链具备高冗余性。分布式存储使得每个节点都有备份，相同的信息保存在不同的节点上，没有任何一个节点可以单独记录账本数据，杜绝了单点故障导致的数据库崩溃及单一记账人记假账的可能。通过共识机制来共同记录和维护数据，可防止部分参与者单方面修改或删除数据，保证信息在区块链上的不被随意篡改。

第二，分布式账本。通过将相关数据电子化并上链存储，实现分布式数据共享，打破不同系统或机构间的壁垒，解决数据孤岛化及缺乏标准体系问题。

第三，利用通证激励机制达成网络共识，明确数据所有权，调动生态活力，解决数据确权不明晰导致的传统参与者信息化意愿不高的问题。

第四，在分布式存储中，区块链每个节点都按照块链式结构存储完整的数据，通过"时间戳"技术和链式结构实现数据信息可追溯，解决供应链防伪溯源难题。

区块链在数据安全、追踪溯源、智能合约、生态激励等方面具有天然的优势，针对医疗行业存在的难题，能够提供多环节安全解决方案，同时也能助推医疗行业智能化发展。

8.2　区块链在医疗领域的应用现状

2016年12月，国务院颁布了《"十三五"国家信息化规划》（国发〔2016〕73号），区块链首次被写入规划。国家卫生健康委员会于2018年8月印发《关于进一步推进以电子病历为核心的医疗机构信息化建设工作的通知》（国卫办医发〔2018〕20号），于2020年12月印发《关于加强全民健康信息标准化体系建设的意见》（国卫办规划发〔2020〕14号），鼓励医疗卫生机构在确保安全的前提下，探索区块链技术在医疗联合体、个人健康档案、电子处方、药品管理、医疗保险、智慧医院管理、疫苗管理、基因测序等方面的应用。随着数据共享、隐私保护、信任机制、移动感知、多链架构等技术的不断发展和成熟，我国在"区块链+医疗"领域技术应用的研究热点集中于电子病历、医疗健康信息管理系统、药品追溯系统、医疗保险系统应用、生物识别系统等。近几年，基于区块链的传染病疫情防控监测、医疗物资追溯等也成为研究热点。

围绕目前医疗领域"数据共享""隐私保护"等难点痛点问题，领域内的机构基于区块链技术可能进行多种医疗生态体系的演化，包括基于"电子病历"的全链式健康体系、基于"生物基因"的医疗资源溯源体系、基于"个人健康信息"的移动终端-云健康数据监测体系等，各种"区块链+医疗"的应用项目如雨后春笋，催生和激励着传统信息医疗结构体系向智能化和智慧化发展。[1] 下面将结合区块链技术在医疗领域的四大应用热点分别进行分析。

8.3 区块链在医疗领域的应用场景

8.3.1 区块链+电子病历

区块链技术在医疗行业应用较为广泛的是医疗健康数据的分布式账本记录，其中电子病历是市场较大的一个应用细分领域。

患者的电子病历数据不仅包含其身份信息，而且包含其病史、治疗情况和付款信息，是关于患者的重要医疗信息。电子病历也是非常重要的医疗数据，医疗领域在医疗数据方面的痛点问题均存在电子病历上，而区块链恰好能够针对性地解决这些问题。

（1）数据安全性及隐私保护的问题。

以往病历数据零散存储在不同医疗机构的中心化数据库中，流通性差。当中心化的数据库被侵入或者被出售给第三方，将造成数据安全性或隐私泄露问题。在区块链技术下，数据去中心化加密存储在区块链中，区块链中所有参与者的记录都会被保留下来，并且所有参与者的信息都是一致的。当患者到医疗机构就诊时，医疗机构将患者的病历信息上传到区块链中并加密存储起来，任何人都无法对其进行篡改。在访问电子病历时，要通过区块链中心和备份管理中心的多重安全访问验证，可以有效保证数据安全，避免信息泄露。

（2）患者没有病历完全权限的问题。

以往病历由医院特定部门管理和维护，患者获得自己的病历数据很不方便。当建立区块链电子病历系统之后，病历开放给患者自主管理，患者通过私钥的设置保证病历的安全性，只有征得患者的同意，医疗机构才可以通过授权查阅病历了解患者的既往病史以及治疗情况。

---

[1] 张俐，马敏象，杜军，等. 基于文献计量与标引统计的医疗领域区块链技术应用发展趋势研究［J］. 情报学报，2021，40（9）：962-973.

(3) 数据共享的问题。

以往不同机构之间的病历数据由于各自的数据存储格式不同，导致数据通用性差，无法有效共享。病历数据加密存储在区块中之后，区块是具有严密组织架构的授权账本，其能够在保证数据安全性的同时可实现数据共享。这不仅方便让医生更全面了解既往病史，从而作出更准确的诊断，避免患者不必要的重复检查和医学成像，减少医疗费用支出；而且有利于医疗机构间的有效协同，提高诊疗效率。

随着医疗信息化的飞速发展，在国家政策的驱动下，基于区块链的电子病历研究和应用创新非常活跃。关于区块链在电子病历方面的应用，国内外出现了很多成功的案例。例如，由麻省理工学院开发的基于以太坊区块链的电子病历系统 MedRec，我国 2017 年开始正式推行的电子健康卡等。

8.3.2　区块链 + 药品防伪溯源

尽管国家对于关系到患者健康和生命的药品、医疗设备、器械等医疗用品的质量要求和监管非常严格，但在巨大的利益驱使下，仍有不法分子生产制造假冒伪劣的医疗用品。因此，除了完善的法律和严格的执法，仍需寻求更多的解决渠道。

溯源是区块链技术应用中相对较为成熟的一个领域。通过区块链技术，将医疗用品的生产、运输、销售各环节的数据上传到供应链上的每一个环节，最大限度地消灭假冒伪劣医药物品的生存空间。

《国务院办公厅关于积极推进供应链创新与应用的指导意见》（国办发〔2017〕84号）中指出，要建立基于供应链的重要产品质量安全追溯机制，将供应链上下游企业全部纳入追溯体系，构建来源可查、去向可追、责任可究的全链条可追溯体系，提高消费安全水平。可见，区块链技术应用于产品溯源得到了国家政策层面的大力支持，在这样的背景下，研究符合社会发展需求的区块链 + 防伪溯源具有重要的意见。❶

医药行业供应链涉及制药厂商、批发商、药店、医院等众多主体，信息复杂，且交互信息量大，以往信息被离散地保存在各个独立环节的各自系统中，信息透明度和流通性差，原始数据获取困难。虽然制药厂商、批发商、药店、医院等各参与主体会建立相应的信息系统辅助药品追溯以及供应链管理，但各系统相对孤立，数据共享困

---

❶ 侯姝言，尹艺驰. 关于区块链技术在国内医疗领域的应用调查研究分析［J］. 网络安全技术与应用，2020（12）：152-153.

难，其数据可信度也容易遭到公众质疑。

传统的药品溯源通常通过二维码、射频识别（RFID）或者短信来跟踪药品的物流信息和检验真伪，但这些方法并没有真正防止假药进入物流链条，因为二维码、RFID、短信等方式比较简单，缺乏对溯源药品的对比校验，而且容易造假，药品批发商、销售商均有动机伪造代表药品真伪的监管码、防伪标识等信息，因此用户不能保证溯源结果的真实性。

利用区块链的可追溯性特点，可以形成药物原料和成品唯一的编码，而假药则无法获得编码。编码可以在原料药生产商、医药企业、物流企业、医疗机构、药店、患者等不同主体中分享，从而加强药物监管，打击假药生产销售。

通过"时间戳"技术和链式结构实现数据信息可追溯，对每个事件和交易按时间进行记录，使其成为一条长链或永久性记录的一部分。通过共识机制来共同记录和维护数据，防止数据被单方面修改或删除，保证药品信息在区块链上不可篡改。通过区块链技术，可对医药药品在供应链上所有环节的关键细节和相关信息（包括药品的生产日期、价格、疗效、流通情况等）进行查询，甚至追溯至原材料采购阶段。一旦发现药品存在安全隐患，通过区块链记录，可以迅速找出问题环节，以便厂商和监管部门在第一时间解决或召回问题药品。

基于区块链的医疗追溯系统已经逐步运用到医疗服务行业并不断完善，出现了紫云药安宝药品追溯云服务平台、京东智臻医药追溯平台等典型应用案例。

8.3.3 区块链+医疗保险

医疗保险区块链是区块链技术在医疗场景中落地最快的方式。因为保险和区块链技术最容易结合，大病统筹模式所需要的医疗机构的医疗数据量相对较小，保险理赔流程也相对简单。

医疗保险通常分为两类：基本医疗保险和商业医疗保险。对于患者而言，在进行异地医疗时，会面临基本医疗保险结算难的问题；患者在申请商业医疗保险时，会面临流程长、效率低的问题。对于医疗保险机构而言，一方面，面临保险欺诈的可能性；另一方面，在医疗领域，患者、医疗机构、保险提供商之间形成了交互关系，医疗计费和保险赔付存在效率低下和服务复杂的问题。❶

---

❶ 佚名. 2020年【区块链+医疗】发展报告［EB/OL］.（2020-02-28）［2022-10-16］. https：//max. book118. com/html/2020/0304/8073034114002100. shtm.

区块链技术的技术优势决定了其与医疗保险行业的结合能够解决传统医疗保险的上述问题。首先，区块链技术把有关数据记录分布式存储在区块链上，实现了保险数据保全，数据不可篡改，避免合同争议。其次，区块链基于分布式架构，多方参与者共同维护业务信息，省去第三方审核和监管，可增强业务监管透明度和公平性，简化业务流程，降低运营成本，提高业务办理效率。最后，智能合约将业务逻辑以代码形式写入区块链系统，完成既定规则的条件触发和自动执行。在业务审核流程中，一旦审核条件满足，将自动触发审核流程，实现业务自动化、智能化审核和监管。❶ 医疗保险中需要专业医生或公证人的流程可以通过智能合约以完全透明和安全的方式自动完成和验证，智能合约能够实现大部分计费、支付程序的自动化，降低行政成本，为患者和医疗机构节省时间。

区块链+医疗保险的典型应用案例有基于社交网络、面向广大网民日常生活内容的社会众筹平台轻松筹，PokitDok 公司与英特尔公司合作推出的 DokChain 医疗区块链平台。

8.3.4　区块链+远程诊疗

远程诊疗是随着通信技术、计算机网络和多媒体技术的发展以及医疗体系的电子化而不断发展起来的一门新兴学科。它以多种数字传输方式建立不同区域的医疗单位之间、医师和患者之间的联系，完成远程咨询、诊治和信息交流等任务。❷

利用区块链技术，可以实现医疗数据的实时互通、医疗机构对患者的医疗数据的及时获取以及医疗机构间医疗数据的共享和互认，提高诊断效率和质量，同时保证医疗数据安全，避免敏感数据被泄露。

随着远程诊疗设备数量的大幅增加，区块链技术的分布式存储代替中心服务器，也能够降低中心运维的巨大成本。

区块链+远程诊疗方面的典型应用有去中心化的远程医疗平台 Medicohealth，自然语音处理（NLP）量化生物学平台等。

---

❶ 章建聪，王辉，李顾. 区块链技术在医保行业应用探讨[J]. 中国医疗保险，2021（7）：34-38.
❷ 链博科技.【区块链+医疗】"区块链+产业"链改系列报告 01 [EB/OL].[2022-10-19]. https://wenku.baidu.com/view/289f57c98aeb172ded630b1c59eef8c75fbf9595.html.

8.4 区块链+医疗存在的问题及发展前景展望

区块链技术在医疗领域具有巨大的应用价值，区块链技术本身的优势能为医疗健康领域带来新的活力，但受制于区块链技术本身发展的不足以及医疗健康领域实际应用环境等的各种制约，在应用过程中还存在很多问题。❶

（1）区块链底层技术不成熟。

区块链的系统吞吐量、智能合约的安全性、区块链的存储容量目前还存在不小的瓶颈制约，该问题是区块链在各个行业包括医疗行业应用落地运行的关键。

（2）医疗行业数字化程度参差不齐。

医疗机构的信息化发展时间较短，数字化程度参差不齐，各医院系统以及医疗设备制造厂商的系统不同，加大了数据同步的难度，为了数据统一化对现有的医疗设备更新换代，也会消耗巨大的财力物力，所以医疗行业数字化、标准化的难度很大。

（3）医疗数据量巨大。

相比于交易数据，医疗数据的结构更复杂，种类更多。如果将医疗数据内容全部上链，海量的数据将导致链上数据过于庞大，存储容量和处理速度将面临巨大的挑战。

（4）去中心化实现难度大。

医疗健康数据是国家重点管控数据，其对国家安全、社会稳定等方面有着重要的影响作用。去中心化是区块链的优点，但如果淡化政府监管，把医疗健康数据的管理运行方变成商业化机构或者个人，则会对国家已有体系造成冲击。

（5）隐私保护尚需技术持续优化。

在区块链的公有链中，每个参与者都能够获得完整的数据备份，所有交易数据都是公开和透明的。这是区块链的优点，也是缺点。个人信息的公开在医疗行业中是不被允许的。虽然在联盟链中，有一些特别的隐私数据保护方法，但隐私处理会影响一定的交易性能，还需要更多技术持续优化和探索。

虽然区块链技术在医疗领域应用落地过程中还存在很多困难，但随着区块链技术

---

❶ 佚名. 区块链+精准医疗：区块链在医疗行业应用情况及案例分析［EB/OL］.（2019-05-07）［2022-10-16］. https://wenku.baidu.com/view/b2d7d27413a6f524ccbff121dd36a32d7375c7fb.html.

的发展，许多缺点正在被消除，并且进一步通过互联网通信技术不断改进区块链生态系统，其应用前景被广泛看好，随着各个国家对于医疗健康领域的重视，区块链技术深度应用到医疗健康领域的进程也在加速推进。

作为一项新技术，区块链的去中心化、安全共享、不可篡改、隐私性高等特点为突破现行医疗信息化的发展瓶颈提供了新的视角。已成功应用于医疗健康行业的各个领域，展现出美好的前景。预计不远的将来，区块链将对医疗卫生行业的发展带来深刻的变革。在国家大力推动区块链基础技术研发、完善区块链生态链建设的重要时期，医疗行业应抓住区块链发展的机遇，加强医疗行业区块链技术的自主研发与创新，深度开发区块链技术的应用潜力，真正实现信息新技术为医疗行业发展保驾护航。[1]

---

[1] 魏东晓，刘颖. 区块链技术在医疗行业中的应用研究进展 [J]. 中国数字医学，2021，16（12）：89-92.

第 9 章 区块链 + 交通运输

9.1 现代交通运输的发展瓶颈及区块链解决方案

交通作为城市居民出行的必要环节,一直是城市治理中的重中之重。近年来,随着汽车行业高速发展,城市面临着越来越严重的交通和环境污染问题。在此背景下,城市智能交通逐渐发展起来。

智能交通系统是指在较完善的交通硬件基础设施上,将先进的信息技术、数据存储处理技术、计算机分析技术、空间遥感技术等综合运用到交通体系中,以达到交通出行便捷、安全、绿色环保的目的。❶ 虽然我国综合智能交通支撑体系已初步构建,但智能交通系统的发展还有很长的路要走,在整体数据资源共享与信息安全、资金结算与支付、产业链整合与信息溯源、交通体系化管理等方面仍然存在不足。❷

9.1.1 数据资源共享与信息安全问题

交通运输行业中,交通方式多样、交通线路跨度长、交通涉及的行政区域层级广,导致交通运输基础信息的采集和管理面临着数据采集和存储分散、数据安全性差、数据流转复杂、数据追溯困难等问题。

跨区域、跨系统的数据共享壁垒,造成了非常严重的"数据孤岛"现象❸,不仅影响数据资源价值挖掘深度,极大地浪费公共资源,而且制约了智慧交通效能的发挥与提升。

---

❶ 黄云,黄诱. 大数据背景下智能道路交通体系构建初探[J]. 智能城市,2019,5(13):10–12.
❷ 章宏. 区块链技术下城市智能交通发展的机遇与挑战[J]. 道路与桥梁,2021,18(33):179–181.
❸ 颜有起. 论区块链技术在交通领域的应用[J]. 现代传输,2021(5):59–61.

9.1.2 资金结算与支付问题

在交通运输的通信费用管理中，普遍采用利用管理中心统一记账的模式。从行政区域划分，全国设置了国家级的总管理中心，各地区分别建立各自的管理中心来执行区域内的费用结算管理，跨区域的费用结算则由上一级管理中心负责，例如全国总中心执行跨省的费用结算。但这种中心化的记账模式的数据互联互通性差，跨区域还需要多层级中心进行协作，导致结算效率低、实时性差，数据存储的安全性低，后期维护和运营的难度大。❶

9.1.3 产业链整合与信息溯源问题

在现代交通运输管理中，交通基建的招投标、工程建设、项目检测、综合执法等过程中普遍增强了信用评价环节，信用评价的结果对交通运输管理具有比较重要的作用，需要在整个行业产业链中进行整合和规范。在信用评价机制中，很重要的一个环节就是对产品质量和服务质量进行评价，评价的基础是对产品或服务的相关数据进行追溯整合。目前交通运输管理的信用评价体系中仍主要依靠纸件或电子件的归总档案来实现对信息的追溯，数据真实性和可靠性难以保证，产品生产、运输、流通环节的数据不透明，追溯效率低。❷

9.1.4 交通体系化管理问题

交通管理虽然已经通过开展电子证照管理、多种业务一站式办理等方式，提升了信息资源整合和共享能力。但是，在数据信息的安全性及公开透明性上仍存在较多问题，例如，采用中心化的信息存储方式存在数据易被篡改的风险，中心化存储的数据一旦泄露丢失导致危害性更强，不同机构证件数据质量参差不齐等问题，对交通运输体系的信息共享发展产生了较多阻碍。

结合交通运输各领域的实际需求，可以将区块链技术应用于交通运输各领域，解决相应问题。

---

❶ 张海亮. 区块链技术在交通运输领域的应用场景与挑战 [J]. 中国交通信息化, 2020 (12): 96-98.
❷ 闫卫喜. 浅谈区块链技术在交通运输行业的应用 [J]. 中国交通信息化, 2020 (2): 132-134.

(1) 交通运输支付。

电子不停车收费（ETC）是交通运输支付中的一个重要应用。ETC 对数据资源的共享要求更高。区块链技术能够很好地满足 ETC 应用对数字资源共享的需求。在区块链系统中，ETC 既要将自身数据上链，也需要使用区块链存储数据执行费用结算。在这一过程中，区块链所有组织节点存储数据并进行验证，保证了 ETC 共享数据的准确性和一致性。

利用区块链技术的去中心化特性，ETC 在区块链网络中存储的数据是统一共享的，保证了数据的同步，提高了自动缴费处理的便利度，缓解了缴费时间过长带来的拥堵问题。

利用区块链的去中心化分布式系统、智能合约和共识机制等技术，能够有效提升交易资金流转和交易拆分结算的及时性，同时保证存储在区块链系统中的交易数据的准确性和安全性。交通运输支付各个参与方作为区块链的一个节点加入区块链系统，收费数据实时上传区块链节点进行存储验证。根据预定规则建立智能合约，当达到预定条件时自动执行智能合约，完成收费交易。采用区块链技术后的交通支付模式，有效地消除了资金在中心化的管理平台上的冗余以及资金流转的延迟，确保了交易结算中收费数据和资金流转的畅通。❶ 这样能够保障交易数据准确性，提高账务结算效率和资金使用效率，尤其在 ETC 跨地区进行交易清分结算时，会极大地改善结算效率。

(2) 智慧道路管理。

车联网、车路协同、无人驾驶等技术目前已成为智慧交通研究应用的重要领域。但车联网、无人驾驶等技术中信息安全性不能保证，成为上述新技术推广的隐患和阻碍。利用区块链技术的信息公开透明和不可篡改等特性，通过智能合约和共识机制，可以有效保障智慧交通设备采集信息、路测设施信息、车载信息等的有效互通。将市民出行、车辆及道路等数据汇聚起来，建立人与车、人与路、车与路的分布式数据库。通过分析设备实时收集的数据，实现各区块数据的共享，实时掌握道路人流量和车流量及道路的具体情况。根据各道路的实时情况，分析道路交通现状，统筹城市交通信号控制，疏导分流拥塞路段的人流和车流，为市民出行规划最优路线，寻找最合适的停车位等，从而有效解决交通拥堵、停车困难等交通热点问题，约束人车路的规范有序，有效提高城市交通管理的能力。❷

---

❶ 闫卫喜. 浅谈区块链技术在交通运输行业的应用 [J]. 中国交通信息化, 2020 (2): 132-134.
❷ 颜有起. 论区块链技术在交通领域的应用 [J]. 现代传输, 2021 (5): 59-61.

(3) 共享出行。

共享出行是城市共享经济的重要形式，共享出行的实现依赖于数据的共享存储及利用。区块链技术的去中心化、不可篡改、数据公开透明等特点，能够很好地推动共享出行的数据共享操作。利用区块链去中心化的分布式存储系统建立的共享出行交通平台，数据的存储调度不需要管理中心，用户可以利用客户端直接在平台上进行约车操作，并使用数字货币实现费用支付。对于共享车主来说，使用基于区块链技术的共享出行交通平台，可以自行执行产权变更，而不需要到第三方机构进行认证操作，在提高了操作便利性的同时也提升了交易的安全性。此外，采用区块链技术可以保证交易数据在区块链上共享存储，透明可查，并且不可篡改。

(4) 网约车监管。

近年来网约车出行频繁曝出拒载、绕路、劫持等问题，让一些客户对网约车的服务质量难以接受，对人身安全产生担忧。通过区块链技术，可以随时掌握司乘人员及车辆最初注册的信息，后台数据将会通过对比人员及车辆的信息来确保安全问题；可以结合定位信息及车辆行车轨迹数据，判断出车辆的行车路线是否为最优的路线；可以实时获取车辆信息及具体位置，掌握从最开始上车一直到到达目的地的全过程信息，实现车辆行程和司机履历的可追溯。[1]

(5) 电子证照管理。

电子证照业务对于信息的实时性和安全性提出了较高的要求，区块链技术的去中心化分布式存储系统可以很好地满足电子证照管理的需求，充分发挥其优势。在电子证照管理系统中采用区块链分布式存储系统来存储电子证照等数据，能够实现多节点同步记账、智能合约自动认证、数据加密管理、信息公开透明等，有效保障电子证照相关信息的安全可靠性和信息可追溯性。电子证照管理的管理方和使用方都可以作为区块链节点加入区块链系统，共同建立和维护电子证照信息，提高了电子证照系统的可信度以及政务服务和行业管理的效能。[2]

(6) 信用体系评价。

采用区块链技术可以进一步改进交通管理系统中的信用评价功能。通过将时间戳注入信用评价的事件中，使得信用评价事件的相关信息难以被篡改。建立信用评价体系的联盟链，通过将信用评价数据上链并分布存储验证，可提高数据的实时互通性。采用智能合约自动实现智能评价，可减少人为因素的干扰，提升信用评价的

---

[1] 颜有起. 论区块链技术在交通领域的应用 [J]. 现代传输，2021 (5)：59-61.
[2] 张海亮. 区块链技术在交通运输领域的应用场景与挑战 [J]. 中国交通信息化，2020 (12)：96-98.

可信性。❶

(7) 智慧物流运输。

随着电商的日益盛行，我国道路运输和物流业的发展也越来越快，对现代智慧运输体系的性能提出了更高的要求。智慧物流运输中已经广泛运用了物联网、大数据等技术，而区块链技术的加入会使智慧物流运输技术发挥更大的优势。将货主、司机、货物、物流行为等信息上链，利用区块链技术分区块分布式存储、不被篡改等特性，对产品的生产、出厂、流通、消费全过程的监控，可实现对货物源头、运输环节、交付等所有流程的记录与跟踪，做到产品来源可查、流通可知，问题的产生及原因都可以通过各区块数据共享快速掌握，从而有效进行风险防控。❷

(8) 交通基础建设。

在交通基础建设中应用区块链技术也能有效提升其效能。例如，在工程招投标中，利用区块链的分布式存储系统建立资信联盟链，可以将不同地区、行业的招投标数据、企业资质和信用信息、合同执行信息、工作人员信息等数据上链，通过区块链的所有组织节点共享和验证数据，从而实现数据自动录入、自动查询和验证，从根源上解决信任问题与数据及时性和完整性问题。❸

工程建设阶段，利用区块链去中心化存储和建立信任机制这两方面的特性，可以很好地解决产品质量回溯问题。通过搭建联盟链的方式，将制造商、供应商、施工单位、建设单位等有关建设各方纳入平台联盟，将原材料生产、原料采购、材料储运、施工安装、质量检测、交竣工验收、安全生产、建设监督管理等各类数据上链，利用共识算法技术解决原材料生产、现场施工、验收检测、行业监督各方面的数据安全和信任问题，从而实现全过程的工程质量溯源。❹

9.2 区块链在交通运输业的应用现状

区块链技术在交通运输领域的应用发端于货运物流领域，并逐步扩展到客运出行、交通管理等多个领域。

在海运方面，早在2015年，以色列的初创企业Wave就开始尝试运用区块链技术

---

❶ 闫卫喜. 浅谈区块链技术在交通运输行业的应用 [J]. 中国交通信息化, 2020 (2): 132-134.
❷ 张海亮. 区块链技术在交通运输领域的应用场景与挑战 [J]. 中国交通信息化, 2020 (12): 96-98.
❸❹ 闫卫喜. 浅谈区块链技术在交通运输行业的应用 [J]. 中国交通信息化, 2020 (2): 132-134.

解决电子数据交换（EDI）数据标准不统一和缺乏信任的问题。

在航空出行方面，作为航空界最早提出应用区块链技术的组织，国际航空电信协会（SITA）于2016年率先提出包含区块链技术的智能通路（smart path），利用现有基础设施与各航空公司和政府系统无缝集成的自助服务流程，简化了旅客处理流程，在为航空公司、机场及相关机构提供更便利的工作模式的同时，还提供了一种安全、快捷且无缝的通关体验。

在铁路出行方面，德国铁路（DB）公司与区块链整合平台Unibright合作，研发了区块链的标记服务系统，通过对与铁路运行路线的里程信息、站点相关联的餐饮、酒店、交通等可提供的本地旅游服务等项目进行基于区块链技术的关联标记，可以使与铁路运行路线和站点等的本地旅游信息实现信息互联，实现铁路公司与旅游业公司的互动和精准旅游信息推广。

在交通管理和运营方面，区块链创新公司Aeron为了有效提升航空运营的安全性，提出了一种基于智能区块链的飞行安全解决方案。Aeron公司提出的方案构建的智能区块链系统可以收集飞行运营中各方提供的相关数据，包括飞行员和航空公司的飞行日志、航空运营商的服务数据、飞机维修商的维修记录等信息，并及时上链存储。通过将航空运营相关数据记录到区块链，由所有相关区块链节点存储验证，增强了航空运营数据的公开透明性和不可篡改性，有效提升了飞行安全性。

我国对区块链技术的应用相比国外起步较晚，但差距不大。与国外相同，国内区块链技术在交通运输领域的应用也是自物流行业开始的。2017年12月，京东公司、沃尔玛公司、IBM公司联合清华大学电子商务技术实验室成立了中国第一个安全食品区块链溯源联盟，通过建立基于区块链技术的食品生产到销售的全流程信息管理平台，实时自动采集在原材料种植/养殖、食品加工、产品运输、产品分销、产品零售等各环节的相关信息，并将采集的信息上传区块链节点，经过区块链节点存储验证，保证了数据真实可靠。同时通过二维码等区块链链码形式，实现食品生产销售全流程的信息溯源。

而在货运物流领域之外，区块链技术在客运出行、交通管理、交通基建等方面也得到了广泛应用。在客运出行方面，随着社会经济发展，公众出行方式日趋多样化，保障出行安全、便捷出行、高效出行成为亟待解决的难题，高效的一体化出行解决方案成为未来趋势。以民航出行为例，北京首都国际机场股份有限公司率先与国际航空电信协会、中国国际航空股份有限公司、中国东方航空集团有限公司、上海机场（集团）有限公司共同开展关于区块链技术应用的研究项目，实现了数据分发、多机场群数据共享以及行李追踪，优化了旅客出行乘机的体验，旅客在家通过移动端完成身份验证，到达机场后无须出示任何身份证件，仅通过"刷脸"，即可完成登机的全流程。

在交通管理方面，中国银行与中国公路学会交通金融科技创新联合实验室、中银金融科技有限公司与安徽省淮北市交通运输局针对交通运输行业各类业务场景，开展了交通运输区块链基础业务平台建设，形成统一数字认证、政务数据共享、统一交通信用的业务体系，提供了共性、稳定、安全的区块链基础支撑能力，降低了技术使用成本和应用开发门槛，为交通区块链生态发展创造条件，提升场景应用效率。

在交通基建方面，2020年2月，甘肃省公共资源交易局基于蚂蚁区块链技术平台开发了网上开评标系统。系统上线3天完成了7个交通建设项目、11个阶段的在线开标工作，参与投标企业50家，交易金额达16.2亿元。此次招投标项目也是国内首次运用区块链技术在交通工程建设领域的应用，交易过程完整性、数据真实性能够得到保证，并能在任意时间节点提供数据存在性和真实性的证明。❶

9.3　区块链在交通运输领域的应用场景

交通运输行业是国民经济的基础性行业，也是关系国计民生的重要服务性行业。从交通方式看，包括公路、水路、铁路、航空等不同的交通运营方式，横跨不同的区域层级所需要的不同系统和地域信息间的互联互通。从服务范围看，运输收费、高速公路收费、交通卡清算、票务结算等需要提升结算等金融服务的时效性。从交通管理看，交通综合执法、行驶资质审批等对信息安全提出了更高的要求。区块链技术由于其去中心化、不可篡改、信息公开透明等特性，在交通运输行业中将会有更多的应用场景。本节将从客运出行、货运物流、交通执法和交通基建等四个领域，对区块链技术的应用场景进行描述。

9.3.1　区块链+客运出行

车联网是城市智能交通领域的典型代表应用。车联网也就是车辆物联网，实现了

---

❶ 中国公路学会. 中国公路学会：《2020交通运输区块链白皮书》全文［EB/OL］.（2020-11-18）［2022-07-20］. http://www.100ec.cn/detail--6577359.html.

车与车之间、车与人之间、车与路侧之间、车与交通服务平台之间的信息互联互通。在多系统之间进行互联互通中，需要保证信息的实时性和安全性。区块链技术的去中心化、不可篡改性以及公开透明性可以很好地为车联网系统提供安全实时的信息管理系统。

车联网中的通信相关方作为区块链的节点接入区块链网络，并将自身的相关信息上传到区块链节点。例如，车主可以上传驾照、实时车辆位置等信息，车辆维修商可以上传汽车维修信息，车辆销售商可以上传车辆的制造商信息与购买和租赁信息，车管和年检部门可以上传车辆的里程数、累计损耗、运行时长、故障、违章等信息。通过区块链车联网的不同节点上传的车辆信息，构成了车辆的完整电子简历，并在区块链车联网的所有区块链节点中进行存储验证，有效保证了数据的公开透明性和安全性。此外，不同部门可以便利地利用区块链上存储的车辆信息来实现车辆身份验证、车险确认、行驶路线推荐、ETC 自动扣费等操作，以提高出行效率。❶

以智慧停车为例，停车问题一直是制约城市交通发展的瓶颈。广东省广州市黄埔区尝试将区块链技术应用于智慧停车应用场景，建设了多个基于区块链技术的智慧停车场，并已经投入使用。在该基于区块链技术的智慧停车场中，利用区块链中的分布式记账、智能合约等技术，结合停车场中建设的图像识别和停车位导航设备，将图像识别的车辆信息和停车位导航信息等停车场相关信息上链存储并验证，结合智能合约，自动实现停车位预约、停车路径规划、停车自动缴费等功能，提升了停车资源配置的合理性和停车服务提供的便利性。

9.3.2 区块链 + 货运物流

货运物流领域作为区块链技术应用于交通运输业的首发领域，也是目前区块链技术在交通运输业中应用最为广泛的领域，涵盖多式联运、物流追溯等多种应用场景。

多式联运是一种多种运输方式互相衔接、运转来共同完成运输过程的运输组织形式。通过多式联运能够有效提升货物运输的效率与质量，因此多式联运逐渐成为现代货物运输的热点之一。多式联运不仅需要整合多种运输方式，而且要有多式联运提单，也就是多式联运合同，多式联运提单是多式联运货物运输中的重要部分。多式联运提单可以采用电子提单的形式来实现，相对于纸件提单流转效率有所提升。但传统的电

---

❶ 钟芸. 区块链赋能城市智能交通的应用探索 [J]. 交通与港航，2020，7（3）：56–59.

子提单仍存在信息传输效率低、信息孤岛、数据易篡改等缺陷，电子提单未来发展迫切需要解决上述问题。区块链技术具有去中心化、高透明度、不可篡改等特点，将区块链技术引入多式联运电子提单，支持多式联运的多个参与方在线协作完成电子提单的签发转让、货款支付检查等事项。此外，利用区块链网络进行存证的记录可以有效保障多式联运的托运人和承运人双方的信息安全透明、交易公平公正，使得电子提单的价值得到最大限度的发挥。[1]

随着消费者对于食品、货物安全的要求日益提升，物流追溯成为现代物流管理中的重要环节。物流追溯是通过追踪记录物流过程中的各个环节的信息，向消费者提供物流过程的监控信息，从而提升物流效率和服务质量。该追溯过程更为关注信息溯源以及不可篡改的特征，这正是区块链技术的优势所在，这使得区块链技术在物流追溯中的应用更为广泛直接。在商品溯源平台中，通过使用区块链和物联网技术来实现商品在生产、加工、运输、销售的物流全过程中信息的透明有效以及不可篡改。在区块链溯源平台中，消费者可以通过商品上的溯源码来追溯商品的生产、物流运输、售卖等信息。在生产环节，通过在产品的生产厂房安装传感器节点，可以通过物联网实时获取产品的生产时间、生产流程和生产环境等信息，同时将上述生产信息传输到区块链中。在产品出库环节，生产商将产品信息、生产商信息和包装信息等作为产品的传输源头信息传输到区块链中，供消费者等追溯。在运输环节，分别将运输交易过程、物流商扫描的产品信息、运输节点扫描的信息等传输到区块链中，实现针对运输物流环节的所有节点信息的上链。在零售环节，零售商将收到的产品扫描入库，并将该环节的所有信息上链。消费者购买商品后，就可以通过扫描商品上的溯源码来追溯上述所有已经上链保存的商品信息。在该过程中，由于在物流追溯过程中采用了区块链技术，有效提升了追溯信息的真实有效性，提升了消费者的服务体验。

9.3.3 区块链+交通执法

交通综合执法是交通管理中的重要环节。在传统的交通综合执法过程中，存在信息联通性差、数据时效低、数据安全性差等问题。如何有效整合交通执法的数据信息、保障交通执法的数据安全是实现交通综合执法智能化的迫切需求。

区块链技术可以有效克服现有交通综合执法过程中的缺点与不足。利用区块链

---

[1] 中国公路学会. 中国公路学会：《2020交通运输区块链白皮书》全文［EB/OL］.（2020-11-18）［2022-07-20］. http：//www.100ec.cn/detail--6577359.html.

技术的去中心化、信息透明、不可篡改等优势，能够提升交通综合执法中的信息互联互通，打破信息孤岛，有效实现跨地区、跨领域等一体化执法信息的数据上链共享。

通过区块链的智能合约，可以实现交通综合执法过程中的所有参与节点的执法结果数据的实时同步更新，相关执法部门可以在区块链的节点上查询相应的执法结果数据，有效提高执法结果数据共享的效率和准确性。同时通过将交通综合执法过程信息上链，进一步加强交通执法过程的透明度和规范性，保障执法数据的安全性和实时性，有效提升执法效率和执法水平。

此外，利用交通执法+区块链系统的上链数据，并结合交通运输部门的信用平台，可以形成互信账本，实现区块链上链的信用数据可信可溯，同时能够建立完善的个人、企业及车辆的信用评价体系，实现例如网约车评价、高速公路缴费记录、黑名单车辆、交通信用报告等交通监管服务。❶

9.3.4　区块链+交通基建

交通基础建设是我国国民经济发展的重要基础之一，将区块链技术应用于交通基础建设，充分利用区块链技术数据透明共享、不可篡改、安全性高的特性，能够有效提升交通基础设施建设的效能。通过区块链技术可以实现交通基础设施建设中工程招投标、资产管理、费用清分结算、工程安全质量监管、交通网络运行管理等过程的数据上链及账本记账功能。此外，通过区块链、人工智能、物联网等技术融合并应用于交通基础建设全过程，可以实现人与物的自动感知、信息互联。通过区块链技术将所有数据进行上链存证，能够据此有效开展交通基础建设过程中的智能采集分析基建数据、智能管理员工、智能管理设备、智能检测环境等环节的相关工作，有效保障工程数据的安全可信，优化管理流程，提升交通施工和养护的质量、安全、环保水平，有效提高交通基础建设的智能化，最大限度发挥其服务作用。❷

---

❶❷　中国公路学会.中国公路学会：《2020交通运输区块链白皮书》全文［EB/OL］.（2020－11－18）［2022－07－20］.http：//www.100ec.cn/detail－－6577359.html.

第 10 章　区块链 + 知识产权

众所周知，创新是引领发展的第一动力，保护知识产权就是保护创新，反过来，技术创新也逐渐成为加强知识产权保护的"利器"。近年来，区块链技术和知识产权之间的结合日益紧密，而且频频出现在相关领域热门话题中。究其原因，一方面可归结于区块链的固有属性，区块链可提供公开透明的共享数据库，且具有去中心化、不可篡改、可追溯、共识机制、非对称加密等显著特点，稳定可靠的数据支撑能够为知识产权各个环节保驾护航；另一方面可归结于知识产权的属性，借助知识产权能够为区块链技术创新全链条提供强有力的保护。由此看来，区块链与知识产权之间自然能够产生较为强烈的"化学反应"，从而起到相互促进的积极作用。

2017 年，时任世界知识产权组织（WIPO）总干事弗朗西斯·高锐（Francis Gurry）在接受世界知识产权组织杂志专访时说：区块链在著作权领域正在进行大量实验，人们可以很容易地预见到它在知识产权许可领域的应用；我们需要意识到，通过区块链技术，私营部门可能会成为辅助记录维护者。[1] 2021 年，国家知识产权局局长申长雨在中国知识产权保护高层论坛上也强调：从技术上，要强化人工智能、大数据等信息技术在知识产权审查和保护领域的应用。[2]

10.1　知识产权的概念和特点

知识产权是国家发展的战略性资源和国际竞争力的核心要素。从广义上来说，知识产权是指人类在社会实践中创造的智力劳动成果的专有权利。知识产权的英文为

---

[1] Francis Gurry on the future of intellectual property: opportunities and challenges [EB/OL]. [2022-09-01]. https://www.wipo.int/wipo_magazine/en/2017/05/article_0001.html.

[2] 操秀英. 区块链等新技术成为知识产权保护"利器"[EB/OL]. (2021-04-25)[2022-09-01]. https://baijiahao.baidu.com/s?id=1697983492113179023&wfr=spider&for=pc.

"intellectual property",简称"IP",其原意为"知识(财产)所有权"或者"智慧(财产)所有权",也被翻译为智力成果权、智慧财产权或智力财产权。

1967年世界知识产权组织发布了《建立世界知识产权组织公约》,并于1979年修订,其中第二条规定,知识产权包括有关以下项目的权利:①文学、艺术和科学作品;②表演艺术家的演出以及唱片和广播节目;③人们一切活动领域内的发明;④科学发现;⑤工业品外观设计;⑥商标、服务标记以及商业名称和标志;⑦制止不正当竞争;⑧在工业、科学、文学或艺术领域内由于智力活动而产生的一切权利。

1993年,关税与贸易总协定通过的《与贸易有关的知识产权协定》(TRIPS)中所称的知识产权保护的范围包括:①著作权及邻接权;②商标;③地理标志;④工业品外观设计;⑤专利;⑥集成电路布图设计(拓扑图);⑦未公开信息;⑧在契约性许可中对反竞争行为的控制。

1982年我国通过《商标法》*,这是我国制定的第一部保护知识产权的法律,标志着我国现代知识产权法律制度开始构建。我国首部《专利法》于1984年通过。1986年通过的《民法通则》,第一次把知识产权列为民事权利的重要组成部分,明确规定了公民、法人的知识产权受法律保护。1991年《著作权法》实施。伴随着《商标法》《专利法》《著作权法》的历次修订,我国知识产权法律制度不断发展完善。

2021年《民法典》正式实施,其中第一百二十三条规定:"民事主体依法享有知识产权。知识产权是权利人依法就下列客体享有的专有的权利:(一)作品;(二)发明、实用新型、外观设计;(三)商标;(四)地理标志;(五)商业秘密;(六)集成电路布图设计;(七)植物新品种;(八)法律规定的其他客体。"

从知识产权的概念和范畴可知,知识产权的客体是具有非物质性的作品、发明创造和商誉等,它具有无体性,必须依赖于一定的物质载体而存在。知识产权的客体只是物质载体所承载或体现的非物质成果。由此可知,其一,获得了物质载体并不等于享有其所承载的知识产权;其二,转让物质载体的所有权不等于同时转让了其所承载的知识产权;其三,侵犯物质载体的所有权不等于同时侵犯其所承载的知识产权。

此外,知识产权还具有排他性、地域性和时间性等特征。排他性又称专有性或独占性,是指非经知识产权的权利人许可或法律特别规定,他人不得实施受知识产权专有权利控制的行为,否则构成侵权。地域性,是指除非有国际条约、双边或多边协定的特别规定,依一国法律取得的知识产权只能在该国境内具有效力,受该国法律保护。

---

* 为便于阅读,本书中我国相关法律标题中的"中华人民共和国"字样都予以省略。——编辑注

除著作权外，一国的知识产权在他国不能自动获得保护。时间性，是指绝大多数知识产权的保护期是有限的，各国法律对知识产权保护分别规定了一定期限，一旦超过法律规定的保护期限就不再受保护，创造成果将进入公有领域，成为人人都可以利用的公共资源。[1]

10.2　传统知识产权行业的痛点分析

传统知识产权行业按横向类别可分为专利权、著作权、商标权、商业秘密、植物新品种、地理标志等。从纵向环节可分为确权、用权和维权，其中确权主要指知识产权的申请、登记、审查、授权和认证等，用权主要涉及知识产权的许可、转让、投资入股、质押融资、证券化等，维权主要是侵权调查、预警和诉讼等。

随着我国前沿科学技术的持续发展和人们物质生活水平的不断提高，越来越多的人开始重视知识产权，知识产权也能带给人相应的收益。近年来，互联网和通信技术的蓬勃发展，使信息的传播速度越来越快，各种知识产权假冒、盗版、抄袭的侵权行为屡见不鲜，侵权问题越来越严重。知识产权问题逐渐成为笼罩在文化业发展上的一个阴影，"原创知识能否得到有效保护"的问题成为社会关注的焦点。

从知识产权纵向环节来看，确权流程较为烦琐，且耗力费时，在一定程度上妨碍了获得知识产权的便利性。知识产权交易流转困难，商业化程度低，变现分配机制不透明、不合理，在一定程度上阻碍了使用知识产权的主动性。在发生侵权行为时，知识产权溯源难，维权周期长、成本高、赔偿额度低，在一定程度上打击了维护知识产权的积极性。可见，传统知识产权行业存在确权难、用权难和维权难等集中痛点问题，既不利于科技创新能力的提高，也不利于科学技术进步和经济社会发展。

10.2.1　知识产权确权难

知识产权确权是后续知识产权用权、维权的重要基础，计算机、互联网、搜索引擎、人工智能等技术的发展极大地降低了知识产权确权的难度，提高了知识产权确权的效率，但确权依然存在流程较为烦琐且耗力费时、权利归属容易存在争议、信息更

---

[1] 佚名. 知识产权（法制概念）[EB/OL]. (2022-08-12) [2022-09-01]. https://baike.baidu.com/item/%E7%9F%A5%E8%AF%86%E4%BA%A7%E6%9D%83/85044?fromtitle=IP&fromid=15874877.

新不及时、整体成本偏高等问题。

以发明专利确权为例,根据《专利法》的规定,申请人必须专门提交包括说明书、权利要求书等在内的完整专利申请文件,并在说明书中充分公开技术方案,在权利要求书中明确保护范围。国务院专利行政部门收到发明专利申请后,经初步审查认为符合专利法要求的,自申请日起满18个月后即行公布或根据申请人的请求提前公布。不仅如此,国务院专利行政部门还应根据申请人的请求对专利申请进行实质审查,判断专利申请是否充分公开,是否清楚记载了专利保护范围,大部分情况下都需要检索相关现有技术,判断专利申请是否具备实用性、新颖性和创造性,并通过书面审查意见的方式与申请人进行沟通。只有在确认专利申请符合专利法规定的所有授权要件之后,才授予专利权。因此,发明专利申请获得授权所需的时间通常在3个月到3年不等,2021年我国发明专利平均审查周期为18.5个月。❶

传统著作权登记所需要的时长远短于发明专利确权周期,通常短至两三个月甚至十余个工作日即可完成。然而,在当今互联网异常发达的时代,文字、图片、音乐、电影、短视频等各种类型和格式的数字内容可以实现瞬时传播,相关著作权归属容易存在"原创争议"。尤其是部分具有较高相似度的创作成果往往由不同语言、不同国家或地区且不存在任何委托或合作关系的多个人创造,一旦产生较大的经济利益和社会影响,往往难以明确界定独创者或第一原创者。此外,传统著作权登记所需的官费、代理费等总费用比较高,针对单件作品的服务价格通常高达几百元甚至数千元。而网络时代的数字作品一般存在分布广、产量大、传播快的特点,如果每件作品都去登记确权,在时效性、时间精力、经济成本等方面都是个考验。

10.2.2　知识产权用权难

2021年,我国发明专利授权69.6万件,每万人口高价值发明专利拥有量达到7.5件,实用新型专利授权312.0万件,外观设计专利授权79.6万件,受理通过《专利合作条约》(PCT)途径提交的国际专利申请7.0万件,核准注册商标773.9万件,作品、计算机软件著作权登记量分别达到398.4万件、228万件。我国知识产权创造量质齐升,知识产权供给能力大幅提升。如何有效促进知识产权的转化、流通、租赁、交易和融资,进一步释放知识产权的应用价值已经成为影响行业发展的重要课题,而我国

---

❶ 陈婕. 提质增效,以高水平审查促高质量发展 | 非凡十年 [EB/OL]. (2022-10-14) [2022-11-03]. https://www.cnipa.gov.cn/art/2022/10/14/art_3087_179296.html.

在知识产权用权方面仍然面临"估值难""变现难""融资难"的困境。❶

首先是"估值难"。知识产权的流通交易和融资租赁过程带有商品属性，而任何商品都有价值，并且价值是交换价值的基础。因此，对知识产权的价值进行准确评估，是促进知识产权的流通交易和融资租赁的重要前提。由于知识产权属于无形资产，而且不同于传统无形资产，因此确定知识产权的评估标准是世界性难题。并且，知识产权评估技术专业性强、复杂度高，评估师既要懂法律、技术、经济，又要懂知识产权和金融，由此对从业人员也提出了较高的要求。

其次是"变现难"。当下，知识产权交易流程仍然存在不少问题，知识产权交易模式单一且流程烦琐，在很大程度上依赖于各类"中心化"的交易机构，给知识产权变现带来较大隐患。知识产权收益的分配不透明、不合理，也是知识产权变现难的重要原因之一。知识产权属于无形资产，其所具备的价值属性更多地是权利人的创造所带来的，但在知识产权市场上，变现分配机制不合理的现象频发，音乐著作权行业、网络小说著作权行业等更是如此，变现所获收益更多地被渠道或平台所攫取，真正的创造者却没有获得应有的收益分配。比如在音乐著作权领域中，据市场调查机构 MIDiA Research 发布的数据显示，每张专辑流向作曲者的收益仅占全部变现收益的 9.5%，流向歌手的收益虽然比作曲者要高，但也仅为 14.3%，大部分的收益被发行方所攫取。❷

最后是"融资难"。知识产权融资主要包括知识产权质押、作价入股、租赁、证券化等几种方式，仅以知识产权为基础资产进行融资，对于我国科技型中小企业来说，依旧会面临诸多障碍，银行等金融机构开展知识产权质押融资业务的积极性也不高。2021年，我国专利、商标质押融资项目1.7万项，质押融资金额为3098亿元。❸ 如果将知识产权质押融资规模与我国巨大的知识产权存量相比，可以发现知识产权质押融资比例并不高，与发达国家相比仍然存在较大差距，我国知识产权融资模式的成熟程度也不及发达国家。另外，由于金融机构对知识产权评估价值的认可度不高，因此在知识产权质押融资中提供的授信额度往往较低，与知识产权价值评估结果之间存在较大鸿沟。

---

❶❷ 袁煜明，孙航天. 火币区块链产业应用系列报告：区块链助力知识产权步入新纪元［EB/OL］.（2019 – 10 – 13）［2022 – 09 – 01］. https：//www. sohu. com/a/353463096_100217347.

❸ 王琳琳，宋晨. 全国专利商标质押融资额连续两年保持40%以上增速［EB/OL］.（2022 – 08 – 24）［2022 – 09 – 01］. https：//baijiahao. baidu. com/s? id = 1742044031429365662&wfr = spider&for = pc.

10.2.3　知识产权维权难

知识产权维权为知识产权保护提供有力保障,当知识权利受到侵犯时,相关权益人通常会选择通过诉讼、行政裁决的方式来维护自己的权利。2021年,人民法院受理、审结知识产权案件数量均突破60万件,❶ 全国知识产权系统共受理专利侵权行政裁决案件4.98万件,❷ 知识产权司法和行政保护力度得到进一步加强,知识产权保护社会满意度持续提升。但是,知识产权权益人在维权时仍然面临较多挑战,主要体现在原创溯源难、侵权行为隐蔽、取证困难且方式有限等方面。

通常,专利和商标只有获得政府有关部门授权或在政府有关部门注册后才受法律保护,一般作品和计算机软件著作权是以作者或开发者完成整个作品的具体时间为权利节点。但是,侵权行为出现在专利授权、商标注册、作品发表、软件登记之前的案件时有发生。以著作权为例,在完成正式确权之前,著作权需要提供创作痕迹、创作时间脉络等,以自证原创。在互联网上,大多数用户以未经实名认证的昵称发布信息,网络信息可以随时修改而不留痕迹,不少用户故意抄袭或剽窃他人作品,甚至乱署名篡改原创作者,作品历经多次流转后,可以轻而易举地将"原著"取而代之。并且,传统著作权保护一般通过中心数据库集中存储,由于中心化存储的可靠性不高,一旦数据库崩溃或遭遇黑客攻击,作品就会出现损毁丢失或被篡改的风险,这给权利溯源带来了困难。另外,数字化的发展也使得侵权界定和权利溯源变得更加困难。以音像著作权为例,在侵权界定时需要逐级全面查看授权说明才能确定,音像产品的权利分割和交叉现象加剧了确定权利归属的复杂程度。

由于我国法律适用"谁主张谁举证"的原则,被侵权方在提起诉讼时,往往需要己方收集证据以证明其主张的侵权行为,包括调查侵权者的使用情况、销售数量等,以此估算被侵权方可能遭受的经济损失,所收集的证据还需要满足合法性、真实性和关联性的要求,耗费非常多的时间和精力。即便不考虑举证效率和成本因素,互联网平台著作权纠纷中还存在侵权证据容易消失、不易保全的问题。例如,被侵权方如果发现他人将其原创作品发布在某个网站上,通常通过截屏、拍照和摄像等方式固定留

---

❶ 薄晨棣,李楠楠. 最高法:2021年人民法院受理、审结知识产权案件数量均突破60万 [EB/OL]. (2022-04-21) [2022-09-01]. https://baijiahao.baidu.com/s?id=1730708530270056903&wfr=spider&for=pc.

❷ 李若一. 2021年全国知识产权系统共受理专利侵权行政裁决案件4.98万件 [EB/OL]. (2022-04-26) [2022-09-01]. https://baijiahao.baidu.com/s?id=1731179531019468748&wfr=spider&for=pc.

存证据；然而，在没有网站技术支持和其他证据进一步佐证的情况下，上述留存证据的真实性难以得到认可。特别是在被侵权人诉诸法院时，网站可能已经删除了相关的侵权作品，查证侵权者的难度更大。被侵权方取证困难且方式有限，对频繁发生的侵权行为应接不暇，维权成本和侵权成本"倒挂"等现象，使得多数原创者不得不采取"不作为"的消极态度。

10.3　区块链技术在知识产权关键环节的应用分析

由于专利权、商标权、著作权等知识产权的客体是一种非物质性的数据、信息，隐于无形、易被抄袭、难以追溯、举证困难，这给知识产权的确权、用权和维权带来诸多困扰，具体表现在利害关系人之间很难就知识产权无形资产的内涵和外延达成互信。而区块链诞生的根源，正是为了解决数据互信的问题，在相互不信任的利害关系人之间创建互信关系。为此，区块链深度融合了共识机制、非对称加密、哈希算法、点对点传输、分布式数据存储和智能合约等一系列前沿技术。区块链一诞生就注定将成为知识产权侵权行为的克星，其所具有的去中心化、不可篡改、可追溯性、可验证、公开透明等特性正被创新性地应用于知识产权行业各个环节，助力解决知识产权治理难题，推进知识产权治理现代化。

10.3.1　提供知识产权原创证明

原始权益人在发明创造、开发软件或设计创作的同时，将专利权、商标权、著作权、商业秘密、植物新品种、地理标志等知识产权涉及的相关权益人信息、知识产权具体内容、与之相关的实验过程和结果数据以及关键事项时间信息及时上传至区块链，相关数据被存储在对应区块上，完成数据上链。

区块链通过应用哈希算法得出与区块唯一对应的哈希值，同时结合非对称加密算法中的公私钥对，确定原创知识产权内容与相关权益人之间的唯一确定的对应关系，制作原创知识产权内容的加密"身份证"，可在不泄露具体数据内容的情况下记录全部过程和结果。区块链中的区块一旦生成，就不能以任何方式进行篡改。如果生成的区块被人为篡改，相应的哈希值就无法与上一区块进行匹配，且更改人的相关操作也会被系统追踪到。区块链通过时间戳充当原创"公证人"的角色，清晰记录每个区块上每一笔数据的具有时间,将时间戳信息直接写在区块链上,保证每个区块按照时间顺序依次相连,确保与原创知识产权内容相关的全部记录的真实性,其认证方式比传统的公证制度更加值得信赖。区块链基于分布式协议,建立一个开放的分布式体系结构,区块节点间交换信息可以通过分布式账本和共识机制确定数据内容,加入时间戳信息后生成区块数据,再通过全网广播方式发送给利益相关节点共同记账,最终实现分布式数据存储。

通过以上方式,区块链可以实时有效地记录知识产权的原始形成过程,保障知识产权信息的完整性和可验证性,明确专利权、商标权和著作权等的权利归属,并且所有相关信息都是公开透明的,也不容易遭受毁灭性的毁损或黑客攻击,方便随时溯源查证原创性和所有权,并为知识产权确权提供便利和保障。

10.3.2 优化知识产权申请审批流程

以影响力较大的专利权、商标权、著作权为例,在现有法律制度和技术条件下,专利、商标只有在政府有关部门授予权利或准许注册后才能得到法律保护。著作权虽然是自动保护原则,但我国采取的自愿登记制度有利于维护权利人和使用者的合法权益,并促进作品或软件的推广使用。因此,对于专利权、商标权、著作权而言,申请审批仍然是当前必不可少的确权环节。区块链尚难以完全替代人们对集中式审批确权机构的需求,但区块链技术的使用,可以在申请审批流程优化中发挥极大作用,进一步提高知识产权确权的效率,降低知识产权确权的难度和成本。

在基于区块链的专利申请审批流程优化中,可以将国家知识产权局、地方知识产权局、生物保藏单位等必要可信机构作为可信赖的一级节点,建立联盟链。其中一级节点负责专利申请和审批相关信息的分布式存储,参与共识机制。社会公众作为联盟链的用户,在权限范围内办理申请业务,查询业务进度,将有用的信息进行链上保存等。在区块链、人工智能、大数据等新技术的支撑下,专利审批工作优化为"机器自动审核+人工辅助审批"的模式,有关流程事务和文件形式的审核完全由机器自动完成,其通过从联盟链中获取预先存储的信息,对当事人身份以及证据真伪等进行审核,对于新颖性、创造性等实体方面的审查,由人工辅助机器开展,将区块链数据库纳入现有技术检索范围,并在联盟链上保存申请人提交的证据以及审查员所使用的非基于区块链技术的互联网证据,审查符合授权条件后,在链上发送授权通知。

由于商标注册申请的审批由国家知识产权局商标局承担,在基于区块链的商标注册申请审批流程优化中,可以与专利申请审批共用同一个联盟链。其中一级节点负责商标注册申请和审批相关信息的分布式存储,参与共识机制。社会公众作为联盟链的用户,在权限范围内办理注册业务,查询业务进度,将有用的信息进行链上保存等。在区块链、人工智能、大数据等新技术的支撑下,商标审批工作参照专利审批采取"机器自动审核+人工辅助审批"的模式,将区块链数据库纳入在先权、现有标识等检索范围,审查符合授权条件后,在链上发送授权通知。

对于著作权保护,可以充分利用区块链分布式存储和不可篡改等特性。如果不进行登记,将原创作品或软件实时上链加密保存,创建数字化、不可篡改的所有权证据。如果进行登记,则实时上传至由国家版权局创建的联盟链,由国家版权局采取"机器自动审核"的模式,借助区块链信息对当事人身份以及证据真伪等进行审核,即可达到与登记制度同等的登记、保护和使用效果,从而作为传统登记制度的有效补充。

10.3.3 助力知识产权交易流转

知识产权的流通、转让、租赁和融资等交易流转,有利于释放知识产权的应用价值,是促进知识产权行业健康发展的重要原动力。区块链技术的应用能够助力知识产权交易流转,提升知识产权变现的可能性、便利性、灵活性和流动性,增强知识产权变现的透明化和市场化程度,从而摆脱知识产权"估值难""变现难""融资难"的困境。

首先,区块链技术能助力实现高效、精准的知识产权供需匹配,简化知识产权市场价值评估,提升知识产权变现的可能性和便利性。在确权环节,就已经实现了知识产权的数字化和上链存储,链上信息有助于快速确定知识产权的相关权利人,改善知识产权交易流转过程中信息不对称的状况,而明确清晰的产权主体有利于促进知识产权的供需,公开、透明、共享的社区共识机制有利于实现知识产权价值的准确评估。具体地,结合大数据和人工智能等技术,知识产权需求方可在区块链上快速匹配到己方所需的知识产权内容,综合相关大数据对知识产权价值进行初步评估,并通过区块链溯源,直接与相关权利人建立点对点的沟通和交易,从而实现供需双方的高效、精准连接,丰富去中心化的知识产权交易模式,提升知识产权的流转速度,显著降低评估难度和中间成本,为解决知识产权"估值难""变现难"的问题奠定良好的基础。

其次,区块链技术能助力实现对知识产权交易流转过程的自动化管理和全流程记录,提高知识产权变现的灵活性和透明化程度,同样有利于解决知识产权"变现难"

的问题。在实践中，相关权利人可为其知识产权拟定一个智能合约，其中包含权利人的各项诉求和合理的收益分配方式，并使用非对称密钥中的私钥对智能合约进行签名。以知识产权许可为例，一旦知识产权需求方同意权利人写入智能合约中的所有许可条件，智能合约就会自动为需求方许可相关权利，并在许可期限届满时自动终止许可；针对同一项知识产权，在智能合约中还可以根据不同的条件设置不同的许可类型，包括普通许可、排他许可、独占许可、交叉许可等。当知识产权需求方同意其中某些条件时，可以灵活匹配与之相应的许可类型。同时，每完成一笔新的知识产权交易流转，就会按照智能合约自动执行收益分配，并生成一个新的区块完整记录相关信息，实现知识产权交易流转的透明化和可追溯，为知识产权收益的合理分配提供基本保障，促进形成一个庞大的小微知识产权自主交易市场。

最后，区块链技术能助力促进知识产权的通证化，增强知识产权变现的流动性和市场化程度，为科技型中小企业缓解知识产权"融资难"的问题提供新的金融模式。通过智能合约可以将知识产权的所有权和经营权剥离，将其中的所有权颗粒化为易于持有和交易的通证，在区块链去信任特性的支撑下，像股票、债券、期货一样进行市场化发行和低摩擦交易，也便于知识产权质押、作价入股和租赁业务的开展，从而提供更多具有创新性的知识产权金融服务，支持科技型中小企业的持续创新和长远发展。

10.3.4 支撑知识产权维权举证

如果知识产权受到侵犯，相关权益人在维权时会遇到原创溯源难、侵权行为隐蔽、取证困难且方式有限等举证方面的困难，而区块链的应用能为维权举证提供强大的技术保障，极大地降低举证难度和维权成本，促使相关利益方积极作为维护自己的合法权益。

由于知识产权的创造、确权、交易、流转等各个环节的信息均会完整地保存在互联互通、共享的区块链上，再结合无法篡改的时间戳，因此知识产权的历史存在证明能得到真实记录，实现了对知识产权全生命周期的可追溯。当发现非法侵权行为时，权益人能在第一时间准确锁定和追踪侵权方，并及时调用知识产权区块链存证平台上的固证服务，将与侵权行为有关的证据写入区块链进行固证。在区块链不可篡改、可追溯、可验证、公开透明等特性的支撑下，侵权行为一旦发生，其再隐蔽和易消失也会变得无处藏匿、无可抵赖，使得知识产权保护能够顺应数字化和互联网的发展。此外，区块链固证、取证功能相比传统的证据收集方式，能够显著节约证据收集的时间和精力，且无须第三方公证机构的参与，可极大地简化举证流程，降低成本并提高效率。

知识产权区块链还可通过连接国家知识产权局、国家版权局、公安部、司法机关等政府部门，为链上信息提供强有力的公信力保障，使得其上保存的证据满足合法性、真实性和关联性的要求，司法机关能够直接采信链上证据快速审判侵权案件，极大简化知识产权案件审判流程，提升维权效率，促进维权道路通畅，从而充分调动知识产权相关权益人的维权动力，有力打击侵权行为。在基于区块链和大数据的知识产权体系中，侵权方的侵权行为被全链公开记录并且社会公众可查询和追踪，侵权方的信用势必会受到负面影响，不利于其进行其他交易和开展其他经营活动，这能在客观上促进知识产权行业自律。

10.4 区块链技术在知识产权中的应用局限和未来展望

10.4.1 应用局限

国内现有的区块链+知识产权应用平台主要采用联盟链的形式，利用区块链技术去中心化、不可篡改、可追溯性、可验证、公开透明等特性，实时有效地记录知识产权形成过程中涉及的相关权益人信息、知识产权具体内容、与之相关的实验过程和结果数据等，保障知识产权信息的完整性和可验证性，明确知识产权的权利归属，方便随时溯源查证原创性和所有权，并且可以在申请审批流程优化中发挥极大作用，进一步提高知识产权确权的效率，降低知识产权确权的难度和成本，从而解决传统知识产权行业"确权难"的问题。此外，利用区块链技术能够助力知识产权交易流转，提升知识产权变现的可能性、便利性、灵活性和流动性，增强知识产权变现的透明化和市场化程度，从而摆脱知识产权"估值难""变现难""融资难"的困境，解决传统知识产权行业"用权难"的问题。而且，平台可通过固证服务能为维权举证提供强大的技术保障，简化知识产权案件审判流程，提升维权效率，极大地降低举证难度和维权成本，从而解决传统知识产权行业"维权难"的问题。整体来看，区块链+知识产权能够大大提高知识产权确权、用权和维权的效率，提升知识产权行业活力。但现有区块链+知识产权应用平台仍然面临以下两个主要的局限。[1]

（1）知识产权类型复杂，目前尚难以全面覆盖。

知识产权包括专利权、著作权、商标权、商业秘密、植物新品种、地理标志等类型。从区块链+知识产权项目来看，区块链+知识产权平台的应用范围主要集中在著作权和商标权，原因在于这类知识产权相对较为简单，尤其是其中的文字和图片可以借助人工智能、大数据等新兴技术手段来进行数字识别和上链保存，从而为后续的确权、用权和维权提供有效的数据基础。对于专利而言，虽然可以通过将区块链数据库纳入现有技术检索范围、在联盟链上保存申请人提交的证据以及审查员所使用的非基于区块链技术的互联网证据、在链上发送授权通知等方式促进区块链的落地，但在其确权过程中，需要针对技术方案的新颖性、创造性等实体方面作出可专利性的判断，涉及的技术内容和法律知识广泛而深入，离不开相关领域技术人员对技术方案的理解、分析，对现有技术的检索、比对以及对法律问题的解读、认定。这种判断主要依靠审查员人工完成，区块链尚难以完全替代人们对集中式审批确权机构的需求，导致区块链+知识产权的应用无法全面覆盖至所有知识产权类型。

（2）各个区块链独立运营，增加全面协同难度。

从上文介绍的区块链+知识产权典型应用案例可知，同时存在众多不同的知识产权区块链，各个区块链的运营管理方以及其所接入的政府部门、司法机关、社会机构和企事业单位等也大不相同。这些知识产权区块链往往基于不同的底层架构和技术标准，又相对独立运营，对知识产权确权、用权和维权的全面协同提出了较大的挑战。此外，由于这些独立运营的区块链之间的互联互通尚存在障碍，因此知识产权需求方不得不跨越多个平台来匹配自己的需求。这必然会增加需求方的操作复杂性，也在一定程度上阻碍了区块链在知识产权确权、用权和维权中的落地应用。

10.4.2 未来展望

知识产权这一概念自诞生至今已有 100 多年的历史。然而，直到 1967 年《建立世界知识产权组织公约》的签署，知识产权的概念才被世界上大多数国家所认可。自此，世界各国开始逐步推动知识产权行业的发展，并最终形成共识将其作为国家发展的战略资源和国际竞争力的核心要素。知识产权行业经过 50 多年的发展，仍然面临着许多

---

[1] 袁煜明，孙航天. 火币区块链产业应用系列报告：区块链助力知识产权步入新纪元［EB/OL］.（2019 - 10 - 13）［2022 - 09 - 01］. https://www.sohu.com/a/353463096_100217347.

问题和挑战。区块链这一技术的诞生，助力解决知识产权治理难题，极大地推动了知识产权行业的发展。区块链＋知识产权虽然存在一定的应用局限，但未来前景可期，主要体现在以下两个方面。

（1）通用人工智能结合区块链，促进知识产权类型全覆盖。

传统的应用型人工智能（也称为弱人工智能）能解决特定领域的问题，能够实现图片识别对比、语义分析等功能，并结合区块链、云计算、大数据和物联网等先进技术，已经推动知识产权行业前进了相当大的一步。近些年来，随着通用人工智能（也称为强人工智能）技术的全面爆发和加速迭代，人工智能大模型能够对大量的数据进行训练，从而在各个领域和各种任务中展现出强大的语言甚至对各类信息的理解、生成和推理能力。相信在不久的将来，强人工智能在专利确权等环节中的参与度也会越来越高，从而促进实现区块链＋知识产权在所有知识产权类型中的应用全覆盖。

（2）跨链互操作性不断提升，加速知识产权国际化进程。

各个区块链独立运营，不同区块链之间的数字资产无法直接流通和交易所带来的弊端日益突出。已有部分区块链通过将不同区块链上的数字资产映射到公链上，允许用户将一种数字资产解读为被另一区块链网络所认可的数字资产，以促进不同区块链网络之间的数据互通和价值流转，最终形成全球可相互操作的去中心式区块链生态系统。具体到知识产权领域，由于不同区块链之间的互联互通障碍逐渐消除，因此知识产权需求方很容易在全球范围内匹配到自己的需求，从而有利于促进区块链在知识产权确权、用权和维权中的落地应用，加速知识产权国际化进程，助力知识产权在全球范围内的流转变现。

保护篇

목차

第 11 章　区块链技术的知识产权保护概述

从广义上来说，知识产权是指人类在科学、技术、文化等领域社会实践中对于创造的智力劳动成果（知识产品）所享有的专有权利。知识产权制度的设计目标是促进创新成果转化为现实生产力，提高社会经济效益和企业核心竞争力。为了提高自身的综合竞争能力和可持续发展能力，区块链技术相关创新主体应当制定全面的知识产权管理体系和全方位的知识产权战略，涵盖专利权、著作权、商标权、商业秘密等知识产权类型以及反不正当竞争，以全方位保护自己的各项权利。

同时，知识产权制度的设计初衷还在于激励创新，一旦智力劳动成果有了知识产权制度的保护护航，权利人就具有更大的动力和更好的经济基础来开展进一步的研发投资。通过加强知识产权保护，可以为企业或个人等创新主体营造一个"产出创新成果—保护知识产权—扩大竞争优势（产生直接收益）—加大研发投资"的良性市场环境和社会环境，使得创新主体获取最大利益和竞争优势，从而促使其进一步开展技术创新，在区块链技术的研究、开发和应用上扩大竞争优势，推动区块链技术不断向前发展。

11.1　计算机领域常见的知识产权保护方式

根据《中国区块链技术和应用发展白皮书（2016）》中对区块链技术所作出的阐释可知，区块链技术本质上是一种计算机技术，与计算机程序密切相关，适用计算机领域的知识产权制度，因此，本节主要阐述计算机领域常见的知识产权保护方式。根据全球主要国家的知识产权法律体系，一项涉及计算机程序的应用技术创新成果，能够借助不同的保护模式获得专利法、著作权法、商标法以及反不正当竞争法等相关知识产权法律制度提供的保护。

11.1.1 专利权保护

在绝大部分国家的知识产权法律制度中，涉及计算机程序的发明创造受专利权保护。根据我国《专利审查指南2010》第二部分第九章对计算机程序的定义，涉及计算机程序的发明是指为解决发明提出的问题，全部或部分以计算机程序处理流程为基础，通过计算机执行上述流程编制的计算机程序，对计算机外部对象或内部对象进行控制或处理的解决方案。例如，计算机程序的目的是实现一种工业过程、测量或测试过程控制，通过计算机执行一种工业过程控制程序，按照自然规律完成对该工业过程各阶段实施的一系列控制，从而获得符合自然规律的工业过程控制效果，则这种解决方案属于技术方案，属于专利权保护的客体。相关技术获得保护的专利权人享有专利法律制度所赋予的独占实施权、许可实施权、标记权、转让权等基本权利。[1]

通过专利权进行保护的优势在于保护程度较高，权利人对其专利进行支配的力度也较强，可以在专利保护期限内享有一定程度的垄断权。但是，专利权保护的劣势也比较明显。其一，发明专利申请的审查标准较为严格，不仅需要进行形式审查，而且需要对保护客体、是否充分公开、实用性、新颖性和创造性等进行实质审查，最终是否能获得授权具有不确定性。其二，专利制度的基本理念是公开换保护，对于发明专利而言，专利申请人提交的权利要求书和说明书等申请文件需要在初步审查合格之后全部公之于众，如果发明专利申请最终未获得授权，其核心技术内容因为前期已经公开而进入社会公众领域，其他人可以自由使用。其三，专利权的保护期限比较有限，以我国为例，发明专利的保护期限最长，但也只有20年，而实用新型专利和外观设计专利的保护期限则更短，分别为10年和15年。此外，发明专利和实用新型专利的保护范围以权利要求的内容为准，这对权利要求的撰写提出了非常高的要求，一旦权利要求撰写不当，很可能达不到预期的保护力度，甚至完全被规避侵权。

11.1.2 著作权保护

美国、欧盟、日本、韩国和我国均可通过著作权保护计算机程序。根据我国《著作权法》和《计算机软件保护条例》有关规定，著作权人享有包括发表权、署名权、

---

[1] 陈云峰. 区块链技术知识产权保护分析［EB/OL］(2018-11-05)［2022-09-15］. https：//baijiahao.baidu.com/s？id=1616260919156691339&wfr=spider&for=pc.

发行权、复制权、修改权、信息网络传播权、出租权、翻译权等在内的基本权利。计算机软件的源代码可以受到《著作权法》和《计算机软件保护条例》的保护，计算机软件著作权自软件开发完成之日起产生。计算机软件著作权人对其计算机程序及其有关文档享有著作权。

但是，通过著作权来保护技术的弊端非常明显。首先，由于著作权对于独创性的要求较低，其他创新主体可能会在稍微修改某项已有计算机软件代码的基础上，进一步申请属于自己的新的著作权证书，这在一定程度上降低了保护力度和强度。其次，根据我国《计算机软件保护条例》第十六条规定，软件用户享有的权利较少，只包括安装（或称运行）、复制（个人使用）、修改（个人使用）三种权利。如果未经许可，对软件进行了不当复制、修改、演绎，使用者便可能构成著作权侵权，从而导致相关技术被侵权的可能性较高。

11.1.3　商标权保护

商标是能够明显标识商品或服务、以防被混淆的标志。商标专用权由商标注册人享有。商标专用权可分为积极权能和消极权能：积极权能是指商标注册人主动行使其使用、处分商标专用权的权利，消极权能是指法律禁止商标注册人以外的第三人未经许可使用或者仿冒注册商标的行为。[1]

当前的计算机软件基本上都是可视化、直观的操作，用户在使用时，通过查找软件标志来运行软件。一款使用起来得心应手的软件，会在其主要用户群体中留下深刻的印象。这就是软件本身的价值，也是后续开发衍生产品和提供商业影响力的基础。软件开发者通过以商标的方式注册其特有的标识或名称，使其成为商标权利人。商标作为软件开发者具有核心竞争力的无形资产，除了为其技术研发和业务运营提供重要的法律保障，还可以使其品牌影响力得到进一步提升。

11.1.4　商业秘密保护

在世界范围内，几乎所有的国家都保护商业秘密，商业秘密对于企业发展来说也至关重要。在我国，商业秘密主要受《反不正当竞争法》的保护。《反不正当竞争法》

---

[1] 谭维奇. 区块链应用技术专利保护探讨［D］. 广州：暨南大学，2019.

第九条第四款规定："本法所称的商业秘密，是指不为公众所知悉、具有商业价值并经权利人采取相应保密措施的技术信息、经营信息等商业信息。"由此可见，反不正当竞争法的适用对象和范围均非常广泛，可以作为知识产权保护的综合兜底式依据。当在计算机领域专利法、著作权法以及商标法都无法适用时，可以考虑将反不正当竞争法作为有力武器，据此寻求救济途径。

商业秘密在保护方面与其他类型的知识产权不同，例如，著作权可以通过公开的方式获得（实际上不公开也会自然获得），专利权是在提出申请后通过授权获得，但商业秘密不得泄露，一旦公开，它们就不再是秘密了。即使它们具有商业秘密的价值，但是因为没有采取保密措施，也不受反不正当竞争法保护。因此，如果技术信息想通过商业秘密来进行保护，那么必须采取足够安全的保密措施对与技术有关的架构、算法、源代码等文档进行保护。

11.1.5　开源许可

由于区块链技术诞生于开源社区，而知识产权的独占性与区块链开源技术的共享性天然存在着一定冲突，因此，对于区块链技术的知识产权保护进行分析，自然绕不开开源许可。虽然笔者将开源许可放在本节进行阐述，并将其与各种知识产权保护并列，但并不意味着它们属于完全并列或对立的概念，主要在于开源许可在较大程度上会影响区块链技术的知识产权保护，放在此处便于读者全面了解。

开放源代码首创行动组织（Open Source Initiative Association，OSIA）是由美国的布鲁斯·佩伦斯（Bruce Perens）和埃里克·S. 雷蒙（Eric S. Raymond）等人为了让开放源代码软件有一个更好的发展土壤而组建的非营利性组织。OSIA首先提出开源软件的概念，着眼于软件的许可问题，充分运用证明商标这一工具，推动开源软件的发展。如果一个软件的许可证满足OSIA对于开源软件定义的要求，则该软件就属于开源软件，OSIA将证明商标许可给相关软件提供者，从而得到开源软件界的认可。

就现有的计算机软件流通机制而言，软件流通机制有两种，一种是商业软件流通机制，另一种是自由软件流通机制，其中的自由软件流通机制逐步完善，并发展成为开源软件流通机制。开源软件的开发通常基于社区合作和共享知识的原则，开源社区因为其主动贡献、团队协作、个体平等的开源精神而得到了广泛的推广和支持。

大众对于开源软件的主要误解在于，认为开源等同于放弃知识产权保护。而正确的理解应当是，开源并不等于对著作权保护的放弃，而是在保护著作权的基础上对公众利益的有限让步。同时，开源也并不意味着放弃专利保护，在申请专利后，软件仍然可以继续保持开源状态，并不会因此影响专利权的获得，并且在一些许可规范下，开源后的软件也仍然有机会申请专利。

申请人在提交知识产权保护时，首先应当弄清楚相关知识产权所涉及的全部源代码中，哪些代码已经处于开源状态；其次应当弄清楚各开源代码相对应的开源许可证所约定的权利和义务，重点关注是否允许进行其他知识产权保护，以及获得知识产权后如何行使权利。常见开源许可证比对如表 11-1-1 所示。[1]

表 11-1-1 常见开源许可证比对

许可证名称	修改代码后是否必须继续开源	修改代码后是否必须有著作权说明	修改代码后是否使用同样的许可证	是否要对修改的源代码进行说明	衍生软件广告是否可以修改人的名义推广	特性
LGPL	否		否	否		
Mozilla	否		否	是		
GPL	否		是			完全开放具有极强的传染性
BSD	是	否			否	可以开发私人的商用版本
MIT	是	否			是	
Apache 2.0	是	是				除著作权许可还有专利许可

11.2 区块链技术的知识产权保护现状

对于与区块链技术相关的专利权、商标权、著作权、商业秘密等知识产权保护模式，由于有的保护模式无法准确获取相关数据，因此，本节主要针对具有公开数据的专利和商标保护现状进行简单阐述。后文还将基于检索到的专利文献信息对专利申请

---

[1] 谭维奇. 区块链应用技术专利保护探讨 [D]. 广州：暨南大学，2019.

状况作进一步的详细分析，以为读者提供更多具有参考价值的著录项目信息和技术信息。

11.2.1 专利保护现状

近几年，区块链技术的相关专利申请增长势头非常迅猛。经检索发现，截至2021年12月31日，全球区块链技术相关专利申请量已多达47302项。相关专利申请在各国均已陆续进入实质审查阶段，部分已获得专利授权。同时，因为各种原因被驳回的专利申请数量也不断增多，部分专利申请进入复审阶段，部分授权专利进入无效宣告审查阶段，还有少量案件进入诉讼阶段。

整体而言，虽然区块链技术的发展仍处于探索并扩展应用领域阶段，但区块链技术已经具备较好的发展基础，大量专利申请已获得授权并开始落地应用。并且，区块链技术近几年的发展尤为迅猛，专利申请量处于快速增长上升阶段。投资鼓励区块链技术发展的国家或地区以中国、美国等为主导，除了极少数国家或地区，绝大部分国家或地区对区块链技术持积极支持的态度，未来产业规模存在较大的发展空间和机会。当然，随着区块链技术得到更多行业的关注，在全球越来越多的国家或地区获得重视，区块链技术专利申请量在今后仍将持续保持快速增长的趋势，未来的竞争也会越来越激烈。❶

在区块链技术全球发展热潮中，中国非常重视区块链技术的政策支持和研发应用。随着区块链技术的应用领域得到不断拓展，以及创新主体对于专利布局保护的进一步加强，中国区块链技术的专利申请量迅速攀升。2008—2021年，中国区块链技术相关专利申请量累计多达43910项，中国专利申请量占全球专利申请总量的92.8%，以绝对优势处于全球领先地位。

在绝大部分国家或地区的知识产权法律制度中，专利保护是涉及计算机程序的区块链技术最常见和最有力的保护方式。专利权的保护程度较高，相关权益人对其进行支配的力度也较强。并且，专利文献信息中包含着大量颇具参考价值的著录项目信息和技术信息。本书在后文将基于检索到的专利文献信息对专利申请状况进行进一步的详细分析。

---

❶ 石超，余晓春. 区块链的知识产权保护模式与战略布局研究［J］. 科技与法律，2019（4）：41-47.

11.2.2 商标保护现状

产业的发展壮大和产品的应用推广离不开商标。注册商标有可能成为相关权益人颇具核心竞争力的无形资产，为其技术研发和发展运营提供非常重要的法律保障，同时有利于进一步扩大其产品和品牌的市场影响力。注册商标作为区块链知识产权保护的一种重要方式，其全球保护现状如何呢？由于没有收录全球商标的统一商标数据库，且各国维护的商标数据库和检索手段有限，本书主要检索了美国、欧盟和中国的注册商标情况。

使用区块链相关的关键词、申请时间等字段在美国专利商标局（USPTO）商标电子检索系统进行检索，可以查询到2021年12月31日之前申请的与区块链相关的美国联邦商标注册共计556件，具体的注册商标申请量趋势如图11-2-1所示。从图中可以得知，美国第一件与区块链相关的注册商标申请出现在2013年。其与区块链相关的注册商标申请量整体经历了较为典型的积累期、爆发期和平稳期。其中，积累期出现在2013—2016年，注册商标申请量普遍在0—14件波动；此后的爆发期出现在2017—2018年，随着区块链技术突飞猛进的发展和应用领域的扩展，注册商标申请量呈现高速增长态势，并在2018年注册商标申请量达到峰值230件；接着在2019—2021年注册商标保护进入平稳期，注册商标申请量维持在一定的水平。

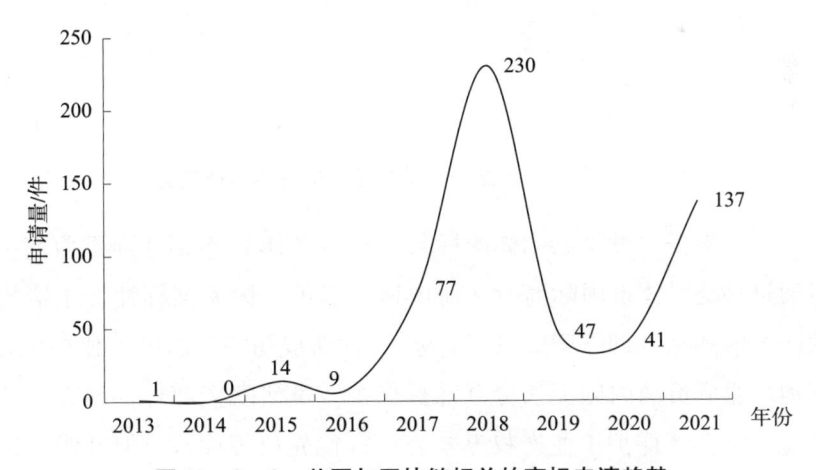

图 11-2-1 美国与区块链相关的商标申请趋势

在美国，除根据美国商标法申请注册联邦商标之外，各州都拥有自己的商标立法权，有商标的"州级注册权"，并设有各自的州级商标注册机关。虽然在各州注册的州级商标只可在该地区使用，但州级商标具有注册速度快的明显优势，最快2—3个工作日就可以获得商标注册证明,从而快速形成对相关产品的保护。因此,还存在与区块链相关的大量注册商标申请,在此不再一一统计分析。

使用区块链相关的关键词、申请时间等字段在欧盟知识产权局(EUIPO)商标检索网站进行检索,可以查询到 2021 年 12 月 31 日之前申请的与区块链相关的欧盟商标注册共计 138 件,比与区块链相关的美国联邦注册商标少。欧盟与区块链相关的商标申请趋势如图 11-2-2 所示,可以看出,欧盟第一个与区块链相关的注册商标申请出现在 2016 年。虽然每年的注册商标申请数量不是特别多,但也经历了积累期、上升期和平稳期。其中积累期出现在 2015—2016 年,注册商标申请量未超过两位数。此后明显的上升期出现在 2017—2018 年,随着区块链技术突飞猛进的发展和应用领域的扩展,注册商标申请量呈现较快的增长趋势,并在 2018 年达到峰值(55 件)。接着在 2019—2021 年注册商标保护进入平稳期,注册商标申请量在一定的范围内波动。

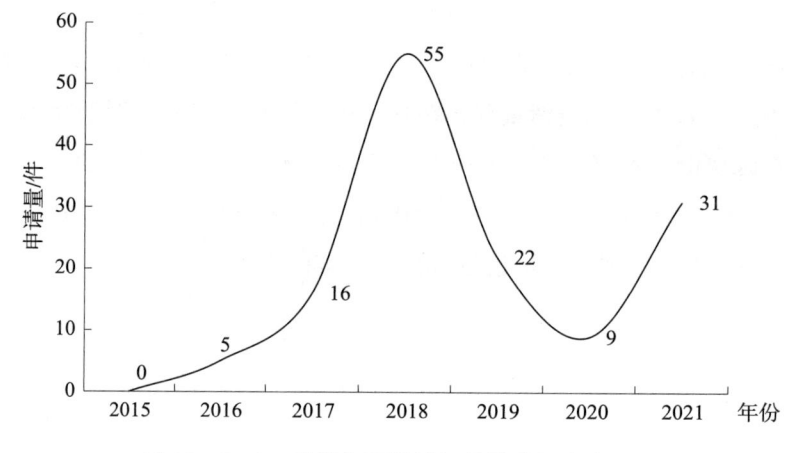

图 11-2-2 欧盟与区块链相关的商标申请趋势

在欧洲,除了根据《欧洲共同体商标条例》(CTMR)申请注册欧盟商标,商标申请人还可以通过马德里体系国际商标注册申请或者单一国家商标注册申请的方式去申请注册相关国家的商标(即欧盟成员国商标),注册成功的商标可单独在相应国家受到保护,在其他欧盟成员国内则无法得到商标保护。虽然欧盟商标注册存在费用低、保护程序集中化、享有《保护工业产权巴黎公约》优先权等优点,但欧盟商标注册对商标的显著性要求很高并且获得商标注册的时间较难确定,这也是与区块链相关的欧盟商标注册申请总量并不高的原因之一。对于与区块链相关的大量欧盟成员国商标申请,在此不进行统计分析。

在国内,与区块链技术相关的商标注册也逐渐展开。使用区块链相关的关键词、申请时间等字段在国家知识产权局商标局中国商标网进行检索，可以查询到 2021 年 12 月 31 日之前申请的与区块链相关的中国商标注册共计 798 件，申请量明显高于美国和欧盟同期申请的与区块链相关的注册商标。具体的注册商标申请量趋势如图 11-2-3 所示。

从图中可以得知，我国第一件与区块链相关的注册商标申请出现在 2015 年。中国与区块链相关的注册商标申请整体同样经历了较为典型的积累期、爆发期和平稳期。其中，积累期出现在 2015 年，注册商标申请量只有 20 件；爆发期出现在 2016—2018 年，随着区块链技术突飞猛进的发展、应用领域的扩展以及我国的重视，注册商标申请量增长势头明显，并在 2018 年注册商标申请量达到峰值（391 件）；接着在 2019—2021 年注册商标申请量进入平稳期，注册商标申请量回落后维持在一定的水平。

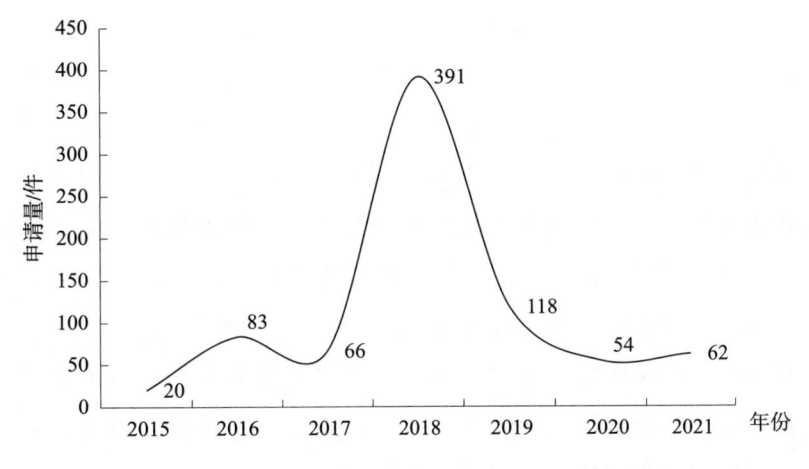

图 11-2-3　我国与区块链相关的商标申请趋势

这些注册商标申请的国际分类范围分布非常广泛，几乎在所有的国际分类下都有与区块链相关的注册商标申请，但主要集中在第 35 类（广告；商业经营；商业管理；办公事务）、第 42 类（科学技术服务和与之相关的研究与设计服务；工业分析与研究；计算机硬件与软件的设计与开发）和第 9 类［科学、航海、测量、摄影、电影、光学、衡具、量具、信号、检验（监督）、救护（营救）和教学用具及仪器；处理、开关、传送、积累、调节或控制电的装置和仪器；录制、通讯、重放声音和影像的装置；磁性数据载体，录音盘；光盘，DVD 盘和其他数字存储媒介；投币启动装置的机械结构；收银机，计算机器，数据处理装置，计算机；计算机软件；灭火器械］等。

11.3 知识产权保护需要考虑的重点问题

11.3.1 如何选择合适的保护方式

在我国现有的知识产权法体系下，计算机技术不仅可以得到专利法保护和著作权保护，而且可以得到包括商标权和商业秘密在内的全方位保护。对比专利权、计算机软件著作权、商标权和商业秘密这四种保护方式可知，其在保护客体要求、保护力度、保护成本等方面存在明显不同，且各有优缺点：①专利权保护的对象是发明创造，能最大限度地保护技术与创意，但需经申请授权后才能获得且需向公众公开，成本相对较高；②计算机软件著作权保护的对象是计算机软件，能最大限度地保护软件的完整性，有一定的保护力度且成本适当，但容易被修改规避侵权；③商标权保护的对象是注册商标，能够明显区分其他产品，成本相对较低，但商标权的保护范围不及于软件本身；④商业秘密保护的对象不限，能最大限度地发挥保密作用，但其对保密措施的要求较高，一旦泄露则得不到保护，对他人难以进行强约束。因此，如何选择最为合适的知识产权保护方式，是创新主体需要考虑的第一个重要问题。

对于专利权保护，存在发明专利、实用新型专利和外观专利三种类型，这三种类型在保护客体要求、保护力度、保护成本、保护期限等方面也有着明显不同，而且涉及计算机程序的发明创造可以用三者之一进行保护，如何选择或者组合也是考虑的重点和难点。

11.3.2 如何实现合理的布局

兵马未动，布局先行。知识产权布局工作是在国家推进创新驱动发展战略和供给侧结构性改革的背景下大力发展并逐步完善的，企业之间的竞争也越来越重视知识产权的战略布局。一方面，知识产权布局优化能够推动企业实现技术的不断积累和品牌实力的不断提升；另一方面，知识产权本身也已经成为衡量企业竞争力的重要指标，知识产权合理布局是实现企业整体竞争力提升的重要途径。企业的知识产权布局是否合理，直接影响着企业进入市场的实力和潜力以及企业的生存与发展状态。在有限的资源条件下,知识产权布局优化有利于促进企业转型升级和高质量发展,从劳动密集型向知识密集型转换,通过后发优势实现追赶跨越,从而获得技术和市场竞争上的战略制高点。在产业升级过程中,尤其是科技创新型企业,更应做好自身的知识产权布局工作:既要加强对企业自身知识产权的保护,又要切实避免侵犯他人的知识产权;既要挖掘自身潜力,创造高质量的知识产权,又要利用知识产权运营、联盟、标准等必要的合作形式,实现知识产权价值的最大化。在知识竞争的市场环境下,企业知识产权布局理念,对于科技创新型企业来说,无疑具有全局性的意义。❶

如何以最少的成本实现科学合理的知识产权布局,并达到最大的保护效益,这是创新主体进行知识产权保护需要考虑的重点问题,其中涉及的因素较多较为复杂,至少包括三个方面:一是地理区域布局;二是技术领域布局;三是如何与其他创新主体进行合作,比如构建专利联盟等。

11.3.3 如何充分利用已有知识产权

2022年5月,国务院办公厅印发《国务院办公厅关于进一步盘活存量资产扩大有效投资的意见》(国办发〔2022〕19号),指出有效盘活存量资产,形成存量资产和新增投资的良性循环,对于提升基础设施运营管理水平、拓宽社会投资渠道、合理扩大有效投资以及降低政府债务风险、降低企业负债水平等具有重要意义。类似地,有效盘活存量知识产权资产,对于扩大有效投资等也具有重要意义。除了将知识产权作为保护企业的攻防手段,有效盘活存量"知产"的途径主要是知识产权资本运营,即知识产权的资本化运作,涉及将知识产权作为融资工具和投资工具两方面内容,包括知识产权质押融资、知识产权投资入股、知识产权证券化、知识产权信托、知识产权保险等形式。

企业开展的知识产权资本化运作反映了企业价值实现与企业所拥有的知识产权资产之间的内在联系。国外一些学者提出了"隐性价值"的概念,阐述了企业可以从知识产权资产中获得价值,以及企业增值与知识产权资产的关系。然而,知识产权资产价值的实现与知识产权的有效运营密不可分。"现代企业运营已由原先的生产过程的计划、组织与控制,外延到与产品生产和服务创造密切相关的管理范畴,囊括从运营战

---

❶ 邓文. 科技创新环境下企业如何进行知识产权布局[EB/OL]. (2017-12-25) [2022-09-20]. https://zhuanlan.zhihu.com/p/32323812.

略制订、运营系统设计、运营系统运行等多个层次,企业运营对象也由传统的劳动力、原材料等物质要素向知识、服务等非物质要素转变,使得知识及知识产权资源经营的重要性日益增强"。❶

11.3.4 如何维护自己的海外权益

随着中国经济在全球范围内的影响力不断扩大,越来越多的中国企业开始走出国门,进军海外市场。但是,包括华为、中兴、小米、OPPO 等在内的中国企业在"走出去"过程中,遭遇了各种各样的知识产权风险,不利于企业的平稳运行和长期发展,甚至可能对企业产生致命一击,使得企业从此一蹶不振。

最为常见的是知识产权诉讼,知识产权持有人认为他人侵犯了自己的知识产权,于是向法院提起诉讼,请求法院判定对方侵权,并要求对方停止侵权、赔偿损失等。如果在知识产权诉讼中败诉,企业很有可能会面临高额赔偿、销售禁令甚至惩罚性赔偿等。高额赔偿会给企业运营带来较大的资本压力,销售禁令会对产品的市场份额产生严重影响;在判决承担惩罚性赔偿的情况下,企业可能会因无力承担巨额赔偿金而面临资金链断裂甚至破产风险。

为了开拓国际市场,树立更好的国际形象,越来越多的国内企业参加相关的国际展览会。鉴于知识产权具有鲜明的地域特征,即便技术或产品不涉及本国的相关知识产权,但企业在参加展会时仍有可能面临侵犯他人在展会举办国的知识产权的风险。同时,部分国内企业在开展出口贸易过程中,对目标市场国家或地区的知识产权法律制度了解不全面以及对相关知识产权的检索评估不充分,导致其出口的产品、服务等存在侵犯知识产权的嫌疑,从而造成相关产品、服务等在海关打击知识产权违法行为过程中被扣押。

此外,走进美国市场的国内企业还可能遭受 337 调查,即被美国国际贸易委员会(United States International Trade Commission,USITC)根据美国 1930 年关税法,针对侵犯美国知识产权的进口产品和进口中的不正当竞争行为发起调查并采取一系列制裁措施。如果一家企业在 337 调查中败诉,它可能会面临"普遍排除令"(general exclusion order,GEO),并将被禁止在美国再销售其产品。这意味着该企业将失去其产品在美国的市场份额,其利润将受到严重影响。

---

❶ 朱国军,杨晨. 企业专利运营能力的演化轨迹研究 [J]. 科学学与科学技术管理,2008(7):180-183.

究其原因，首先，有些企业海外知识产权保护意识不够强，不善于将自己的创新技术、产品或品牌在海外进行科学的知识产权布局，使在拓展海外市场时得不到有力保护；其次，对国外法律制度尤其是知识产权制度了解不充分，在遭遇知识产权诉讼等纠纷时应对不够积极；最后，还可能受到欧美等传统知识产权强国以侵犯知识产权为借口所进行的不公平压制和打击等。可见，如何稳稳当当"走出去"，也已经成为企业发展过程中进行知识产权保护需要考虑的重大课题。

第12章 区块链相关专利布局分析

12.1 区块链整体专利分析

12.1.1 区块链在数据库中的检索

12.1.1.1 数据检索范围

在系统介绍区块链相关专利布局分析前,本节先介绍区块链技术、应用以及相关信息的检索。

本书以中国专利全文文本代码化数据数据库(CNTXT)、外文全文库[美国专利全文文本代码化数据库(USTXT)、欧洲专利全文文本代码化数据库(EPTXT)、世界知识产权组织专利全文文本代码(WOTXT)等]为数据来源,对2021年12月31日之前公开的所有关于区块链的专利文献进行检索,用作书中技术分析和专利分析的基础数据。由于发明专利申请自申请日起18个月公布,实用新型专利申请在授权后公布,因此2020年和2021年申请的部分专利在检索截止日尚未公开,故本章在按年度统计的申请量分布的分析中,2020年和2021年申请量的统计数据不完整。

12.1.1.2 "项"与"件"说明

在本章中,"项"指同一项发明可能在多个国家或地区提出专利申请,部分数据库将这些相关的多件专利作为一条记录收录,以表示其在技术上的高度相关性。在进行全球专利申请数量统计时,对于数据库中以一条记录的形式出现的一系列专利文件,计算为"1项"。一般认为,专利申请的数目与技术的数目相对应。"件"指在进行中国专利申请数量统计时，部分数据库将"1项"专利申请所涉及的多件专利分开进行收录，以表示其权利的独立性。在进行中国专利申请数量统计时，将每件专利单独计算为"1件"。

12.1.1.3 专利分类号说明

在专利库中检索，仅仅使用关键词构建检索式是不完整的。分类号是专利体系中一个重要指标，也是提高检索效率的利器。联合专利分类（CPC）体系以其兼容性强且细分程度高等特点越来越多地被大家接受并使用。特别是近两年来，随着专利数据库中文献标引 CPC 分类号工作的完成，CPC 已经成为检索的常用工具。我们首先将用关键词检索出的全球区块链专利数据导入世界专利文摘库（SIPOABS），对其发明信息 CPC 分类号进行了统计分析，发现其涉及的 CPC 大组相对比较集中，区块链专利申请 CPC 分类号统计情况如图 12-1-1 所示。

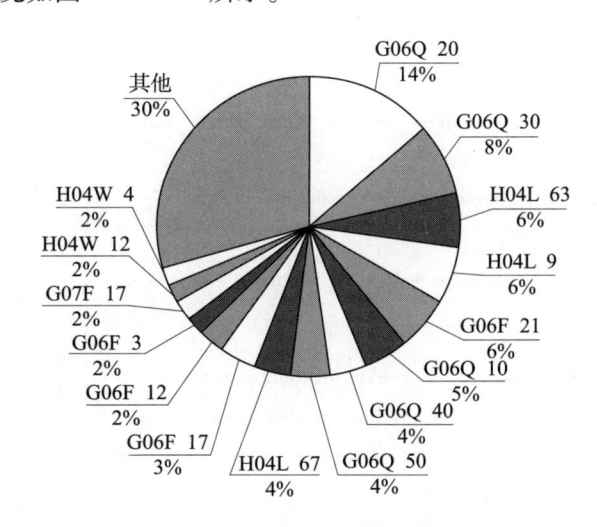

图 12-1-1 区块链专利申请 CPC 分类号统计情况

可以看出，区块链技术相关专利申请涉及的 CPC 分类号相对比较集中，其中涉及 G06Q 20（支付体系）分类号的专利申请占比达到 14%，其后依次是涉及 G06Q 30（商业）、H04L 63（涉及网络安全的网络结构及通信协议）、H04L 9（关于通信保密，密码学方法）、G06F 21（受保护的计算的安全管理）、G06Q 10（经营）等分类号的专利申请，占比分别为 8%、6%、6%、6%、5% 等。由此可见，区块链相关专利申请的 CPC 分类号主要涉及交易、密码学、通信安全等技术领域。了解了上述 CPC 大组的专利申请分布情况，在检索时就能够恰当地引入分类号，精准有效地缩小范围，减少干扰。

进一步地，笔者统计了具体的 CPC 分类号分布情况，列出了排在前十位的发明专利申请 CPC 分类号。

区块链专利申请排名前十位的 CPC 分类号统计情况如表 12-1-1 所示。可以看出，区块链相关专利申请的 CPC 分类号主要集中在电子支付、保密通信、身份认证等相关分类领域。细分领域较为准确，当使用关键词检索噪声较大时，可以根据 CPC 分类号精准地缩小检索范围，得到事半功倍的效果。此外，有关专利申请人名称约定表如附录所示。

表 12-1-1　区块链专利申请排名前十位的 CPC 分类号统计情况

CPC 分类号	英文释义	中文释义
G06Q 20/065	...｛using e-cash｝	使用电子现金
G06Q 20/3829	....｛involving key management｝	涉及密钥管理
G06F 12/0246	.....｛in block erasable memory, e.g. flash memory｝	在可擦除存储区中，例如：闪存
G06Q 20/10	.. specially adapted for electronic funds transfer ［EFT］ systems；specially adapted for home banking systems	专门适用于电子资金转账［EET］系统的；专门适用于家庭银行系统的
G06Q 20/36	.. using electronic wallets or electronic money safes	电子钱包或电子现金的使用安全
G06Q 20/40	.. Authorisation, e.g. identification of payer or payee, verification of customer or shop credentials；Review and approval of payers, e.g. check credit lines or negativelists	授权，例如，支付人或收款人识别，审核客户或商店证书；支付人的审核和批准，例如，信用额度或拒绝清单的检查
G06Q 40/04	. Exchange, e.g. stocks, commodities, derivatives or currency exchange	交易，例如股票、商品、金融衍生工具或货币交换
H04L 9/3247	...｛involving digital signatures｝	涉及数字签名
H04L 9/0637	...｛Modes of operation, e.g. cipher block chaining ［CBC］, electronic codebook ［ECB］ or Galois/counter mode ［GCM］｝	操作模式，例如密码字组链接（CBC），电子密码本（ECB）或迦罗瓦计数模式（GCM）
H04L 63/08	.｛for supporting authentication of entities communicating through a packet data network｝	用于通过分组数据网络通信的实体的身份验证

12.1.2 全球专利现状分析

本节对全球范围内的区块链相关专利申请数量进行分析,其中分别从区块链产业总体情况以及各个技术分支的具体情况两个角度来阐述。

12.1.2.1 总体专利申请量

区块链及各技术分支专利全球申请量分布如图 12-1-2 所示。全球区块链相关专利申请总量共有 47302 项,这中间包括区块链技术相关专利申请、区块链应用相关专利申请以及区块链技术和应用交叉的相关专利申请。具体在技术分支方面,涉及安全机制有 8109 项专利申请,涉及网络架构有 2942 项专利申请,涉及数据结构有 6779 项专利申请,涉及共识机制有 3848 项专利申请,另有涉及各种行业应用的专利申请共有 25624 项。

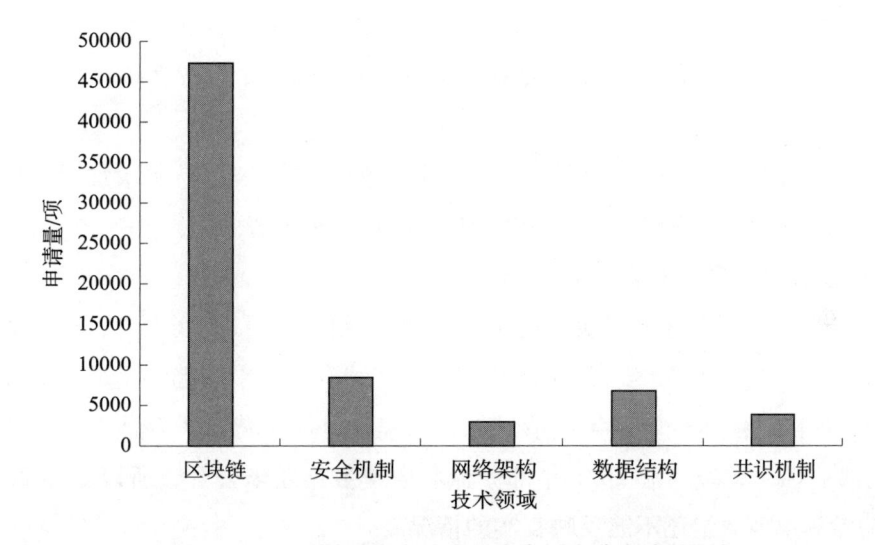

图 12-1-2 区块链及各技术分支专利全球申请量分布

12.1.2.2 专利申请量趋势

对 2006—2021 年全球的区块链技术的专利申请量进行分析,其申请趋势如图 12-1-3 所示。

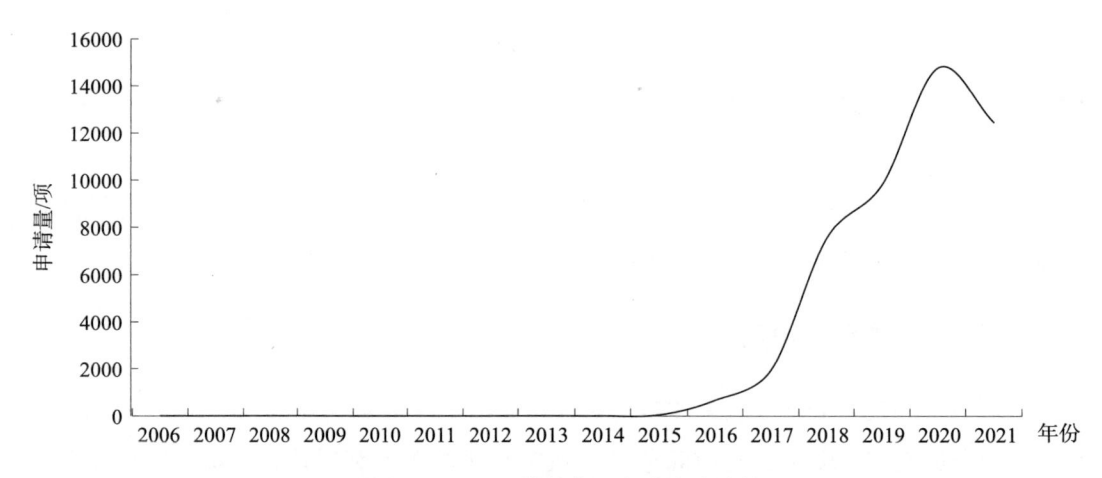

图 12-1-3 区块链专利全球申请趋势

可以看出，区块链技术的全球专利申请量趋势分为基础技术积累期、萌芽期和高速发展期三个阶段。

1. 基础技术积累期（2014 年以前）

区块链技术在其诞生的前几年里专利申请量较少，申请趋势平稳，技术发展较为缓慢。可以看出，在 2014 年以前，专利申请量普遍在零到个位数之间波动。

2. 萌芽期（2015—2017 年）

从全球范围来看，2015 年开始，区块链技术的专利申请量稳步增加，各国家或地区的技术研发投入热情高涨，专利申请量呈现高速增长态势。

3. 高速发展期（2018 年至今）

在 2018 年区块链技术有了突飞猛进的发展，专利申请量直线上升，申请人积极进行专利布局。从 2018 年至今，区块链技术热度持续升温，申请趋势呈井喷式增长，并且未来的发展前景依然良好，年申请量保持高速上升的态势。需要注意，因为专利文献公开的滞后性，2020 年和 2021 年部分专利申请数据还未公开，所以图中 2020 年和 2021 年的专利申请数量还不能反映真实的情况。

12.1.2.3 专利申请增长情况

根据历年区块链技术的发展趋势，重点选取 2015—2020 年的专利申请量数据分析其专利申请增长情况，其中具体计算 2018—2020 年专利申请量总和相对于 2015—2017 年专利申请量总和的增长情况。

如图 12-1-4 所示，2018—2020 年区块链技术的总申请量相对于 2015—2017 年总申请量的增长情况，可以看出，其相关领域专利申请量出现了巨大幅度的增长，呈现爆发性的增长趋势。这与区块链产业近年来逐渐开始受到产业界和学术界的广泛重视密不可分，区块链技术领域的爆发性增长趋势也一直持续至今。

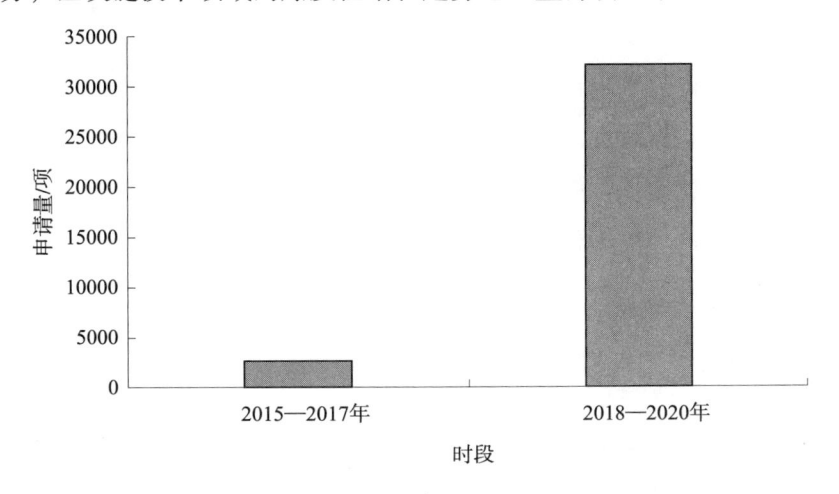

图 12-1-4　区块链专利全球申请量增长情况

12.1.2.4　专利原创国家或地区分布

对于区块链的技术及应用，各个国家或地区在整体技术创新研发实力上的差异，以及对市场的不同侧重程度，导致全球申请人在区块链的技术及应用上的专利布局结果存在差异与地域特点。重点分析区块链的技术及应用在全球范围内各个国家或地区的分布占比情况，区块链专利全球申请的原创国家或地区占比如图 12-1-5 所示。

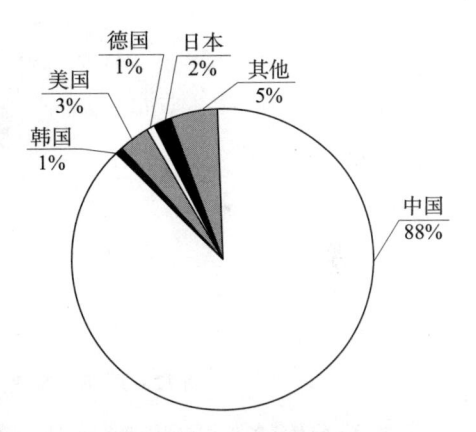

图 12-1-5　区块链专利全球申请的原创国家或地区占比

可以看出，在区块链技术的全球专利申请中，来自中国的专利申请在数量上占有绝对优势，处于第一梯队。作为新兴市场国家的代表，中国对于区块链相关技术领域的重视程度及发展成果有目共睹。尤其是近几年，随着区块链技术的热度一路攀升，各大企业及研发机构在国家政策引导和鼓励、扶持下，抓住机遇，投入大量研发力量，同时也进行了较为周全的专利部署。而美国作为世界经济第一大国，经济和技术实力雄厚，拥有大量技术原创型企业，其专利申请量位居原创国家或地区第二位，处于第二梯队。这与美国较早开展区块链技术研究密不可分。同时，美国非常敏锐地洞察到全球市场的消费和发展潜力，进行了较多的专利布局。

日本和韩国的原创申请量也位居前列，日本和韩国作为工业技术强国，在区块链技术方面投入了大量的研究力量，其实力同样不容小觑。从整体上看，日本、韩国这两个亚洲国家的申请数量排在美国之后，处于第三梯队。

各个国家或地区的专利申请数量在一定程度上反映了该国家或地区的整体技术研发实力以及对市场的重视程度。从区块链技术整体的专利产出国家或地区的申请量情况来看，由于中国在国家层面给予这个产业很高的重视度，市场容量决定了中国区块链产业规模庞大等，因此中国在区块链技术的专利总申请量方面位居技术原创国家/地区之首。

12.1.2.5 专利市场国家或地区分布

区块链专利全球申请主要目标市场如图12-1-6所示。可以看出，中国是一个巨大的区块链产业市场，在中国的专利申请量占据绝对的优势，全球区块链技术的发展主要看中国。美国和欧洲排名第二位和第三位，也具备相当的专利申请量，日本和韩国位列其后。

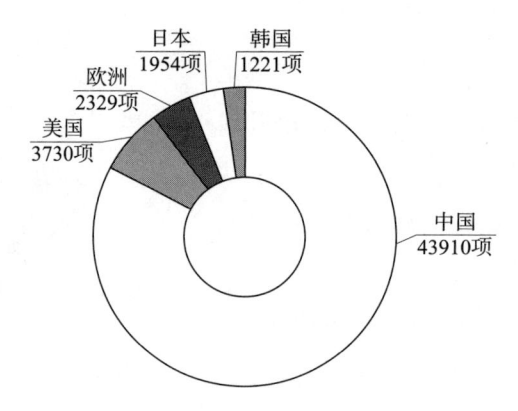

图12-1-6 区块链专利全球申请主要目标市场

（日本1954项；韩国1221项；欧洲2329项；美国3730项；中国43910项）

注：由于部分专利在多个国家或地区同时进行申请，因此各个国家或地区申请总量之和会不等于全球同族数量，下文不再赘述。

12.1.2.6 专利类型及法律状态

专利布局中除了专利数量，还应当注重专利质量。下文通过专利类型和法律状态两个角度对区块链技术相关专利质量方面进行分析。

1. 专利类型

区块链专利全球申请类型如图12-1-7所示。可以看出，全球区块链相关专利申请中，发明专利 45377 项，占比 95.9%；实用新型专利 1925 项，占比 4.1%。发明专利占据决定优势，一方面是由于区块链技术的技术特性决定的，算法类和方法类专利申请居多；另一方面也说明申请人对区块链技术的重视，通过申请保护周期为 20 年的发明专利来对技术加以保护。

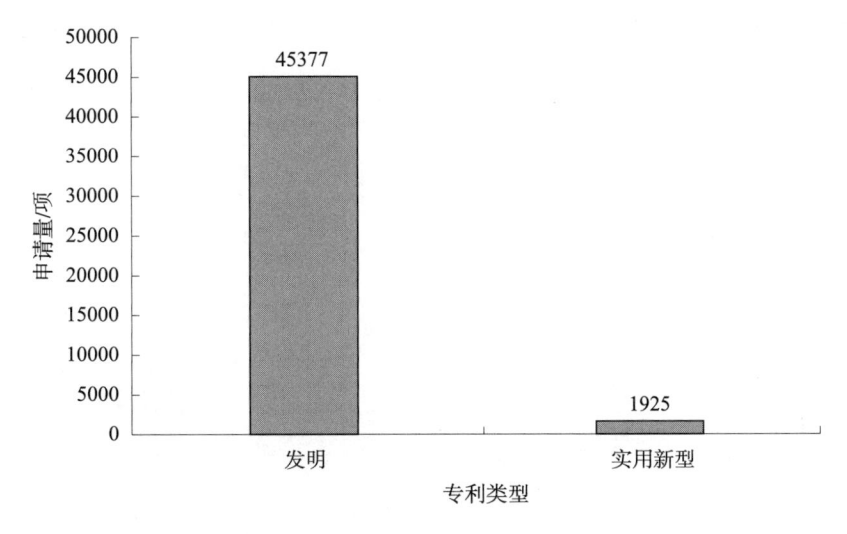

图 12-1-7 区块链专利全球申请类型

2. 法律状态

专利申请的法律状态包括授权有效专利、在审专利申请和失效专利申请。通过各种法律状态下的专利申请数量的占比，能够在一定程度上体现出专利申请的质量情况。

区块链专利全球申请授权情况如图 12-1-8 所示。可以看出，其中专利申请量 47302 项，授权有效专利 11536 项，授权专利占比为 24.4%，说明区块链技术已经具备较好的发展基础，大量专利技术已经进入授权后推广应用阶段。

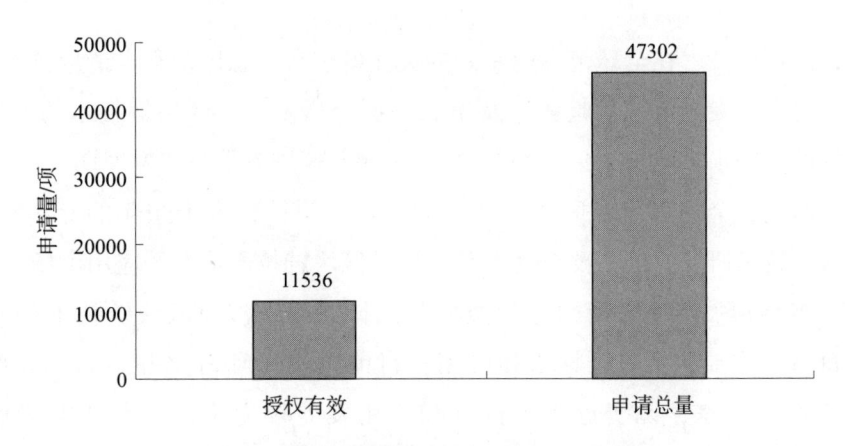

图 12-1-8 区块链专利全球申请授权情况

进一步对区块链专利全球申请法律状态进行分析,如图12-1-9所示,授权有效专利11536项,占比约为24.4%;失效专利申请4992项,占比约为10.6%;在审专利申请30774项,占比约为65.1%。整体来看,在审专利申请占比较高,说明区块链技术分支近几年发展较快,申请量增长速度较高。虽然区块链概念在2008年左右出现,但在2016年以后才出现专利申请量井喷式增长,因此大量的专利申请尚处于在审状态。

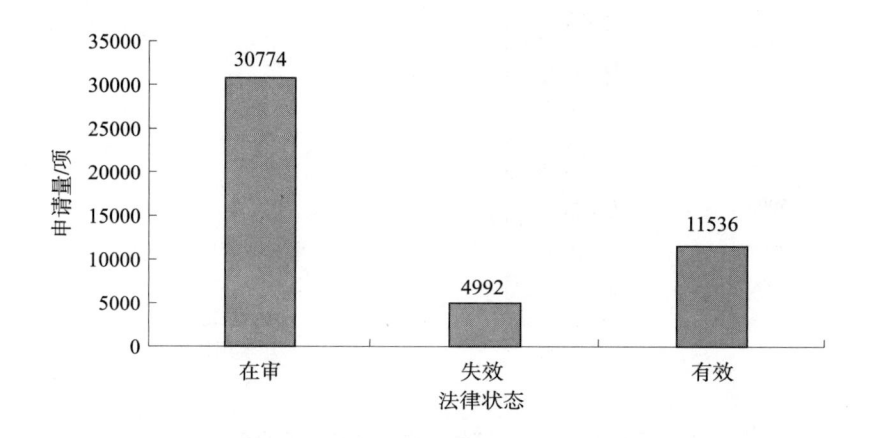

图12-1-9 区块链专利全球申请法律状态

12.1.2.7 本节小结

本节主要从区块链总体及各专利技术分支专利数量、专利申请量趋势、专利申请增长情况、专利原创国家或地区分布、专利市场国家或地区分布、专利类型及法律状态六个角度对全球范围内区块链技术的专利发展状况进行了分析,主要结论如下。

第一,区块链技术在全球范围内受到的关注度较高,总体专利申请量较大。

第二,对全球专利申请量趋势以及增长情况分析发现,区块链技术的发展与社会对相关领域的认知水平步调一致,并在2015年起迅速进入了高速发展期。

第三,对比各个国家或地区的技术积累,在区块链技术十余年的专利储备期中,中美两国成为技术研发的最主要推动力量,也是区块链技术最大的应用市场。

第四,观察相关专利申请的专利类型和法律状态,涉及区块链技术的发明专利占据绝大部分,主要包括基础算法和应用;目前授权专利占比并不高,大部分专利申请仍处于在审状态,说明近两年技术和应用发展较为快速,专利申请量大幅度增加。

第五，由于区块链应用前景广阔，目前技术还处于快速发展期，可以预见未来几年，其在全球仍将处于技术发展和专利布局的关键期。

12.1.3 中国专利状况分析

12.1.3.1 总体专利申请量

区块链及各技术分支在全球和中国的专利申请量对比如图 12-1-10 所示。全球区块链相关专利申请数量为 47302 项，其中中国专利申请数量为 43910 项，中国申请占全球总量的 92.8%。中国专利申请中，安全机制有 7426 项专利申请，占全球总量的 15.7%；网络架构有 2338 项专利申请，占全球总量的 4.9%；数据结构有 5459 项专利申请，占全球总量的 11.5%；共识机制有 3212 项专利申请，占全球总量的 6.8%。

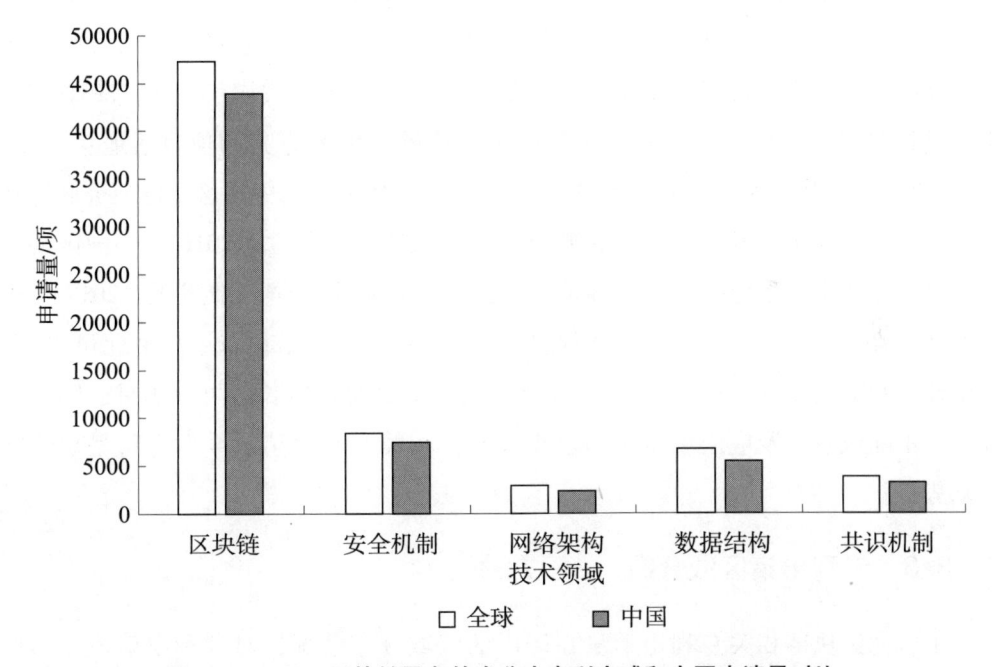

图 12-1-10 区块链及各技术分支专利全球和中国申请量对比

12.1.3.2 专利申请量趋势

2006—2021 年区块链专利全球和中国专利申请趋势对比如图 12-1-11 所示。

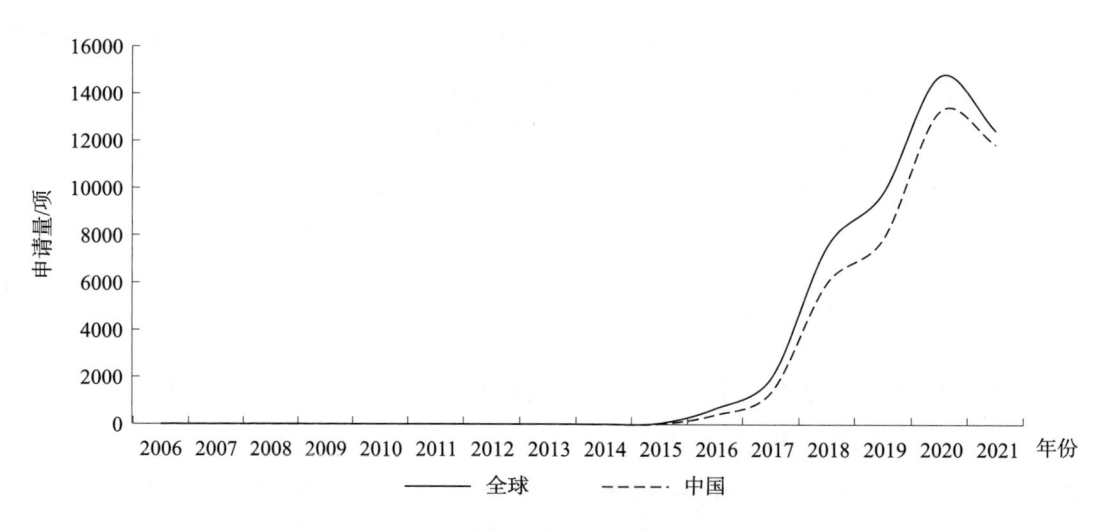

图 12-1-11 区块链专利全球和中国申请趋势对比

可以看出，中国专利申请发展趋势和全球专利申请发展趋势基本一致，全球区块链技术相关专利申请的快速增长主要是由于区块链技术在中国的快速发展。2015年以前，区块链技术相关的专利申请较少。而从2015年开始，将区块链应用于金融领域中的支付环节，专利申请量开始增长，并于2016年开始呈爆发式增长之势，2018年专利总申请量较2017年增长了289%，这与国内区块链技术的研究和项目落地息息相关。2015年12月，中国区块链应用研究中心成立。2016年1月，中国区块链研究联盟在北京成立。2016年4月，中国分布式总账基础协议联盟宣布成立。2016年中国区块链三大联盟分别在北京、上海、深圳三地成立，致力于推动区块链行业发展。2017年开始全国涌现出许多区块链技术相关的创业公司，并积极进行专利布局。由此可以理解，区块链技术相关的专利申请量均在2016年后出现了爆发式增长。可以预见，随着区块链技术的不断成熟以及应用场景不断获得突破，相关专利申请量今后仍将呈现快速增长的趋势。

12.1.3.3 专利申请区域分布

为了研究区块链相关专利申请量在国内的区域分布情况，对专利申请按照申请人所属城市进行统计，以分析其区块链技术实力和研发活跃程度。

区块链技术在中国的专利申请量为43910项。区块链专利国内城市申请排名如图12-1-12所示，国内专利申请地域分布呈现明显的集聚效应，主要分布在经济发达地区。具体地，深圳的申请量为9889项，北京的申请量为8256项，分别位列国内申请量前两位，申请量远超其他城市，展现了较强的研发实力。杭州的申请量为3775

项，上海的申请量为 2676 项，位列国内申请量第三位和第四位，展现了其在区块链技术上的技术实力。

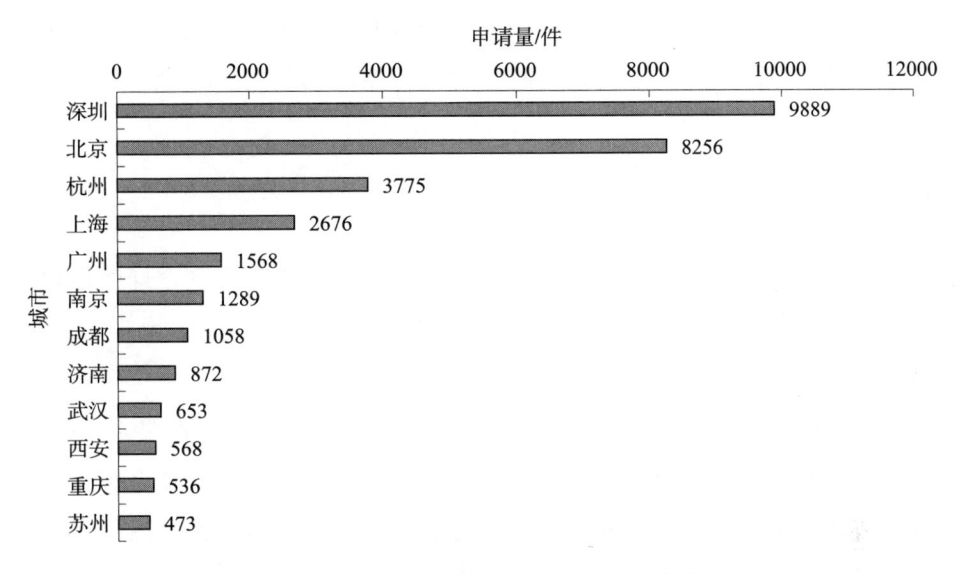

城市	申请量/件
深圳	9889
北京	8256
杭州	3775
上海	2676
广州	1568
南京	1289
成都	1058
济南	872
武汉	653
西安	568
重庆	536
苏州	473

图 12-1-12　区块链专利国内城市申请排名

12.1.3.4　本节小结

本节从区块链技术及各个技术分支的中国专利申请数量、国内专利申请趋势、国内专利申请区域分布情况这三个方面对国内区块链技术的专利申请进行统计分析。

从专利申请的总体数量分布上看，创新主体的研发主要集中于安全机制技术分支上，说明目前业内热点和难点是安全机制，这也是区块链技术最核心的技术点。如图 12-1-11 所示，国内专利申请自 2016 年开始呈爆发式增长之势，这与国内区块链技术的研究和项目落地有关，未来还将继续进入专利申请的爆发期。

从国内专利申请地区分布图上看，申请量主要集中在北京、广东、上海、浙江和江苏这几个省份，其中广东的专利申请量排名第一，展现了较强的技术研发实力。

从全球及中国专利申请量对比来看，无论是从总体上看，还是各技术分支上看，中国专利申请数量均位居全球第一，展现了较强的研发实力，同时也表明了中国是区块链技术主要的专利布局国家。

12.1.4　专利申请人及创新人才状况分析

技术拥有者多用专利保护其技术创新成果，以实现技术创新的最终目的，因此专利制度与技术创新的关系最为直接,也最为密切。对技术创新成果的占有和有效运用已成为推动技术创新的主要动力和激励机制。由此可见,一个地区专利申请情况可以反映出该地区技术创新能力的强弱。本节从申请人排名、申请人类型、全球申请人和中国申请人比较、创新人才几个方面,对分布式账本组网与安全领域的创新能力进行定位。

12.1.4.1 申请人排名

申请人创新能力主要从以下两个方面分析,一是主要申请人在全球的申请数量排名情况,二是主要申请人在中国的申请数量排名情况。

区块链专利全球申请人排名如图12-1-13所示。可以看出,在全球前十名申请人全部是中国企业,分别为腾讯公司、中国平安、阿里巴巴、深圳壹账通、中国联通、浪潮集团、杭州复杂美、杭州趣链、中国银行、百度公司。在全球众多企业中,中国的企业能够脱颖而出,占据全球前十,充分说明中国在区块链技术领域具有较强的全球影响力。其中阿里巴巴是全球企业间（B2B）电子商务的著名品牌,是全球国际贸易领域较为活跃的网上交易市场。阿里巴巴的很多战略级业务已经与区块链技术相结合,需要区块链技术进一步完善自身的B端服务体系;阿里巴巴的区块链相关专利申请量排名为第三位,表现突出,代表了其在区块链技术领域的实力。

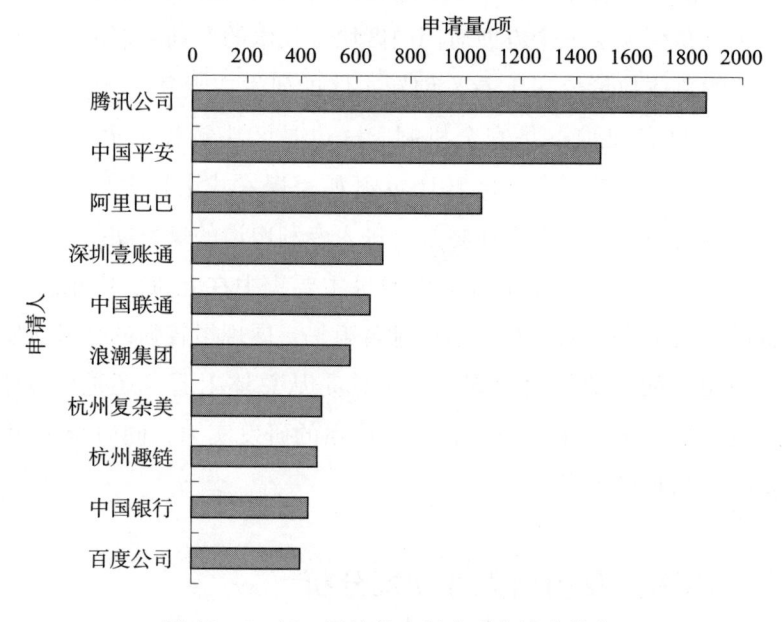

图12-1-13 区块链专利全球申请人排名

当然，区块链技术领域中也存在很多具较多专利储备的国外申请人。区块链专利国外申请人排名如图 12-1-14 所示。可以看出，排名前五位的申请人分别是 IBM 公司、万事达卡、富士通、西门子以及 Nchain 公司，这些公司在区块链技术领域具有相当的竞争力。

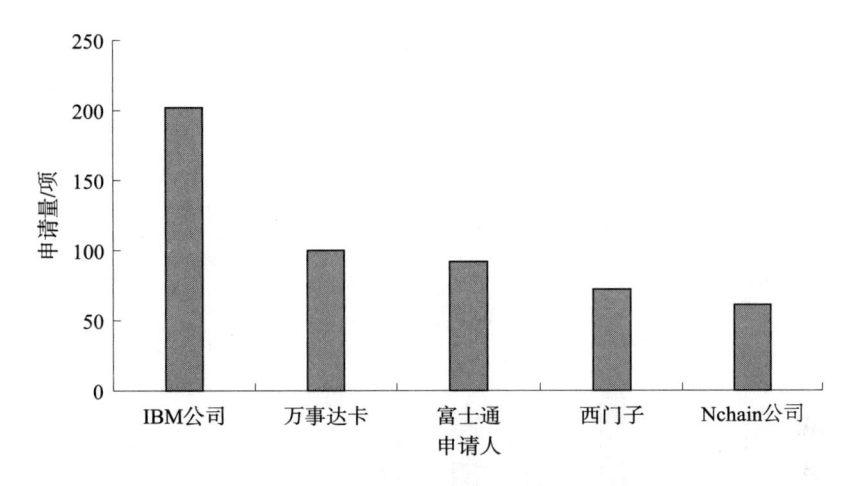

图 12-1-14　区块链专利国外申请人排名

12.1.4.2　申请人类型

区块链专利全球申请人类型如图 12-1-15 所示。可以看出，企业申请人的申请量最多，占比高达 83%。高校在区块链技术领域的研究也较为深入，申请量占比 10%。个人和科研院所的申请量较少，整体参与度都不高。

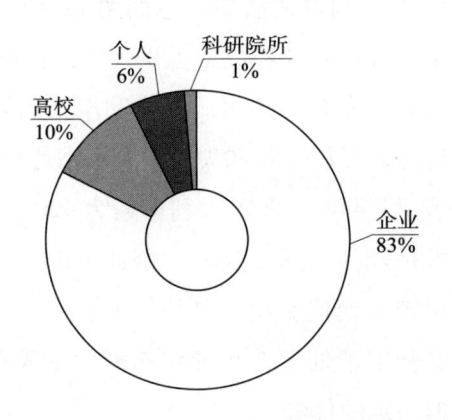

图 12-1-15　区块链专利全球申请人类型

12.1.4.3 全球和中国主要申请人对比

区块链全球专利主要申请人的申请量对比情况如图 12-1-16 所示。可以看出，国内申请人（腾讯公司、中国平安、阿里巴巴、深圳壹账通、中国联通、浪潮集团）的申请量明显高于国外申请人（IBM 公司、万事达卡、富士通、西门子、Nchain 公司）的申请量，说明区块链技术领域国内的研究热度较高，具备明显的技术优势。

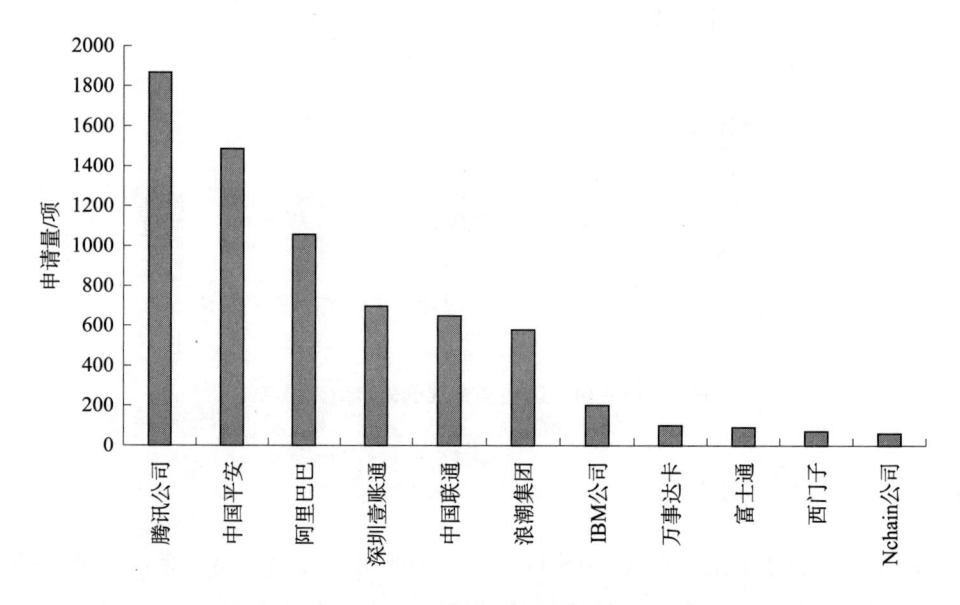

图 12-1-16 区块链专利全球主要申请人的申请量对比情况

区块链全球主要申请人的专利申请法律状态如图 12-1-17 所示。可以看出，国内申请人中，腾讯公司的授权有效的专利数量为 915 项，在审专利申请数量为 861 项，失效专利申请极少，授权有效的专利申请占所有专利申请的 49% 左右。中国平安的绝大部分专利申请均为在审状态，授权专利和失效专利申请均较少。国外申请人中，IBM 公司的授权有效的专利数量为 74 项，在审专利申请为 120 项，失效专利申请为 8 项。综上可见，由于区块链技术是较为新兴的技术，因此大部分专利申请还处于正在审查状态，尚未结案。腾讯公司较早地挖掘出了区块链的技术热点，并提早进行了专利布局，在其他公司的大部分专利申请处于在审的状态时就率先获得授权专利，在未来可能出现的商业竞争中将占据一定的优势。

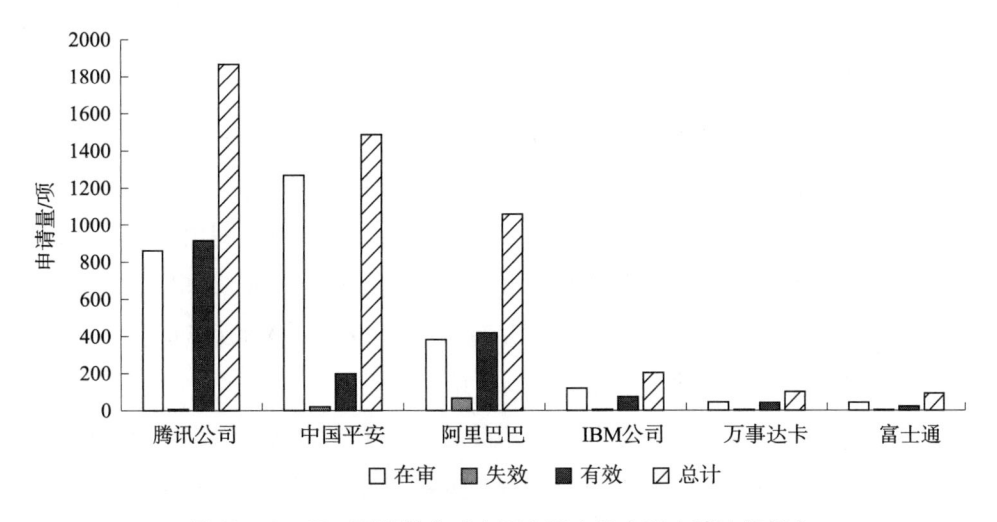

图 12 -1 -17　区块链全球主要申请人的专利申请法律状态

12.1.4.4　创新人才

专利的布局和研发离不开技术创新人才的支撑。只有拥有更多的技术创新人才，才能更有话语权、竞争力和控制力。而专利发明人是技术创新人才的直接体现，专利发明人数越多，且人均专利数量越多说明创新实力越雄厚。区块链专利全球申请量排名前十位的发明人如图 12 -1 -18 所示。

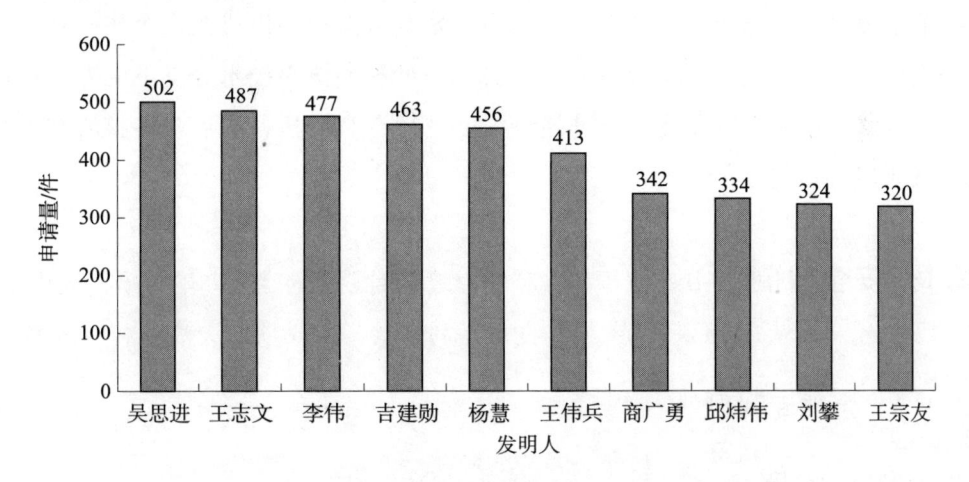

图 12 -1 -18　区块链专利全球申请量排名前十位的发明人

根据统计结果，全球申请量排名前十位的发明人分别是吴思进、王志文、李伟、吉建勋、杨慧、王伟兵、商广勇、邱炜伟、刘攀、王宗友。

12.1.4.5 本节小结

本节从全球和国外申请人排名、申请人类型、全球申请人与中国主要申请人对比、全球发明人情况等四个维度对专利申请人及创新人才状况进行了分析。

在区块链技术的专利申请量上，中国申请人占据全球排名前十的位置，具有相当重要的地位。国外申请人和国内申请人相比，在申请数量上并不占据优势。

根据对申请人类型的统计，企业申请量远高于高校、个人和科研院所申请量，可以看出，企业是推动区块链技术发展的主要力量。

全球和中国主要申请人的大部分专利申请还处于在审状态，表明区块链是一个较为新兴的技术。企业中，例如腾讯公司展现出对技术的敏锐嗅觉，提前进行专利布局并获得授权。这些企业在未来的竞争中可能占据主动地位。

根据对全球区块链专利的发明人的统计，可以看出主要发明人集中在中国，说明我国具备在区块链技术方面的人才优势。

12.2 区块链核心技术专利分析

本节聚焦对区块链安全机制、网络架构、数据结构和共识机制四个核心技术分支的专利进行分析，分别从全球和中国两个层面，对各个核心技术分支下的专利申请态势、保护现状、创新主体和技术演进趋势维度进行专利分析，最后对各核心技术分支下的一些典型专利进行介绍。

12.2.1 安全机制

12.2.1.1 全球专利现状

1. 专利申请态势

自2008年中本聪提出比特币开始，安全机制就是区块链得以存在的安全基础，其涉及的许多密码学技术早在区块链出现前就已被广泛研究，其研发基础相对成熟，同时安全机制也是区块链应用中用户最为关心的问题。因此，在区块链技术四个核心技术分支中，安全机制技术申请量最大，全球专利申请共8109项。2015—2017年，各国开始加强对区块链技术的政策研究，区块链技术的商业价值愈加获得广泛一致认可，各国创新主体也开始了区块链技术商用的探索，区块链安全技术进入了早期发展阶段，年申请量从50余项快速增长到600多项。到了2018年以后，随着区块链技术的发展，各大交易平台被盗事件频发、智能合约漏洞凸显等安全问题也日益突出。据国家区块链漏洞库不完全统计显示，仅2020年度区块链领域安全事件高达555起，造成经济损失179亿美元。❶ 巨大的商业价值驱使相关创新主体迅速加大在安全机制技术领域的研发投入，区块链安全技术进入高速发展通道，专利申请数量明显提升。安全机制技术专利全球申请趋势如图12-2-1所示。可以看出，区块链安全机制技术的专利申请量在2018年出现爆发式增长，全球专利从2017年的600余项激增到2020年的近2000项。

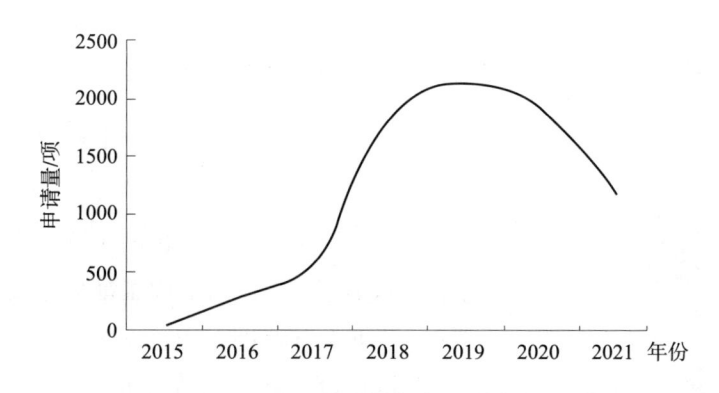

图12-2-1 安全机制技术专利全球申请趋势

2. 专利保护现状

安全机制技术专利全球申请主要目标市场占比情况如图12-2-2所示。数据表明，中国市场是各国申请人最为看重的目标市场，69%的安全机制技术选择在中国寻求专利权保护，这和中国对于区块链技术的积极政策有很大关系，中国为区块链技术的中国市场化培育提供了政策土壤。此外，中国作为世界第二大经济体，迫切需要一种透明、安全、可信的贸易结算方式。因此，区块链安全机制技术的创新主体也纷纷看好中国市场，积极进行专利布局。美国作为世界金融中心，美国市场自然也是区块链安全机制技术的一大布局重心，约有18%的安全机制技术选择在美国寻求专利权保护。接下来，创新主体较为青睐的市场是韩国，约有13%的安全机制技术选择在韩国寻求专利权保护。

---

❶ 国家区块链漏洞库. 国家区块链漏洞库2020年区块链安全态势感知报告［EB/OL］. (2021-03-05)［2023-07-30］. https：//blog.csdn.net/blockchain12/article/details/114406844.

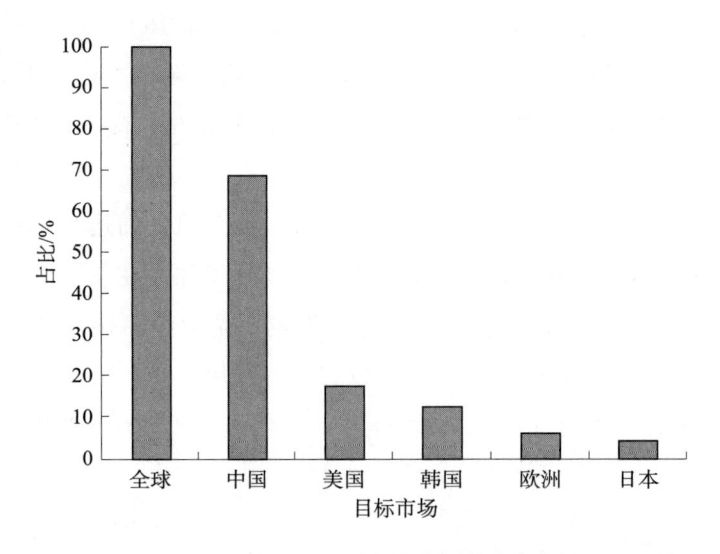

图 12-2-2　安全机制技术专利全球申请主要目标市场占比情况

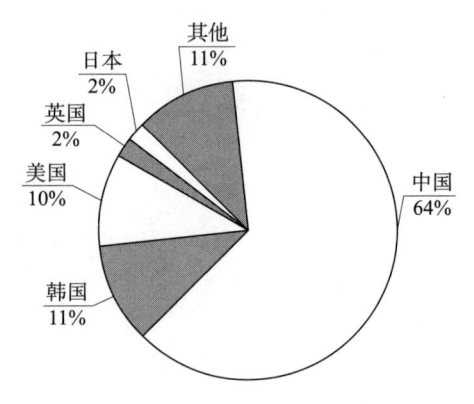

图 12-2-3　安全机制技术专利全球申请的原创国占比情况

安全机制技术专利全球申请的原创国占比情况如图 12-2-3 所示。可以看出，中国、韩国、美国是安全机制领域的主要原创技术来源国家。三个国家除了都拥有实力强劲的通信企业和互联网企业，还诞生了一批致力于区块链技术，甚至专注于安全机制技术的新型公司，它们积极进行技术研发、市场布局，对区块链安全机制技术的发展起到了重要的促进作用。其中，中国申请人的专利申请量占 64%，韩国和美国申请人的专利申请量分别占 11% 和 10%，英国、日本和其他国家或地区申请人的专利申请量共占 15%。

从法律状态上来看，安全机制技术已经形成了一部分有效专利。安全机制技术专利全球申请法律状态如图 12-2-4 所示。在 8109 项全球安全机制相关专利申请中，有效专利申请有 3074 项，占 38%；处于失效状态的申请数量较少，有 1302 项，占 16%；另有 3733 项处于在审状态，占 46%。

3. 创新主体分析

通过对安全机制技术的全球主要申请人进行分析，可以发现该技术的专利申请人非常分散，8109 项专利申请掌握在近 3000 家创新主体手中。安全机制技术专利全球申请人排名如图 12-2-5 所示，排名前十位的申请人中有互联网企业 2 家、信息技术企

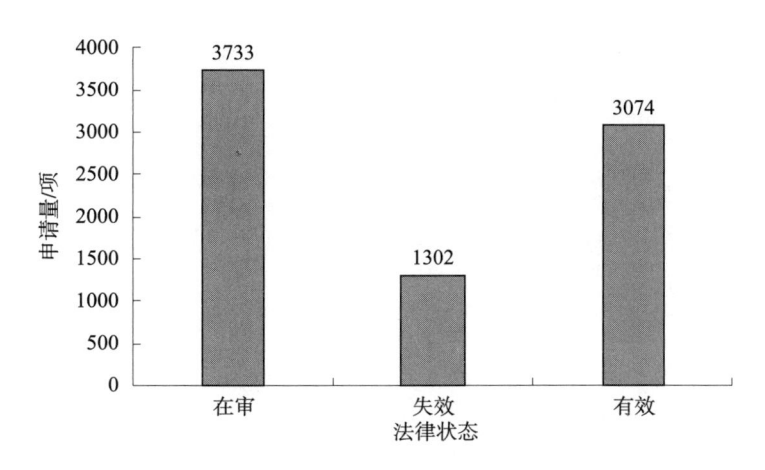

图 12-2-4 安全机制技术专利全球申请法律状态

业 2 家、区块链公司 4 家和金融机构 2 家。其中，中国企业有 6 家，美国企业有 2 家，韩国企业和英国企业各有 1 家。阿里巴巴是专利申请量最大的创新主体，有 257 项申请。除了平时大家耳熟能详的企业，北京瑞策成立于 2012 年，自 2017 年开始研发区块链底层平台，是国内较早从事区块链行业的公司之一。Coinplug 公司成立于 2013 年，是一家韩国比特币交易所，同样也开发比特币钱包和商户的支付软件，公司因在韩国经济中心首尔江南区安放存取款比特币的自动取款机（ATM）而知名。杭州复杂美成立于 2008 年，2013 年开始启动区块链及钱包的研发，同样是国内较早从事区块链行业的公司之一。Nchain 公司成立于 2015 年，是一家总部在英国的区块链技术研究与开发公司。

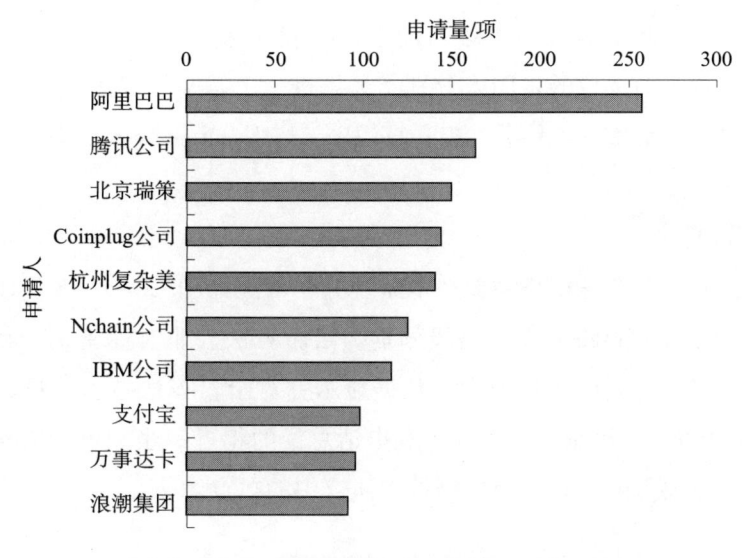

图 12-2-5 安全机制技术专利全球申请人排名

进一步对全球排名前十位的申请人在安全机制技术专利申请的法律状态进行分析，如图12-2-6所示，阿里巴巴不仅是申请量最大的创新主体，而且是掌握安全机制有效专利最多的创新主体，有147项有效专利，同时还有100项专利申请处于在审状态。Coinplug公司的有效专利数量也十分抢眼，有115项。相对而言，北京瑞策、Nchain公司和浪潮集团掌握的有效专利数量并不多，但是均有相当数量的在审专利申请，是区块链安全机制技术领域的后起之秀。

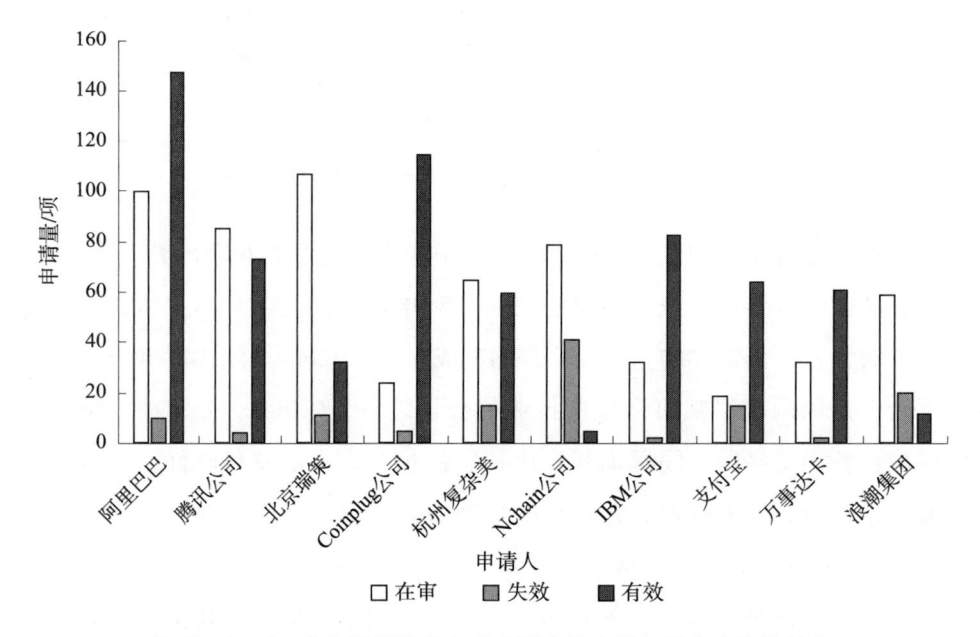

图12-2-6 安全机制技术全球主要申请人的专利申请法律状态

安全机制技术专利全球申请量排名前十位的发明人如图12-2-7所示。可以看出，全球申请量排名前十位的发明人分别是吴思进、王志文、吉建勋、杨慧、Uhr Joon Sun、Hong Jay Wu、李伟、王伟兵、Kim Jae Hyung、Kwon Bong Ki，其中，中国发明人有6位。

4. 技术演进趋势

安全机制技术专利全球申请主要技术路线分布情况如图12-2-8所示，安全机制技术中全球申请量较大的四个技术路线分别为哈希算法、非对称密钥、私钥存储及数字签名，多重签名的专利申请量较少。数据显示针对哈希算法技术改进的申请数量最多，有3810项，占安全机制技术全球专利申请总量的将近一半。可见哈希算法作为区块链不可篡改的重要保障，是安全机制技术研究中的热点。

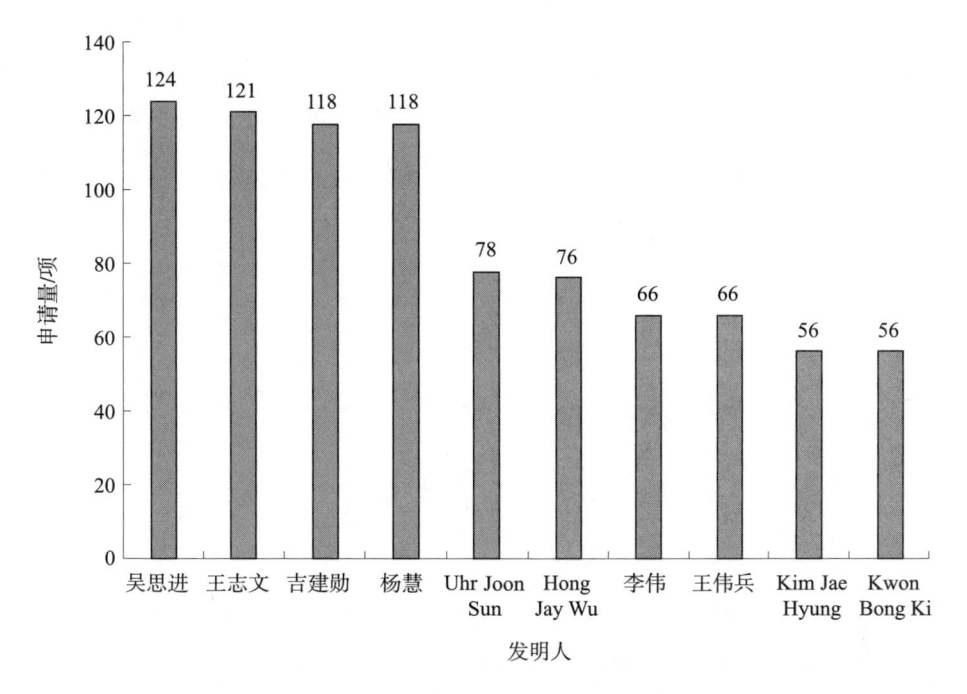

图 12 – 2 – 7　安全机制技术专利全球申请量排名前十位的发明人

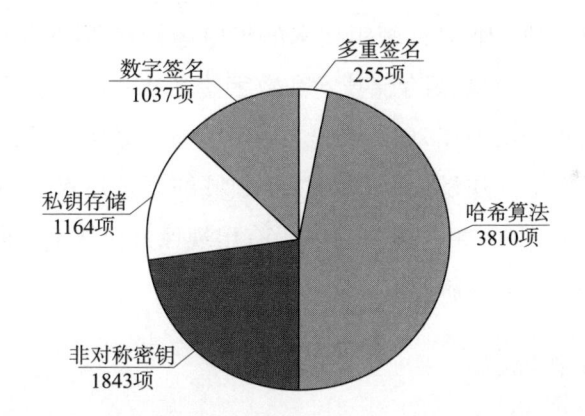

图 12 – 2 – 8　安全机制技术专利全球申请主要技术路线分布情况

安全机制技术专利全球申请主要技术路线申请趋势如图 12 – 2 – 9 所示，可以看出，哈希算法技术年申请量在 2018 年快速突破 800 项后，更是在 2019 年突破了 1000 项，是五个技术路线中发展最快的路线。哈希算法中比较知名的是早期比特币选择的 SHA – 256 算法，该算法在区块链应用中相当广泛。然而对于采用 PoW 算法的区块链来说，选择哈希函数的一大重要标准是哈希运算效率。一部分申请提出通过增加内部哈希操作的复杂度或者增加哈希输出值的长度等方式，让攻击者的计算机无法足够快地有效计算出碰撞,从而设计出满足安全性要求的哈希计算方式,这其中就包括以太坊提出的SHA3(KECCAK256)算法和比特币的SHA-256算法等。此外,随着越来越多的新技术被应用于区块链,许多申请就如何保持哈希算法高度安全性的同时提升算法效率方面进行了深入探索,例如,针对分片技术的引入,以太坊提出了BLAKE、BLAKE2b等系列改进算法。

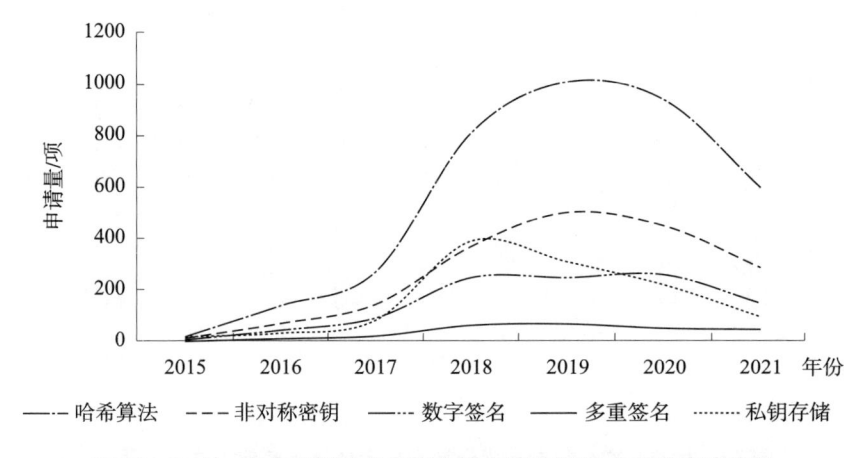

图12-2-9 安全机制技术专利全球申请主要技术路线申请趋势

此外统计数据还反映,非对称密钥技术的年申请量在2018年以后也有较快增长,到2019年突破了500项。而私钥存储技术和数字签名技术的增长相对比较平稳,其中私钥存储技术的申请顶峰出现在2018年,之后申请量开始逐年下滑,说明该技术已经相对发展成熟,不是当下区块链安全机制技术领域的研发热点。多重签名技术的年申请量从2018年以后则一直在40—70项,并没有出现像其他技术那样的较快增长,说明该技术的研究目前尚处于萌芽阶段。

12.2.1.2 中国专利现状

1. 专利申请态势

安全机制技术全球与中国专利申请趋势如图12-2-10所示,中国专利申请趋势与全球专利申请趋势保持大体一致,均起步于2015年,2017年之后申请量飞速增长。二者相比,全球申请量2019年到达顶峰,申请量超过2000项;而中国申请量2019年之后持续增长,已公开的2020年申请量就超过1500项。2020年和2021年数据因为公开滞后不能完全统计。

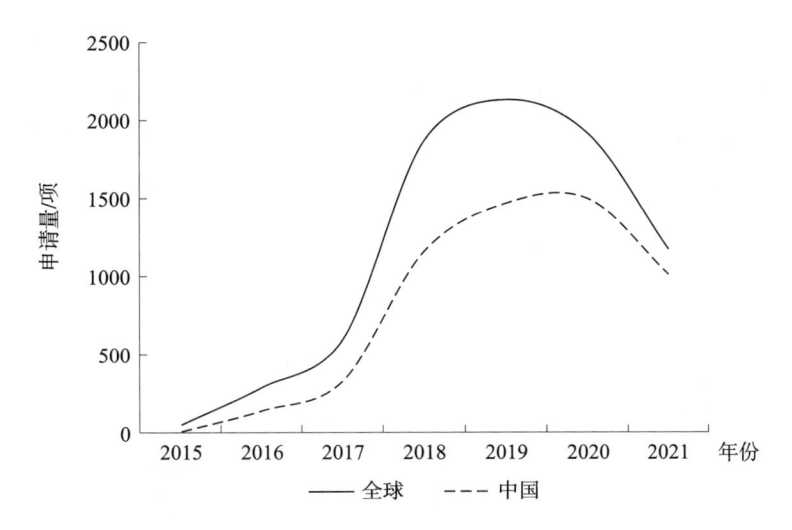

图 12-2-10 安全机制技术专利全球和中国申请趋势

2. 专利保护现状

安全机制技术专利中国申请的原创国家或地区占比情况如图 12-2-11 所示。从中国专利申请的技术来源国家或地区看，90%来源于中国，其他 10%来源于美国、英国、韩国等其他国家或地区。可见，安全机制领域，较大规模的中国区块链创新主体在中国进行了积极的专利布局，专利数量上占据绝对的优势。美国、开曼群岛、英国、韩国等的少部分申请人也会选择中国作为目标市场。对比安全机制领域全球专利和中国专利的中国申请人申请专利的数量，可知绝大部分中国申请人更关注中国市场，海外布局意识较弱。

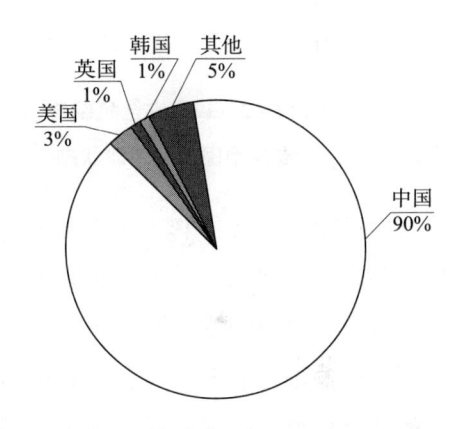

图 12-2-11 安全机制技术专利中国申请的原创国家或地区占比情况

从法律状态上来看，安全机制技术已经形成了一部分有效专利。安全机制技术专利中国申请法律状态如图 12-2-12 所示，在 5697 件安全机制相关中国专利申请中，有效专利有 1857 件，占 32.6%；失效专利申请 1000 件，占 17.6%；有 2840 件专利申请处于在审状态，占 49.8%。相比于同领域全球专利申请法律状态，各状态比例基本持平，仅有效专利比例偏低，失效专利申请比例偏高约 2 个百分点。整体来看，在审专利申请占比较高，说明安全机制领域近几年发展迅猛，申请量增长较快，因此大量的专利申请尚处于在审状态。较高比例的失效专利申请也反映出，飞速增长的申请中部分专利申请的申请质量还需提升。

3. 创新主体分析

安全机制技术专利中国申请人类型如图 12-2-13 所示，可以看出，企业是绝对的创新主力，占比 76%；其次为高校，占比 17%。这与在中国政府的引导下，企业和高校不断加大对区块链技术的关注和投入力度密切相关。个人和科研院所仅占非常小的比重，整体参与度不高。

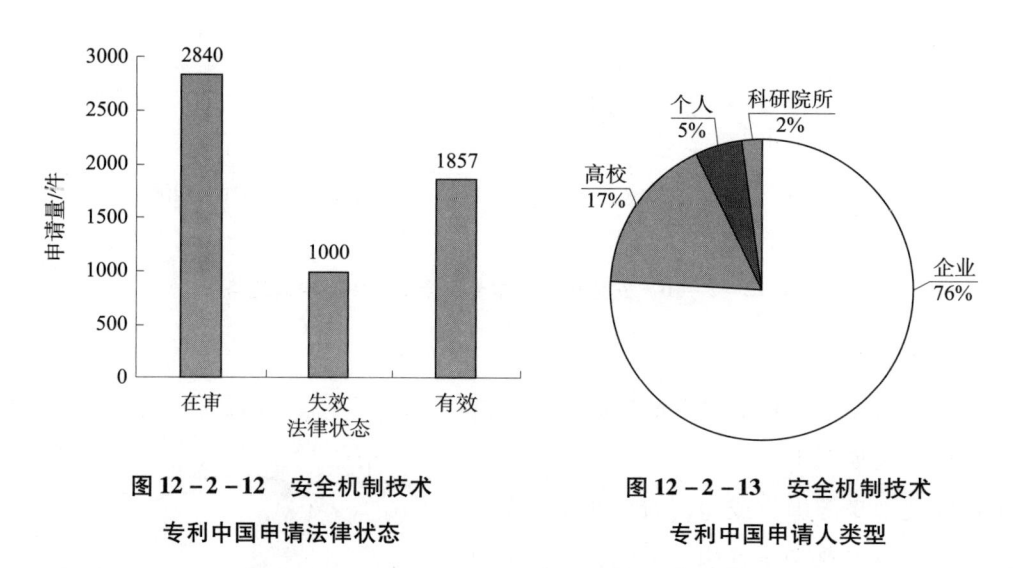

图 12-2-12 安全机制技术
专利中国申请法律状态

图 12-2-13 安全机制技术
专利中国申请人类型

安全机制技术专利中国申请人主要城市分布情况如图 12-2-14 所示，国内创新主体主要聚集在北京、深圳、杭州、上海、广州等经济和技术比较发达的城市，其中北京、深圳和杭州以较大优势排名前三，而北京以 1167 件的数量稳稳占据第一，远超排名第二的深圳，展现了较强的研发实力。这些城市汇聚了较多的高新企业，例如，北京的北京瑞策、中国联通，深圳的腾讯公司、中国平安、深圳壹账通，杭州的杭州复杂美、支付宝、杭州趣链等，这些企业对相关地区区块链相关技术的发展和应用起到了非常好的带动作用。

安全机制技术中国主要专利申请人排名情况，如图 12-2-15 所示，排名前十位的申请人主要有互联网企业如腾讯公司，信息技术企业如阿里巴巴、支付宝、浪潮集团，区块链技术企业如北京瑞策、杭州复杂美、Nchain 公司、杭州趣链，网络运营商如中国联通，高校如湖南大学。腾讯公司排名第一，既体现了腾讯公司自身的技术优势，又体现了该公司对于安全机制领域的重视程度。另外，湖南大学作为唯一一个榜上有名的高校。2020 年，该校组建"区块链底层技术及应用湖南省重点实验室"，依托湖南大学国家示范性软件学院、国家超级计算长沙中心和 Conflux 树图区块链团队的雄厚技术力量，强强联手，重点聚焦区块链核心关键技术、共性软件技术，短短的几

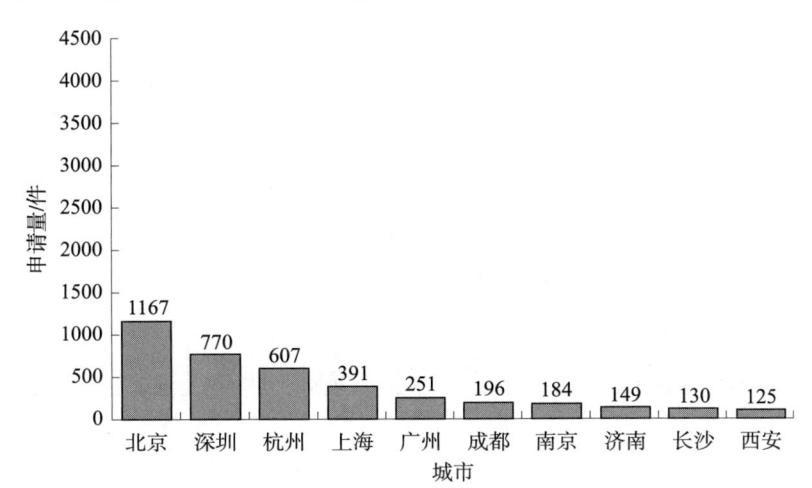

年时间，该校已经输出较多的创新成果，显示出较强的研发实力。

图 12-2-14 安全机制技术专利中国申请人主要城市分布情况

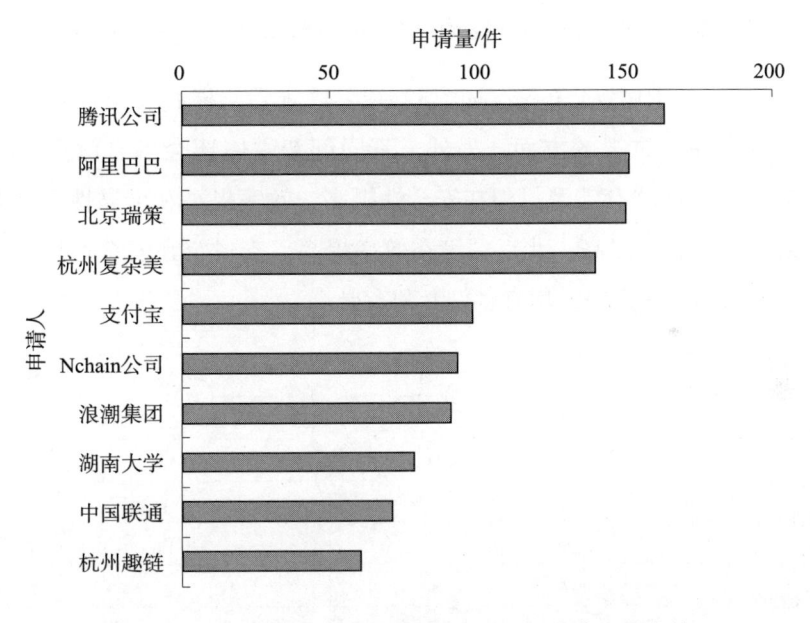

图 12-2-15 安全机制技术专利中国主要申请人排名情况

安全机制技术中国主要申请人的专利申请法律状态如图 12-2-16 所示，阿里巴巴是掌握有效专利最多的创新主体，有 89 件有效专利。腾讯公司、支付宝以及杭州复杂美拥有的有效专利相对也较多。北京瑞策是在审专利申请数量最多的创新主体，湖南大学绝大部分专利申请都处于在审状态。支付宝在审比例较低且有效专利比例相对较高。腾讯公司和阿里巴巴失效专利申请比例很低，而 Nchain 公司失效比例相对较高。

进一步分析主要国内申请人在研发过程中对不同技术功效的重视程度，安全机制技术

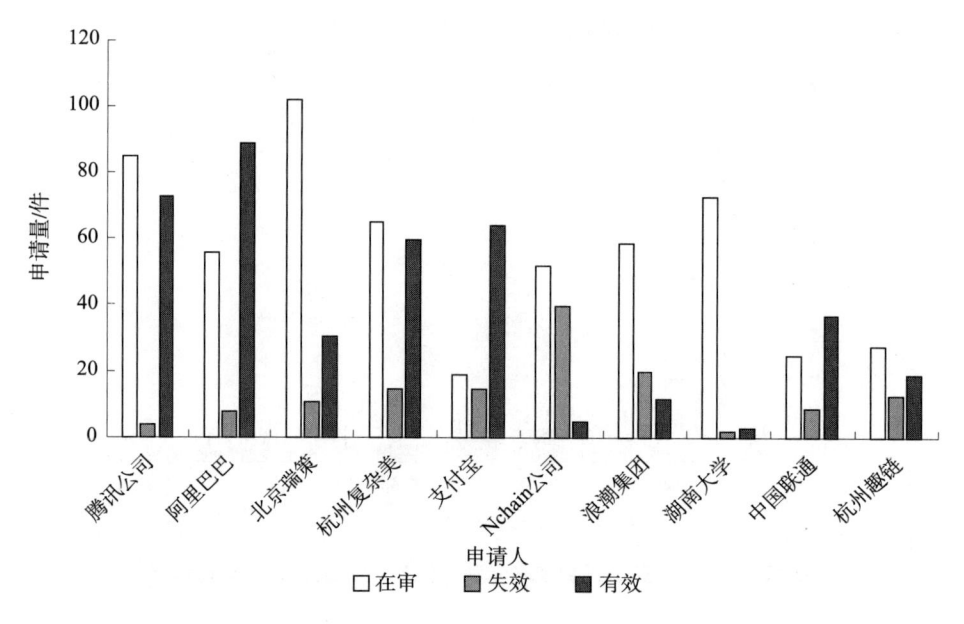

图12-2-16 安全机制技术中国主要申请人的专利申请法律状态

专利中国主要申请人技术功效分布情况如图12-2-17所示，提高安全性和效率基本是每个创新主体均会关注并重视的方面。另外，不同创新主体还会各有侧重，腾讯公司虽然对安全机制各个方面均有涉及，但在安全性提高、效率提高和可靠性提高方面尤为重视，杭州复杂美在可靠性提高、北京瑞策在效率提高、支付宝在安全性提高、阿里巴巴在安全性提高方面均尤为重视，均有多件专利布局。

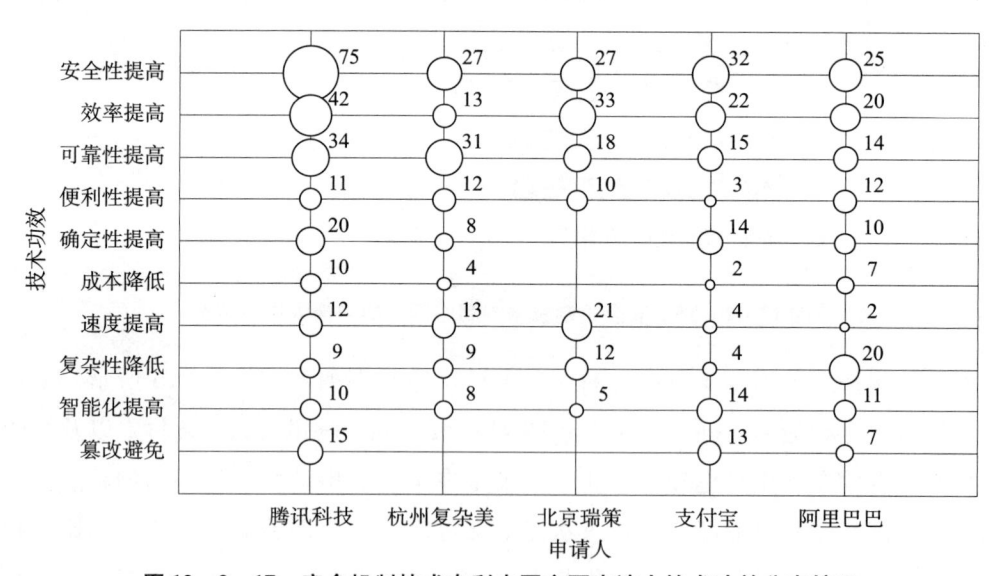

图12-2-17 安全机制技术专利中国主要申请人技术功效分布情况

注：图中数字表示申请量，单位为件。

128

4. 技术演进趋势

安全机制技术专利中国申请主要技术路线分布情况如图 12-2-18 所示，其各技术路线申请量总体比例与全球基本一致，申请量最大的技术路线为哈希算法，申请量为 2714 件。哈希算法作为区块链一个重要特点的保障，其基础地位决定了其相关专利的数量比重。非对称密钥次之，申请量为 1467 件。多重签名由于其应用范围，数量相对较少。

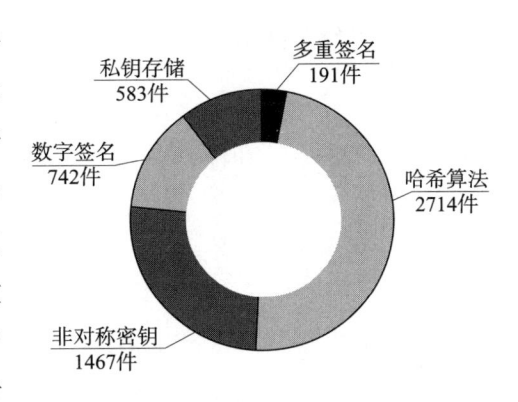

图 12-2-18 安全机制技术专利中国申请主要技术路线分布情况

安全机制技术专利中国申请技术路线申请趋势如图 12-2-19 所示。同时对比全球专利主要技术路线申请趋势，可以看出，各技术分支申请量均在 2017 年之后飞速上涨，哈希算法申请量始终保持了绝对领先地位，并且申请量一直在持续上升；非对称密钥申请量在 2019 年达到顶峰 400 件，考虑到 2020 年的数据统计不完全，之后还可能呈现稳中有升的趋势；数字签名申请量一直平稳上升，在 2020 年出现了小高潮；私钥存储申请量在 2018 年到达顶峰 165 件，之后平稳下降；多重签名申请量一直处于 50 件以下的低位。

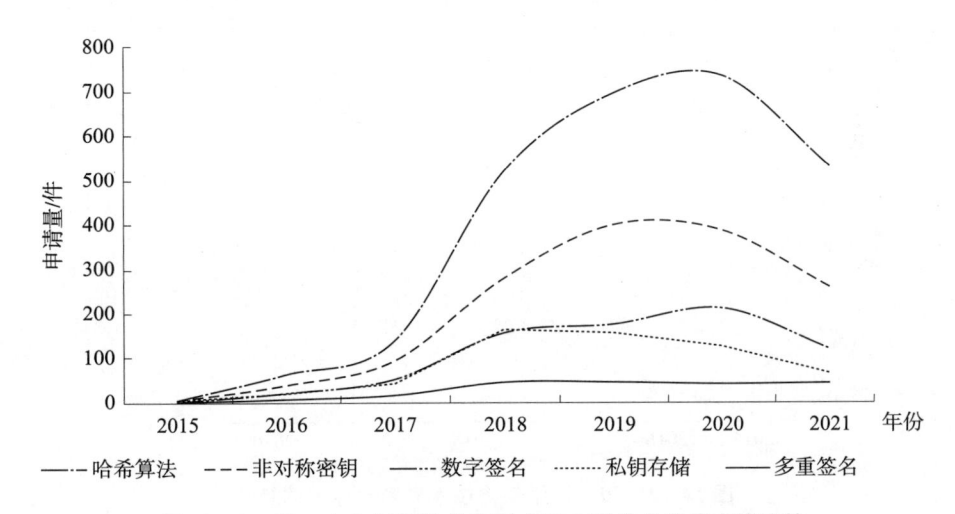

图 12-2-19 安全机制技术专利中国主要技术路线申请趋势

12.2.2 网络架构

12.2.2.1 全球专利现状

1. 专利申请态势

区块链网络架构技术作为区块链的网络承载,从区块链诞生以来,其底层组网技术一直沿用P2P组网技术,并没有大的技术路线变革,因此其总体申请量相对于其他三个区块链核心技术而言相对较低,全球专利申请共2942项,绝大部分专利申请同样集中在2015年之后。区块链网络架构技术专利申请的总体趋势与区块链整体专利申请趋势相同,网络架构技术专利全球申请趋势如图12-2-20所示,2015—2017年,随着区块链技术逐步开始商用,区块链网络架构技术进入早期发展阶段,这一阶段市场的主要需求是适当在去中心化和节点效率间寻求最佳平衡,年申请量从不到20项快速增长到近200项。从2018年开始,各种应用场景开始对区块链组网提出更高的要求,网络的健壮性、隐私保护的能力、对上层应用的支持和扩展等个性化、多样性的市场需求成为区块链网络架构技术发展的创新驱动力,区块链网络架构技术申请量出现急剧增长,全球专利申请量从每年近200项增长到700项左右。

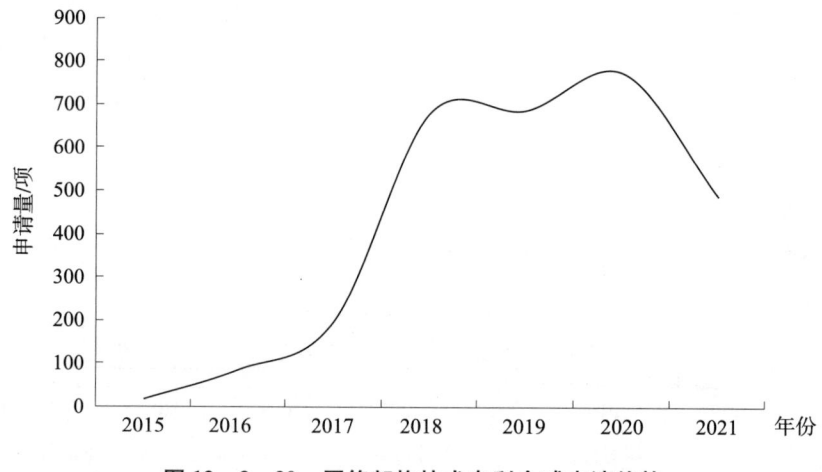

图12-2-20 网络架构技术专利全球申请趋势

2. 专利保护现状

网络架构技术专利全球申请主要目标市场如图12-2-21所示。数据表明,中国市场是网络架构领域全球最为重要的目标市场,中国专利申请量位居全球第一,且超过美国、韩国、欧洲、日本的总和。两个因素促成了该局面。一方面，中国拥有最大规模的区块链创新主体。另一方面，中国在互联网领域具有广阔的市场前景，拥有最完善的互联网硬件基础设施：截至2021年底，我国累计建成并开通5G基站142.5万个，建成全球最大5G网络；我国互联网协议第6代（IPv6）地址资源总量位居全球第一；算力规模排名全球第二。[1] 以上两个因素吸引了全球众多创新主体在中国进行专利布局。此外，美国、韩国、欧洲和日本也是重要的目标市场。

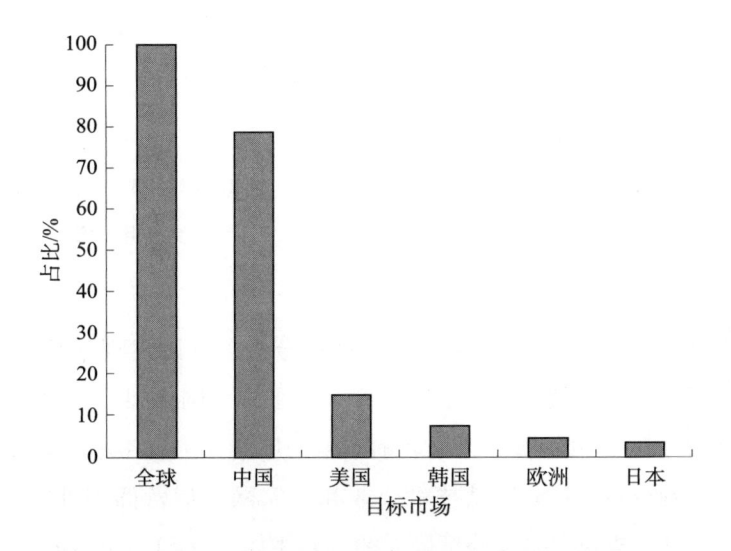

图12－2－21 网络架构技术专利全球申请主要目标市场

网络架构技术专利全球申请技术原创国家或地区占比情况如图12－2－22所示。中国、美国、韩国同样是网络架构领域的主要原创技术来源国家，但是相比于安全机制技术，网络架构技术领域中国技术创新优势更为突出。其中，中国申请人提出的申请量占到75%，是韩国和美国申请人提出的申请量总和的5倍，印度、日本等其他国家或地区申请人的申请量共占10%。另外，相比于安全机制技术，韩国申请人在网络架构技术主题下的技术产出明显偏低。

从法律状态来看，网络架构技术同样已经形成了一部分有效专利。网络架构技术专利全球申请法律状态如图12－2－23所示，在2942项全球网络架构相关专利申请中，有效专利有1024项，占34.8%；处于失效状态的申请数量较少，仅有477项，占16.2%；另有1441项处于在审状态，占49.0%。

---

[1] 乔雪峰. 中国互联网发展报告：我国互联网行业增长势头强劲　新型基础设施建设成效显著［EB/OL］.（2022－09－16）［2023－08－07］. https://baijiahao.baidu.com/s?id=1744121518193626850&wfr=spider&for=pc.

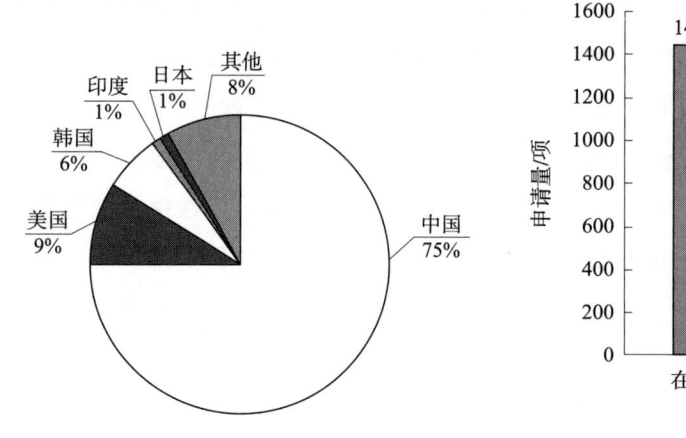

图 12-2-22　网络架构技术专利全球申请原创国家或地区占比情况

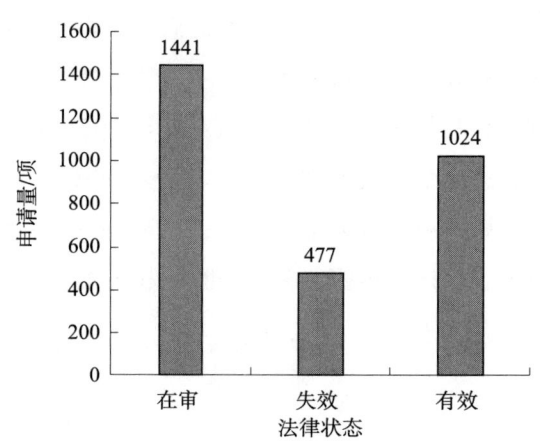

图 12-2-23　网络架构技术专利全球申请法律状态

3. 创新主体分析

通过对网络架构技术的全球主要申请人进行分析，可以发现该技术的申请人比较分散，2942 项专利申请掌握在 1500 余家创新主体手中。网络架构技术专利全球主要申请人排名情况如图 12-2-24 所示，排名前十位的申请人中有 4 家区块链公司、2 家金融机构、2 家互联网企业、1 家信息技术企业和 1 家网络运营商。其中，中国企业有 9 家，美国企业有 1 家，支付宝是申请量最大的创新主体，有 51 项申请。中国企业中还有杭州趣链、杭州云象、江苏荣泽、北京瑞策和杭州趣链也位列前十。杭州趣链成立于 2016 年，是一家国内链技术及解决方案供应商，总部位于浙江杭州。杭州云象于 2014 年成立，是一家在中国较早从事区块链金融及商业应用的企业，总部也位于浙江杭州。江苏荣泽成立于 2013 年，2015 年开始布局区块链相关技术的研发，总部位于江苏南京。

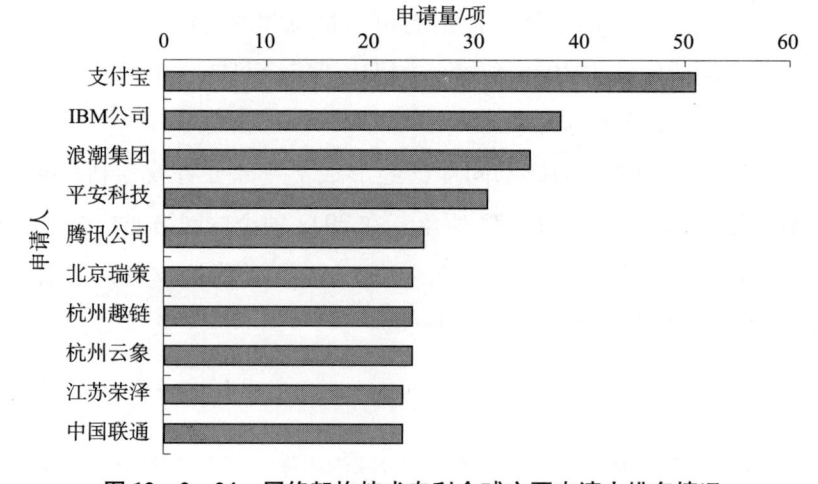

图 12-2-24　网络架构技术专利全球主要申请人排名情况

进一步对全球排名前十位的申请人在网络架构技术专利申请的法律状态进行分析，如图 12-2-25 所示，支付宝不仅是申请量最大的创新主体，也是掌握网络架构技术有效专利最多的创新主体，有 36 项有效专利，有 12 项专利申请处于在审状态。IBM 公司和腾讯公司的有效专利数量也比较抢眼，分别有 21 项和 18 项。相对而言，浪潮集团、平安科技和北京瑞策掌握的有效专利数量并不多，但是均有相当数量的在审专利申请，是区块链网络架构技术领域的后起之秀。

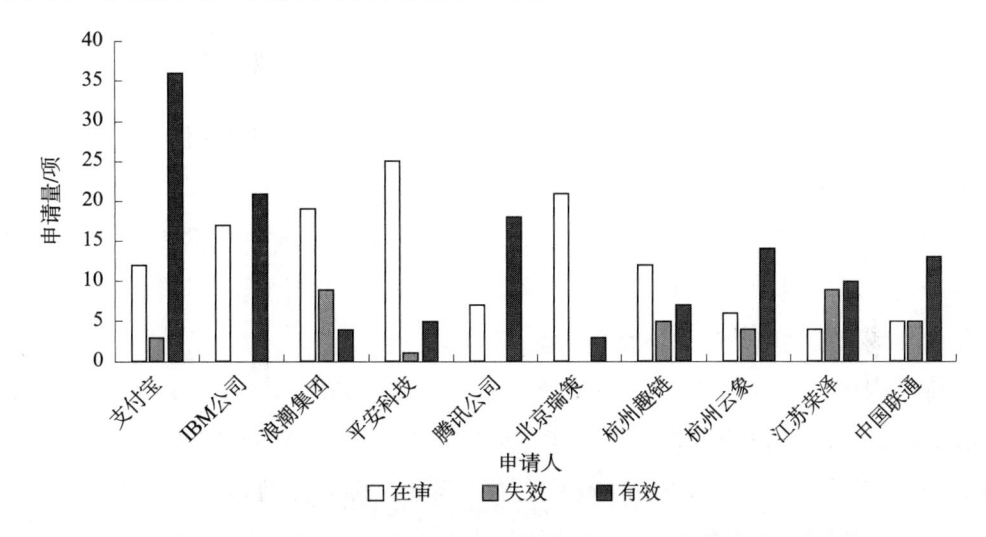

图 12-2-25 网络架构技术专利全球主要申请人的专利申请法律状态

网络架构技术专利全球申请量排名前十位的发明人如图 12-2-26 所示。统计结果表明，排名前十位的发明人全是中国发明人，分别是徐泉清、吴思进、张辉、李伟、王志文、黄步添、吉建勋、杨慧、邱炜伟、孙善宝，可见该领域国内的人才优势凸显。

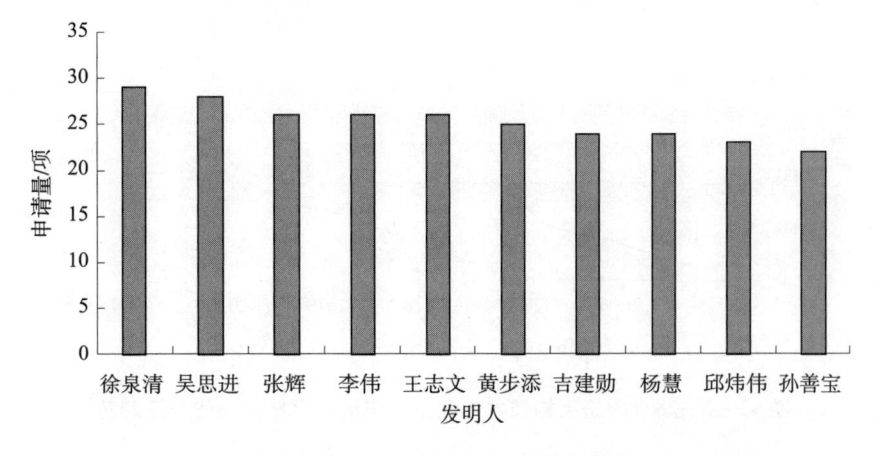

图 12-2-26 网络架构技术专利全球申请量排名前十位的发明人

4. 技术演进趋势

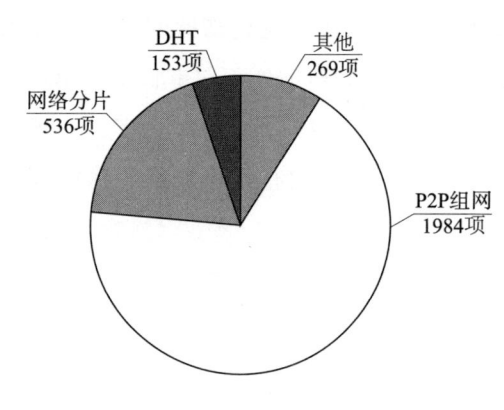

图12-2-27 网络架构技术专利全球申请主要技术路线分布情况

网络架构技术专利全球申请主要技术路线分布情况如图12-2-27所示，网络架构技术领域全球申请量较大的三个技术路线分别为P2P组网、网络分片和DHT技术。数据显示，针对P2P组网技术改进的申请数量最多，有1984项。可见作为区块链网络架构的基础技术，P2P组网技术仍是不可替代的区块链承载网络技术。但是随着P2P组网技术自身的发展以及区块链扩容的需要，可以看到关于网络分片技术和DHT技术的申请也有一定体量，但相对而言，二者申请量较小，仍处于技术萌芽阶段。此外，还存在少量其他区块链网络架构技术的申请，共计269项。

网络架构技术专利全球申请主要技术路线申请趋势如图12-2-28所示，P2P组网技术在2018年达到517项顶峰之后，年申请量呈现稳中有降的趋势。分片技术年申请量在2018年以后开始缓慢增长到150项左右，反映出随着区块链组网技术的发展，对于区块链扩容的需求越来越大，网络分片技术开始成为区块链网络架构的主要研究路线。与网络分片技术相比，DHT技术年申请量一直处于50项以下的低位，反映出该技术还没有完全成熟，尚未得到市场广泛认可。

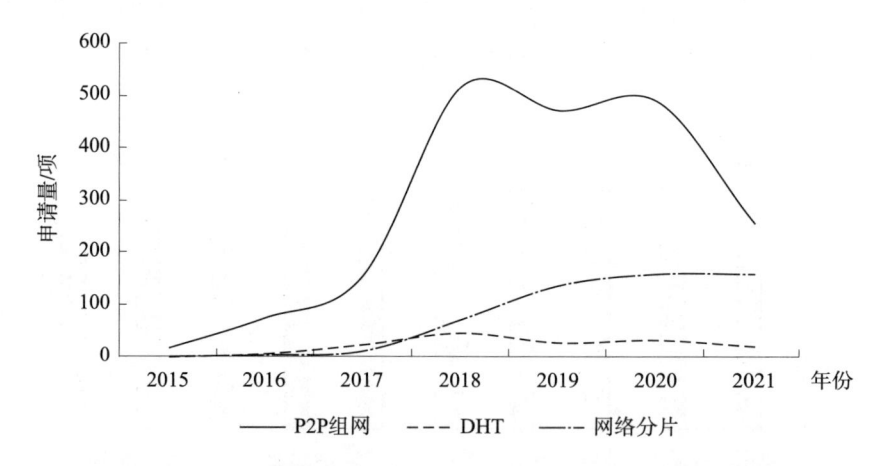

图12-2-28 网络架构技术专利全球申请主要技术路线申请趋势

12.2.2.2 中国专利现状

1. 专利申请态势

区块链网络架构技术的中国专利申请共有2340项。网络架构技术专利全球和中国申请趋势如图12-2-29所示，区块链网络架构技术在中国的发展在2015—2017年基本上保持着与全球技术的同步发展。但在2018年和2019年中国专利申请的增长速度与全球专利申请相比明显拉开了差距，每年专利申请量产出相差近200项，技术发展增速明显落后于全球。2020年和2021年数据因为公开滞后不能完全统计。

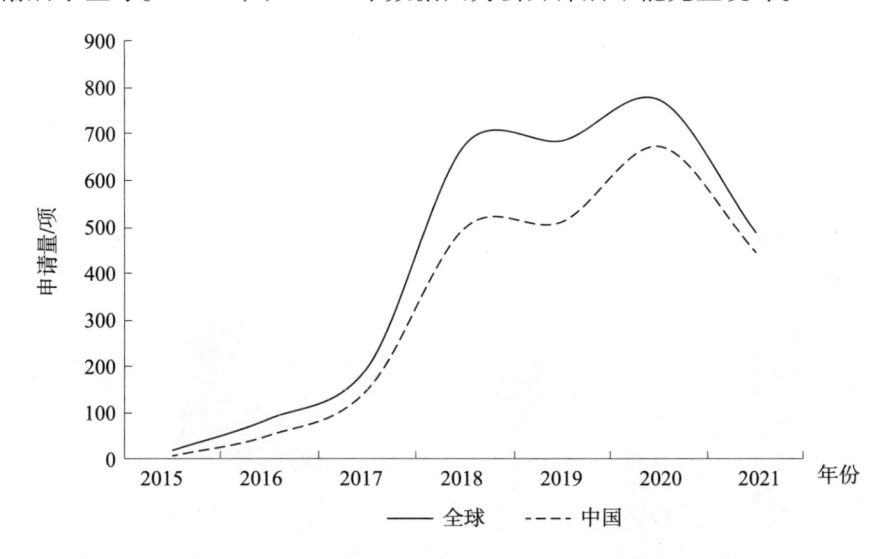

图12-2-29　网络架构技术专利全球和中国申请趋势

2. 专利保护现状

网络架构技术专利中国申请原创国家或地区占比情况如图12-2-30所示，该技术领域下中国专利申请主要来源于国内创新主体，占到94%，说明国内创新主体是我国区块链网络架构技术创新的源动力。对比图12-2-22可知，该技术领域下主要技术原创国还有美国和韩国，但是两国进入中国市场的申请较少。

从法律状态来看，网络架构技术在国内也已经形成了一部分有效专利。网络架构技术专利中国申请法律状态如图12-2-31所示，在

图12-2-30　网络架构技术专利中国申请原创国家或地区占比情况

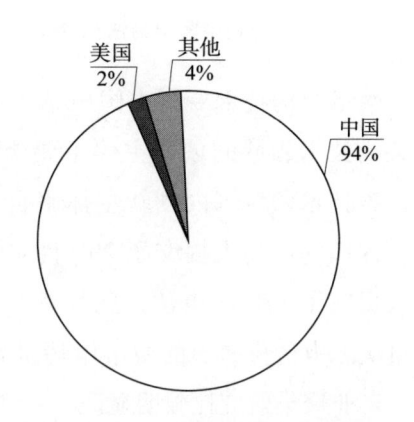

2340 件网络架构相关专利申请中，有效专利有 744 件，占 31.8%；处于失效状态的申请数量较少，仅有 386 件，占 16.5%；另有 1210 件专利申请处于在审状态，占 51.7%。对比图 12-2-23 可知，这一比例与该技术领域下全球专利申请的专利有效状态占比基本相似。

3. 创新主体分析

网络架构技术专利中国申请人类型分布情况如图 12-2-32 所示，企业是国内网络架构技术领域的创新主力军，70% 的中国专利申请由企业提交，说明国内该技术的市场需求比较旺盛。高校在该技术领域也较为活跃，提交的专利申请数量占到 21%，说明国内该技术领域的理论创新成果较多，技术成果转化效果较好。然而进一步分析数据发现，企业和高校联合申请数量仅有 34 件，说明该技术领域国内产学研结合还不够紧密，企业和高校在该技术领域下的技术合作还有更大空间。

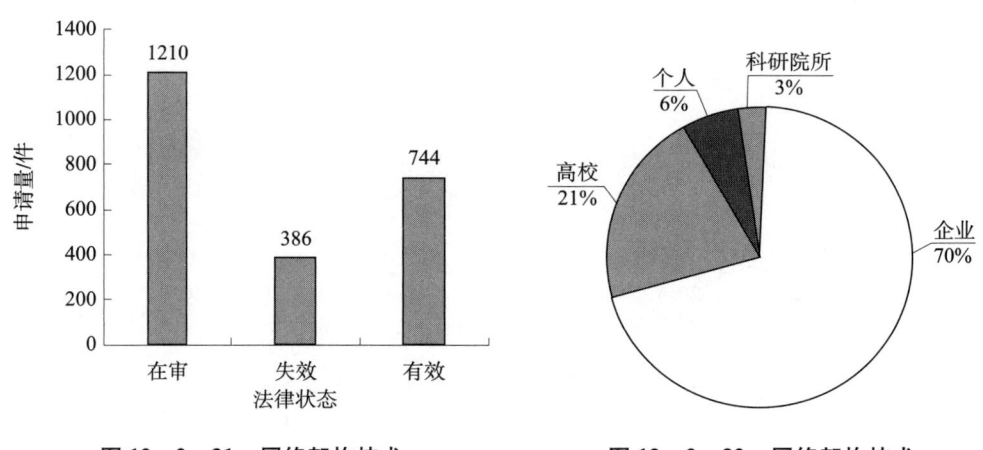

图 12-2-31 网络架构技术专利中国申请法律状态

图 12-2-32 网络架构技术专利中国申请人类型分布情况

网络架构技术专利中国申请人主要城市分布情况如图 12-2-33 所示，国内网络架构技术领域的创新主体主要聚集在北京、深圳、杭州、上海四个城市。数据表明，该技术领域国内创新主体来自 111 个城市，其中北京的申请人提交了 446 件申请，深圳的申请人提交了 297 件申请，杭州的申请人提交了 209 件申请，上海的申请人提交了 178 件申请，此外排名前十的城市还有南京、广州、成都、济南、西安和重庆。申请量前十的城市申请量累计达 1586 件，占到该领域全部中国申请的近七成，产业聚集效应比较明显。

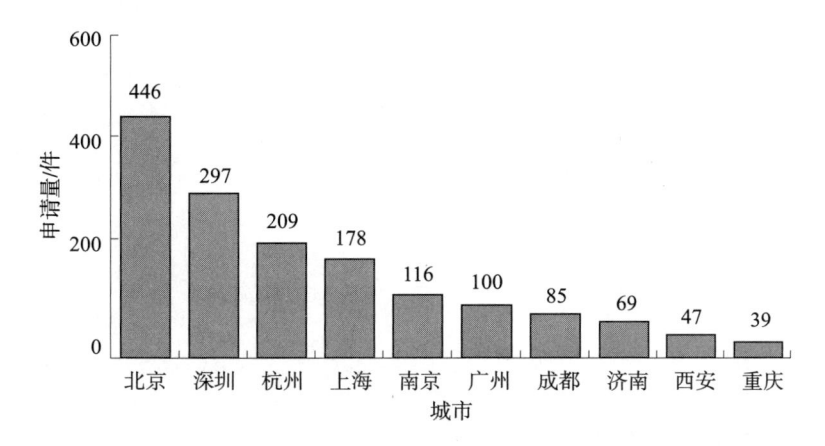

图 12-2-33 网络架构技术专利中国申请人主要城市分布情况

通过对网络架构技术领域的中国专利申请的主要申请人进行分析,可以发现该技术领域的申请人非常分散,2340 件中国专利申请掌握在近 1200 家创新主体手中。网络架构技术专利中国主要申请人排名情况如图 12-2-34 所示,排名前十位的申请人主要由区块链公司、金融机构、互联网企业、信息技术企业和网络运营商构成,申请量差距不大。相比于该领域全球排名前十位的申请人,美国的申请人 IBM 公司在该领域的申请进入中国市场的不多,仅有 15 件。

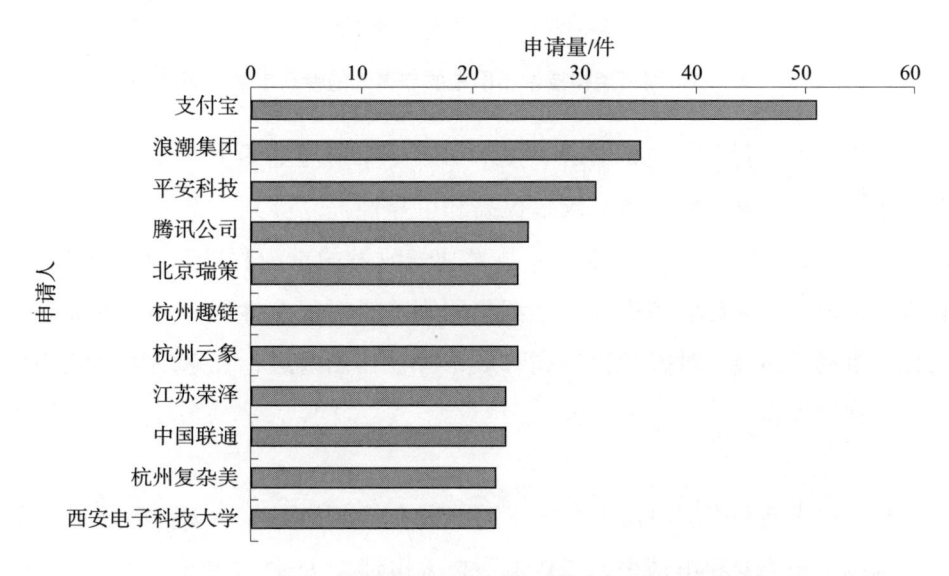

图 12-2-34 网络架构技术专利中国主要申请人排名情况

进一步对中国排名前十位的申请人在网络架构技术专利申请的法律状态进行分析,如图 12-2-35 所示,对比图 12-2-25 可知,由于该技术领域全球排名前十位的申请人有 9 家是中国申请人，且基本在国内提交了申请，因此该技术领域中国排名前十位的申请人的专利有效状态基本与全球排名前十的申请人的专利有效状态相同，在此不再赘述。需要提一下的是，并列第十进入中国排名前十的杭州复杂美和西安电子科技大学在该技术领域有效专利和在审专利申请的数量均在 10 件上下，有一定的技术研发实力。

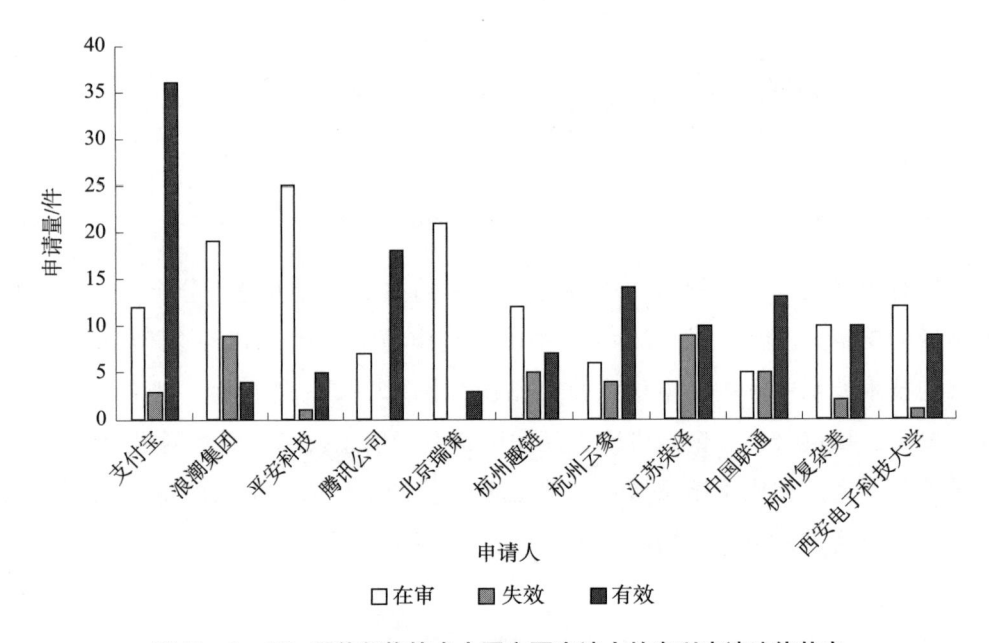

图 12-2-35 网络架构技术中国主要申请人的专利申请法律状态

网络架构技术专利中国主要申请人技术功效分布情况如图 12-2-36 所示，在十个主要技术功效中，安全性提高、效率提高和可靠性提高受到大部分主要国内申请人的广泛关注。同时不同申请人对于不同技术功效研发的重视程度存在一定的差异性，平安科技的研发主要针对效率提高；浪潮集团则除了对安全性提高、效率提高和可靠性提高比较重视，还会针对智能化提高和成本降低作出改进；北京瑞策则较为重视安全性提高和速度提高。

4. 技术演进趋势

网络架构技术专利中国申请主要技术路线分布情况如图 12-2-37 所示，在 2340 件网络架构技术相关专利申请中，P2P 组网技术申请 1473 件，网络分片技术申请 507 件，DHT 技术申请 117 件，还存在少量其他区块链网络架构技术的申请（243 件）。对比图 12-2-27 可知，这一比例与该技术领域下全球专利申请的技术路线分布基本相似，说明在该技术主题下国内对于技术路线的选择与全球一致。

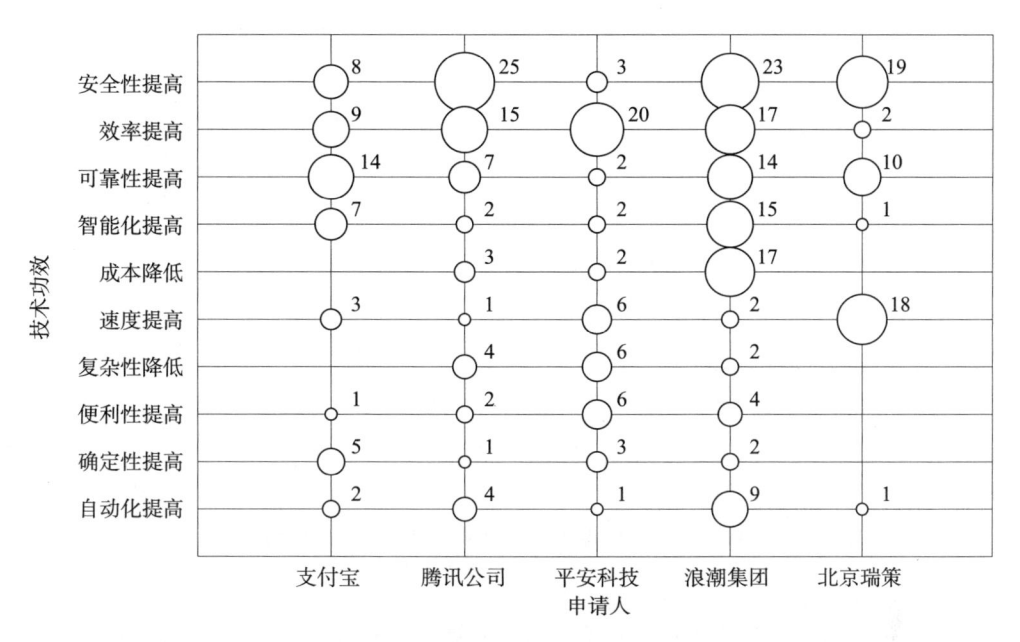

图 12-2-36　网络架构技术专利中国主要申请人技术功效分布情况

注：图中数字表示专利申请量，单位为件。

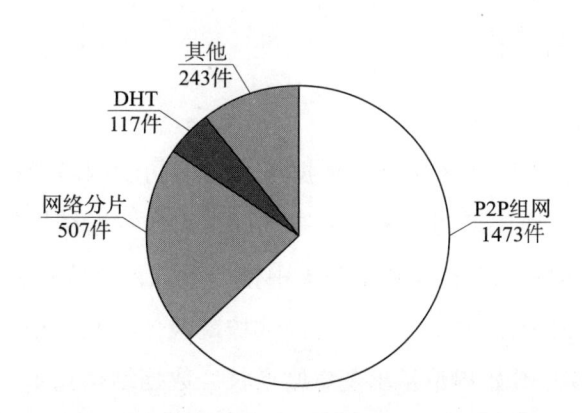

图 12-2-37　网络架构技术专利中国申请主要技术路线分布情况

网络架构技术中国专利申请主要技术路线申请趋势如图12-2-38所示，P2P组网技术、网络分片技术及DHT技术的申请趋势与全球申请趋势完全相同，说明在该技术主题下国内各个技术路线的发展情况也与全球保持一致。

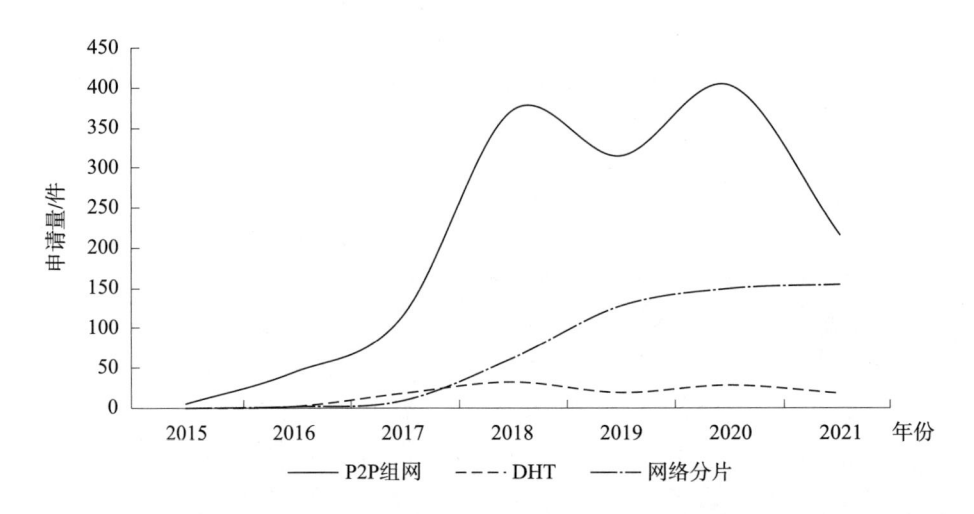

图 12-2-38　网络架构技术专利中国申请主要技术路线申请趋势

12.2.3　数据结构

12.2.3.1　全球专利现状

1. 专利申请态势

区块链数据结构技术涉及区块链的数据组织，不同于网络架构技术一成不变地采用 P2P 组网技术作为其底层组网技术，区块链近年来在数据结构技术上有较多基础突破，因此其专利申请量在四个核心技术分支中排名第二，全球专利申请共 6779 项，绝大部分专利申请同样集中在 2015 年之后。同区块链整体专利申请的趋势相同，区块链数据结构技术从 2018 年开始申请量出现急剧增长。数据结构技术专利全球申请趋势如图 12-2-39 所示，2015—2017 年，早期数据结构技术下的全球专利申请量的增长主要来自对基本数据结构中的时间戳和默克尔树的改进，这一阶段市场的主要需求是提高溯源的准确性和安全性，年申请量从 20 余项快速增长到近 500 项。从 2018 年开始，受各国政策影响，区块链从单一的在金融领域应用迅速扩张到基础工业和农业、民生、社会治理等各个领域，产生了大量针对特定场景的时间戳技术管理改进申请。同时，传统数据结构存储访问效率低的问题逐步凸显，对于默克尔树的结构提出了众多改进申请，针对侧链技术和有向无环图技术的申请也开始出现增长，区块链数据结构技术全球专利从每年 450 余项增长到近 1500 项，2020 年更是突破 1800 项。

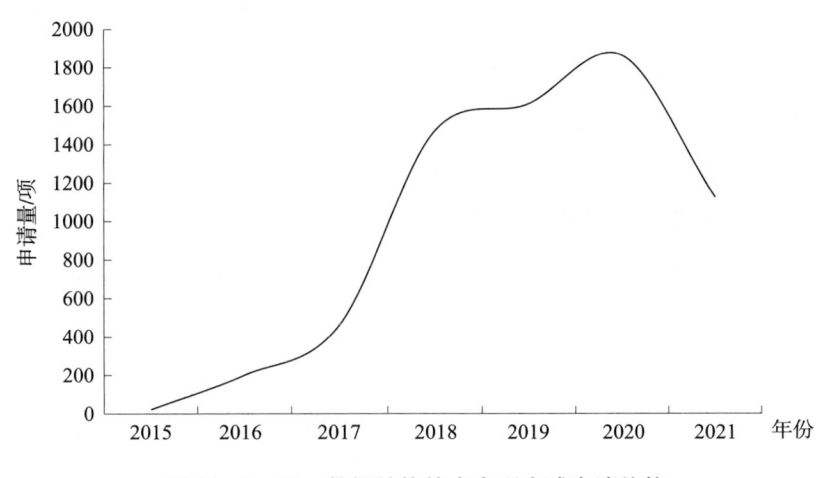

图 12-2-39 数据结构技术专利全球申请趋势

2. 专利保护现状

数据结构技术全球专利申请主要目标市场占比情况如图 12-2-40 所示。数据表明，中国市场是数据结构技术领域全球最为重要的目标市场，81%的数据结构技术申请选择在中国寻求专利权保护。两个因素促成了该局面：一方面，中国拥有最大规模的区块链创新主体，经统计，在数据结构领域的中国申请人有 1984 家；另一方面，中国的市场潜力有目共睹，数据结构技术属于偏算法核心的技术领域，相对更加重要，因此该领域进入中国的申请也较多。以上两个因素吸引了该领域下全球众多创新主体在中国进行专利布局。此外，美国、欧洲、韩国和日本也是重要的目标市场。

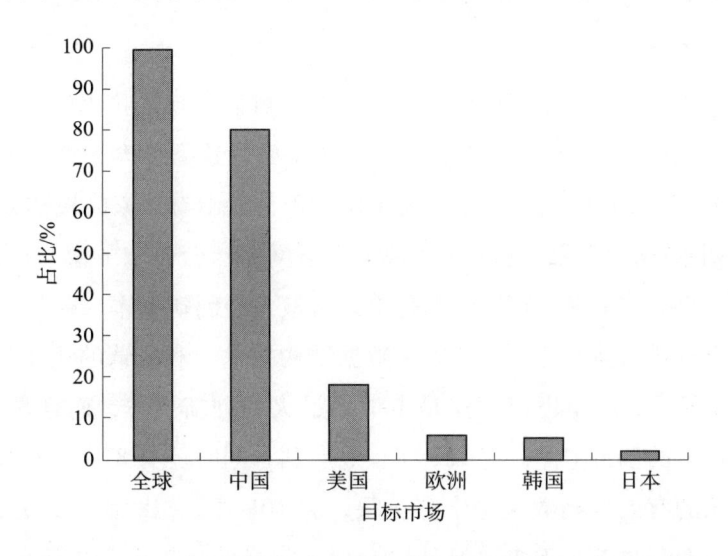

图 12-2-40 数据结构技术专利全球申请主要目标市场占比情况

数据结构技术专利全球申请原创国家或地区占比情况如图 12-2-41 所示，可以看出，中国、美国、韩国是数据结构技术领域的主要原创技术来源国家。除了中国众多的创新主体，美国也拥有全球最多的顶级计算机科学家，一直是区块链算法创新的前沿阵地，对数据结构技术的发展起到了重要的促进作用。

从法律状态上来看，数据结构技术已经形成了一部分有效专利。数据结构技术专利全球申请法律状态如图 12-2-42 所示，在全球 6779 项数据结构技术相关专利中，有效专利有 2533 项；处于失效状态的申请数量较少；有 967 项，另有 3279 项处于在审状态。

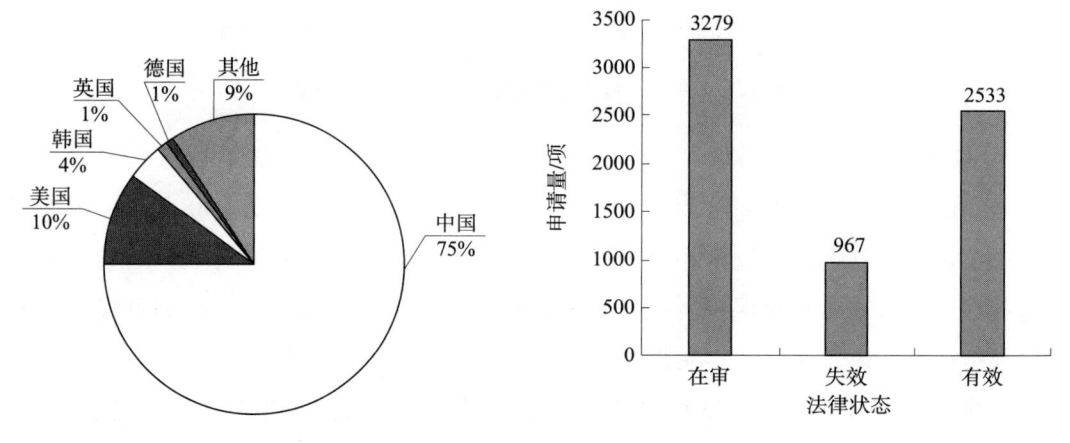

图 12-2-41 数据结构技术专利全球申请原创国家或地区占比情况

图 12-2-42 数据结构技术专利全球申请法律状态

3. 创新主体分析

通过对数据结构技术的主要申请人进行分析，可以发现该技术的申请人比较分散，全球 6779 项专利申请掌握在 2572 余家创新主体手中。数据结构技术专利全球主要申请人排名情况如图 12-2-43 所示，排名前十位的申请人中有 2 家区块链公司、2 家金融机构、2 家互联网企业、2 家信息技术企业、1 家网络运营商和 1 家高校，其中中国企业有 9 家，美国企业有 1 家；阿里巴巴是申请量最大的创新主体，有 217 项申请。

进一步对全球排名前十位的申请人在数据结构技术专利申请的法律状态进行分析，如图 12-2-44 所示，阿里巴巴不仅是申请量最大的创新主体，而且是掌握数据结构技术有效专利最多的创新主体，有 122 项有效专利，同时还有 87 项专利申请处于在审状态。腾讯公司的有效专利数量也十分抢眼，有 101 项。相对而言，北京瑞策、浪潮集团掌握的有效专利数量并不多，但是均有相当数量的在审专利申请，是区块链数据结构技术领域的后起之秀。

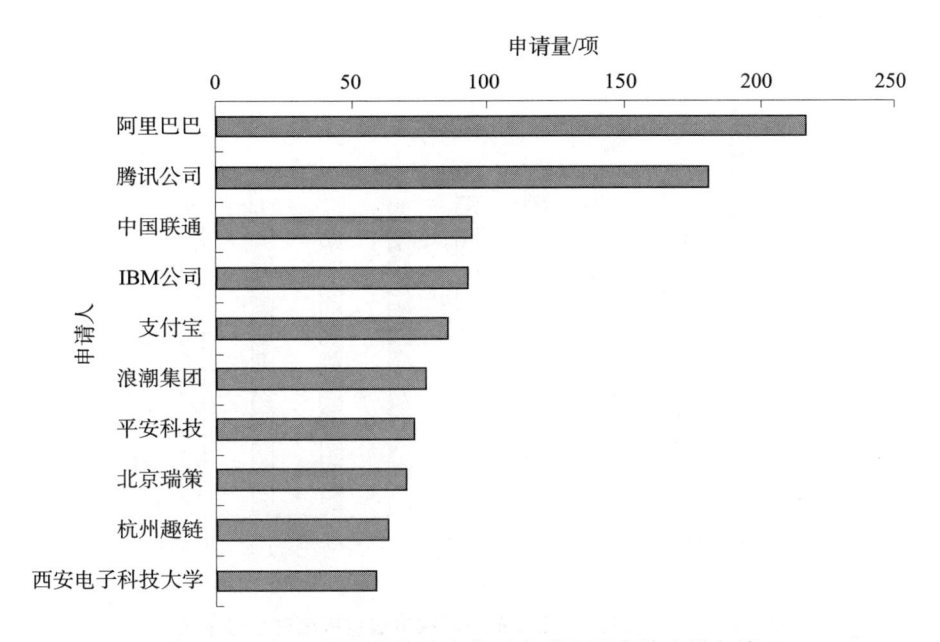

图 12-2-43 数据结构技术专利全球主要申请人排名情况

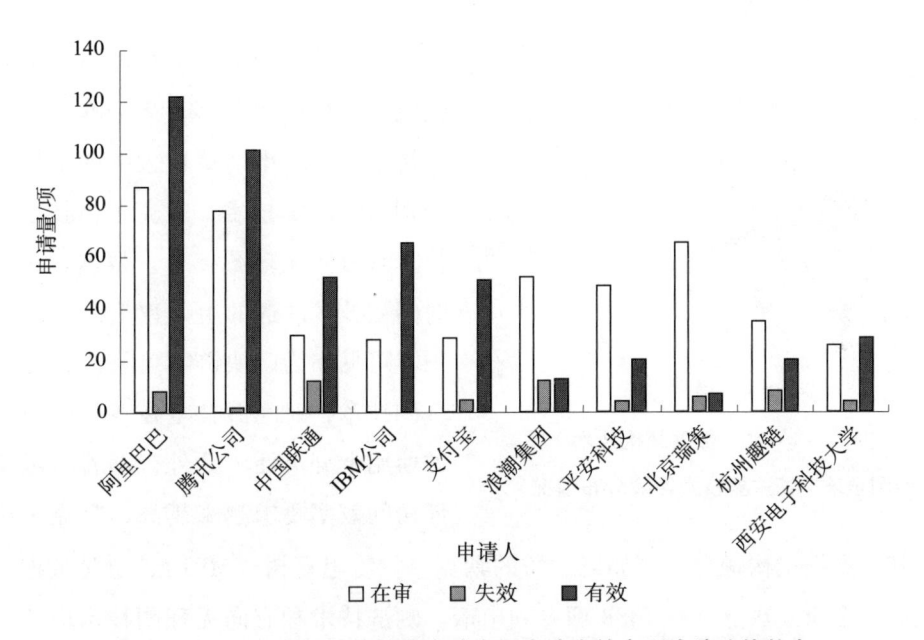

图 12-2-44 数据结构技术全球主要申请人的专利申请法律状态

数据结构技术专利全球申请量排名前十位的发明人图 12-2-45 所示。统计结果表明，数据结构技术领域全球申请量排名前十位的发明人分别是：李伟、邱炜伟、杨慧、吉建勋、王剑、田新雪、马书惠、刘攀、肖征荣、尹可挺。其中中国发明人有 6 位。

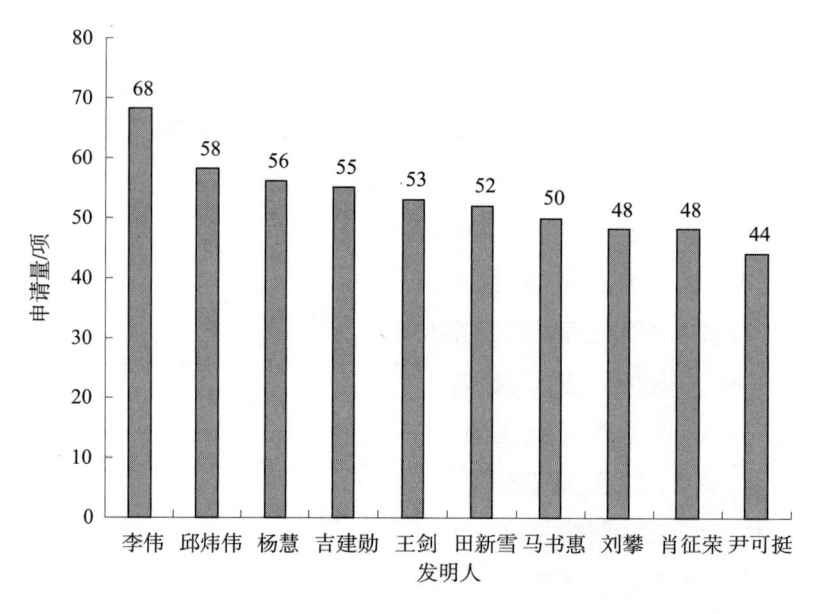

图 12-2-45 数据结构技术专利全球申请量排名前十位的发明人

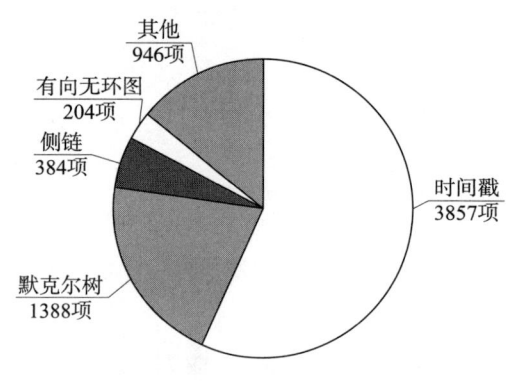

4. 技术演进趋势

图 12-2-46 数据结构技术专利全球申请主要技术路线分布情况

数据结构技术专利全球申请主要技术路线分布情况如图 12-2-46 所示,数据结构技术领域申请量较大的四个技术路线分别为时间戳技术、默克尔树技术、侧链技术和有向无环图技术。数据显示,针对时间戳技术改进的申请数量最多,有 3857 项。可见作为区块链不可篡改特性保障的基础技术,时间戳技术在各种应用场景中的使用十分灵活。此外,随着对区块链存储访问效率要求越来越高,默克尔树技术开始与其他数据结构融合,例如以太坊的默克尔帕特里夏树(MPT),也是数据结构技术领域的一个研发热点,有 1388 项专利申请。侧链技术和有向无环图技术申请也有一定体量,但相对而言,二者申请量较小,仍处于技术萌芽阶段。此外,还存在较多其他区块链数据结构技术的申请,共计 946 项。

数据结构技术专利全球申请主要技术路线申请趋势如图 12-2-47 所示,数据结构技术申请量在 2018 年爆发式增长后,在 2020 年又有一次小幅增长;默克尔树技术则是在 2018 年以后年申请量基本维持在 350 项左右,反映出随着区块链数据结构技术的发展，时间戳的灵活应用仍是区块链数据结构技术领域的主要研究路线。此外，侧链技术和有向无环图技术的年申请量一直不足100项，反映出这两个技术还没有完全成熟，尚未得到市场广泛认可。

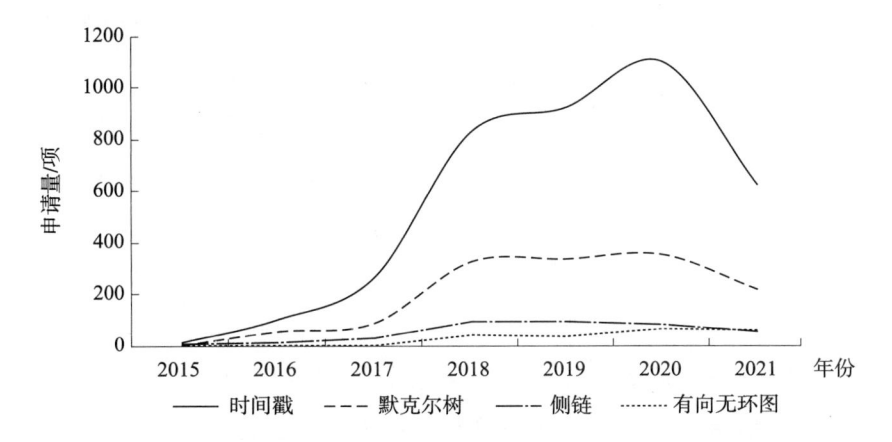

图 12-2-47 数据结构技术专利全球申请主要技术路线申请趋势

12.2.3.2 中国专利现状

1. 专利申请态势

区块链数据结构技术的中国专利申请共5475项。数据结构技术专利全球和中国申请趋势如图12-2-48所示，区块链数据结构技术在中国的发展在2015—2017年基本上保持着与全球技术的同步发展。但在2018年和2019年中国专利申请的增长速度与全球专利申请相比明显拉开了差距，每年专利申请量产出相差近400项，技术发展增速明显落后于全球。2020年和2021年数据因为公开滞后不能完全统计。

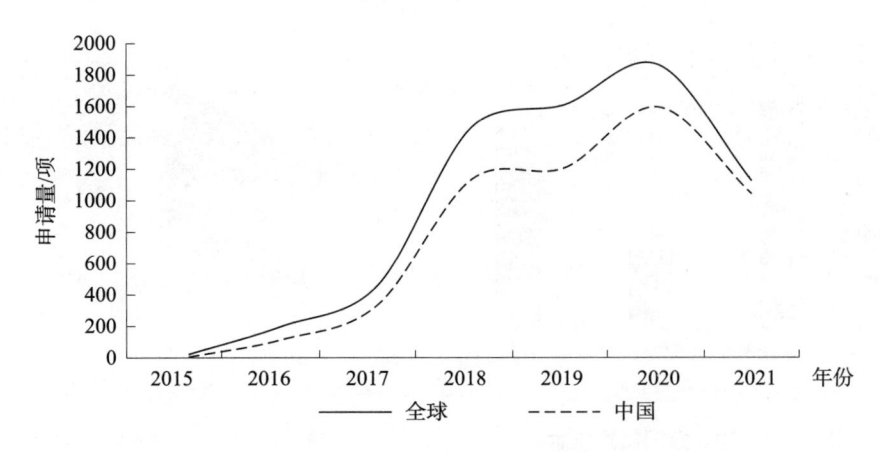

图 12-2-48 数据结构技术专利全球和中国申请趋势

2. 专利保护现状

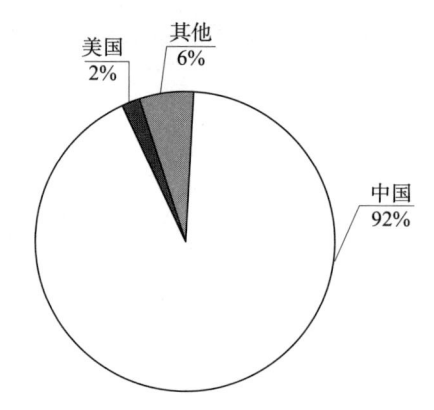

数据结构技术专利中国申请原创国家或地区占比情况如图 12-2-49 所示。数据表明，该技术领域中国专利申请主要来源于国内创新主体，占 92%，说明国内创新主体是我国区块链数据结构技术创新的源动力。对比图 12-2-41 可知，该技术领域主要技术原创国还有美国和韩国，但是两国进入中国市场的申请较少。

从法律状态来看，数据结构技术在国内也已经形成了一部分有效专利。数据结构技术专利中国申请法律状态如图 12-2-50 所示，在 5475 件数据结构技术中国专利申请中，有效专利有 1888 件，占 34.5%；处于失效状态的申请数量较少，仅有 805 件，占 14.7%；另有 2782 件处于在审状态，占 50.8%。对比图 12-2-42 可知，这一比例与该技术领域全球专利申请的法律状态分布基本相似。

图 12-2-49 数据结构技术专利中国申请原创国家或地区占比情况

3. 创新主体分析

数据结构技术专利中国申请人类型分布情况如图 12-2-51 所示，企业是国内数据结构技术领域的创新主力军，70% 的中国专利申请由企业提交，说明国内该技术的市场需求比较旺盛。高校在该技术领域也较为活跃，提交的专利申请数量占到 23%，说明国内该技术领域下的理论创新成果较多，技术成果转化效果较好。然而进一步分析数据发现，企业和高校联合申请数量仅有 85 件，说明该技术领域国内产学研结合还不够紧密，企业和高校在该技术领域下的技术合作还可以有更大空间。

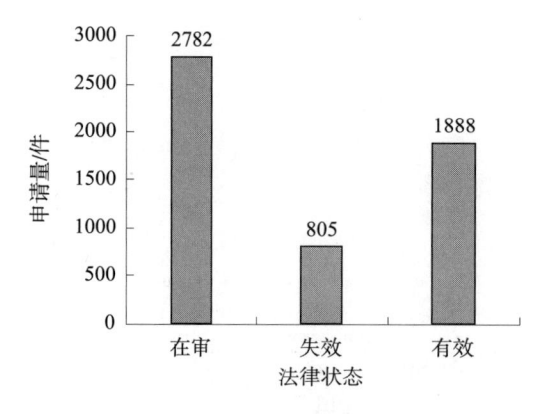

图 12-2-50 数据结构技术专利中国申请法律状态

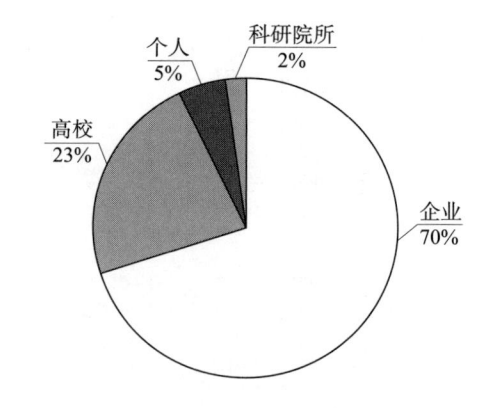

图 12-2-51 数据结构技术专利中国申请人类型分布情况

数据结构技术专利中国申请人主要城市分布情况如图 12-2-52 所示，国内数据结构技术领域下的创新主体主要聚集在北京、深圳、杭州、上海四个城市。数据表明，该技术领域国内创新主体来自 141 个城市，其中北京的申请人提交了 1098 件申请，深圳的申请人提交了 739 件申请，杭州的申请人提交了 501 件申请，上海的申请人提交了 317 件申请。此外，排名前十位的城市还有南京、广州、成都、武汉、济南和西安。申请量排名前十位的城市申请量累计达 3813 件，产业聚集效应比较明显。

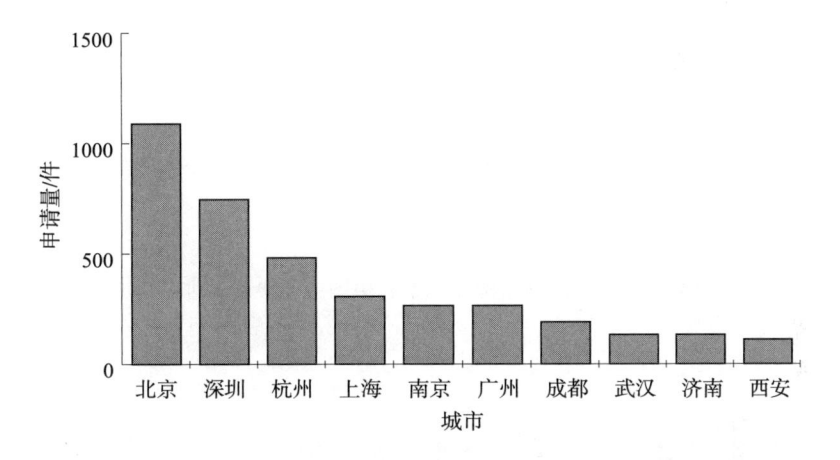

图 12-2-52 数据结构技术专利中国申请人主要城市分布情况

通过对数据结构技术领域的中国专利申请的主要申请人进行分析，可以发现该技术领域的申请人非常分散，5475 件中国专利申请掌握在近 2000 家创新主体手中。数据结构技术专利中国主要申请人排名情况如图 12-2-53 所示，排名前十位的申请人主要由区块链公司、金融机构、互联网企业、信息技术企业和网络运营商构成，腾讯公司和阿里巴巴的申请量要明显大于其他申请人。相比于该领域全球排名前十位的申请人，美国的申请人 IBM 公司在该领域的申请进入中国市场的不多，仅有 14 件。

数据结构技术中国主要申请人的专利申请法律状态如图 12-2-54 所示，对比图 12-2-44 可知，由于该技术领域全球排名前十位的申请人中有 9 位是中国申请人，且基本在国内提交了申请，因此，该技术领域中国专利申请排名前十位的申请人的专利有效状态基本与全球专利申请排名前十位的申请人的专利有效状态相同，在此不再赘述。需要注意的是，百度公司与江苏荣泽并列排名第十位，百度公司在该技术领域拥有有效专利 38 件和在审专利申请 19 件，有一定的技术研发实力。

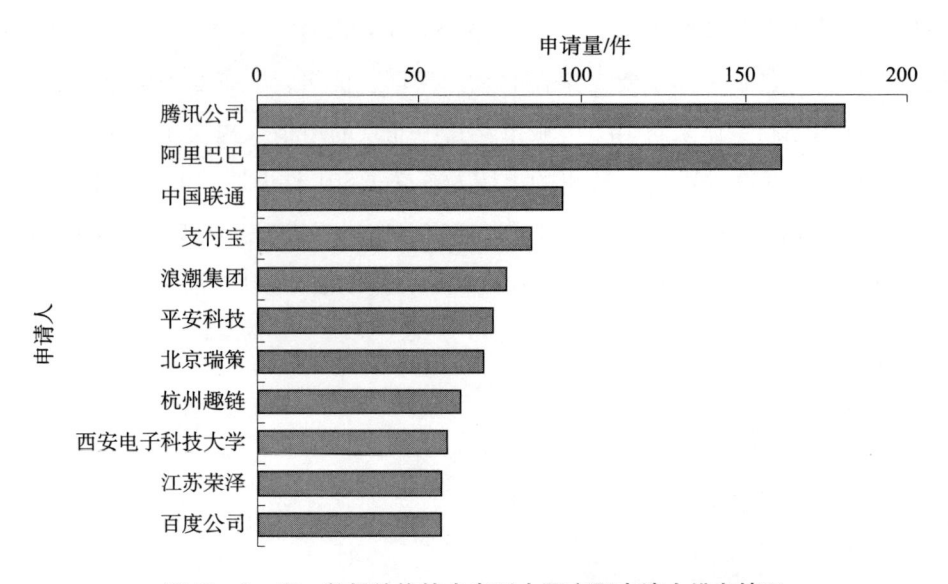

图 12-2-53 数据结构技术专利中国主要申请人排名情况

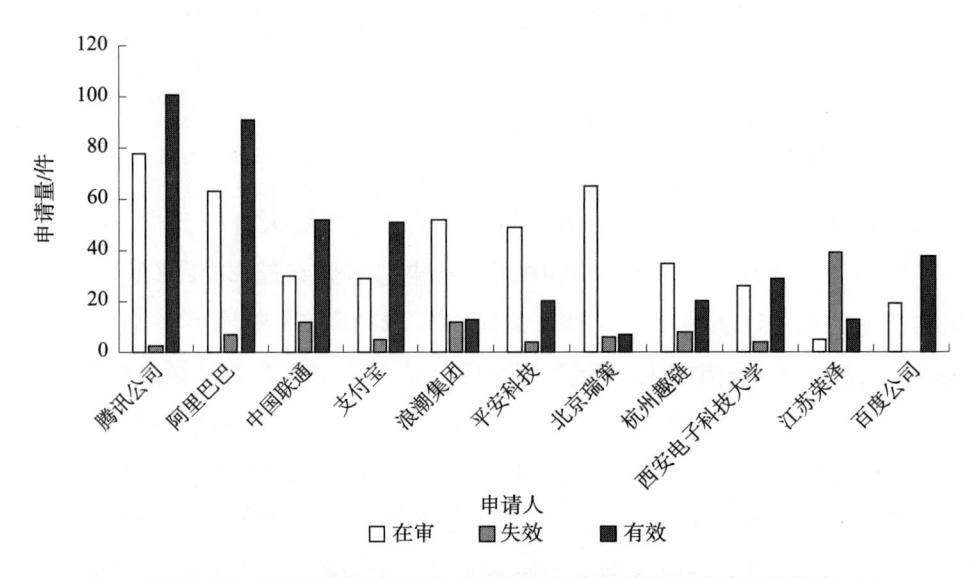

图 12-2-54 数据结构技术中国主要申请人的专利申请法律状态

进一步对主要国内申请人在研发过程中对不同技术功效的重视程度进行分析可知，在十个主要技术功效中，只有效率提高受到大部分主要国内申请人的广泛关注，反映出数据结构技术领域不同创新主体对于技术功效有不同的追求。数据结构技术专利中国主要申请人技术功效分布情况如图 12-2-55 所示，中国联通的研发主要针对安全性提高；腾讯公司则对安全性提高、效率提高和可靠性提高都很重视，同时也会针对确定性提高和准确性提高作出改进。

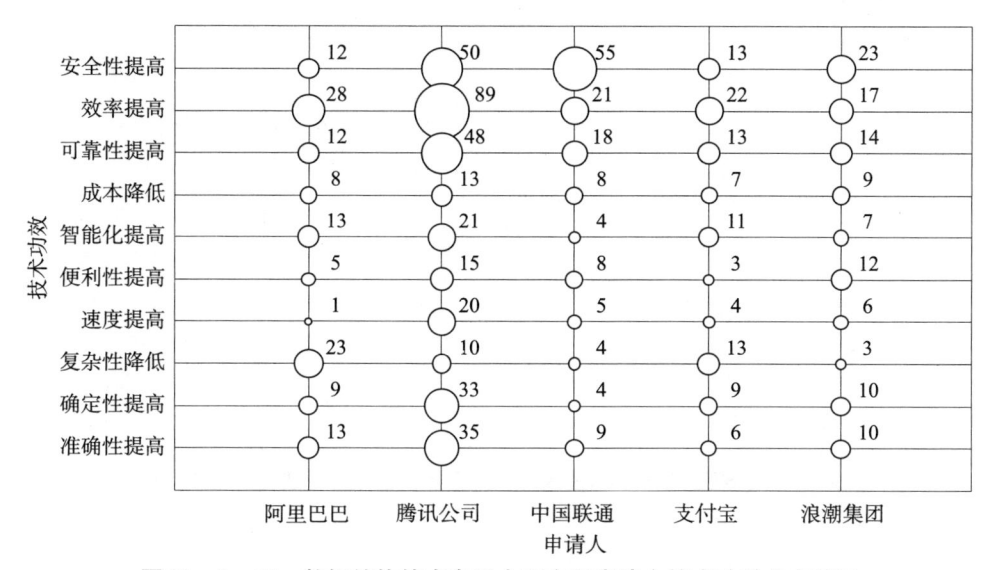

图 12-2-55 数据结构技术专利中国主要申请人技术功效分布情况

注：图中数字表示申请量，单位为件。

4. 技术演进趋势

数据结构技术专利中国申请主要技术路线分布情况如图 12-2-56 所示，在 5475 件数据结构技术相关专利申请中，时间戳技术申请 3221 件，默克尔树技术申请 1105 件，侧链技术申请 276 件，有向无环图技术申请 173 件。此外，还存在较多其他区块链数据结构技术的申请，共计 700 件。对比图 12-2-46 可知，这一比例与该技术领域下全球专利申请的技术路线分布基本相似，说明在该技术主题下国内对于技术路线的选择与全球一致。

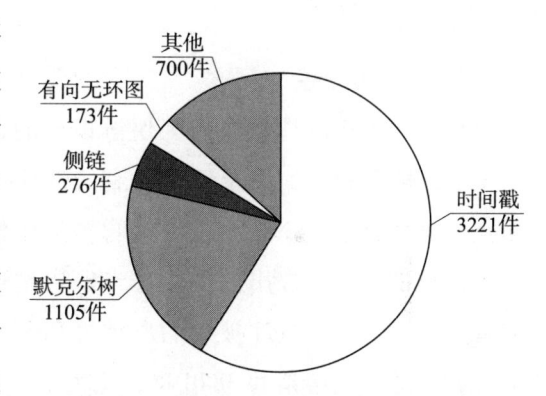

图 12-2-56 数据结构技术专利中国申请主要技术路线分布情况

数据结构技术中国专利申请主要技术路线申请趋势如图 12-2-57 所示，时间戳技术、默克尔树技术、侧链技术、有向无环图技术的申请趋势与全球申请趋势完全相同，说明在该技术主题下国内各个技术路线的发展情况也与全球保持一致。

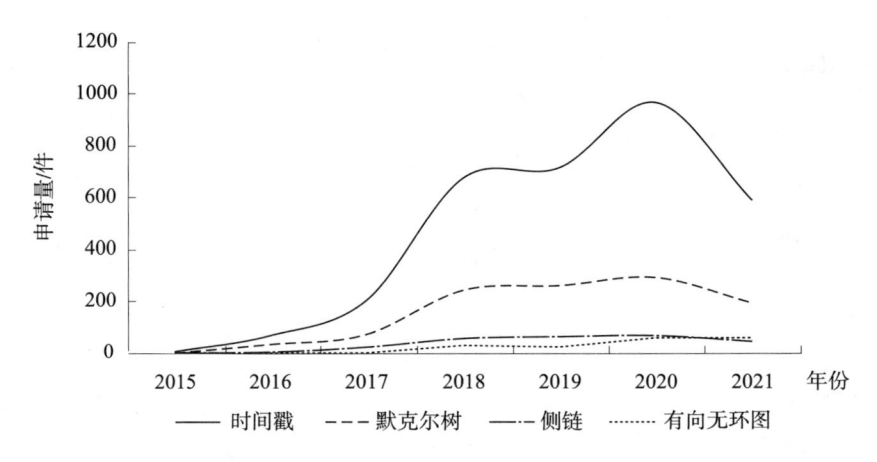

图 12－2－57　数据结构技术专利中国申请主要技术路线申请趋势

12.2.4　共识机制

12.2.4.1　全球专利现状

1. 专利申请态势

区块链共识机制技术作为区块链设计的灵魂，在区块链中扮演着核心的地位，决定了谁有记账的权利，以及记账权利的选择过程和理由，因此一直是区块链技术研究的重点。虽然部分共识机制在中本聪提出比特币之前就已被提出，但是因为共识机制技术在区块链概念被提出前的全球专利申请很少，大多出现在专业论文中，其专利申请布局随着区块链出现才被人们所重视和研究，所以专利申请量在四个核心技术主题中偏低，全球专利申请共3848项，绝大部分专利同样集中在2015年之后。

区块链共识机制技术专利申请的总体趋势与区块链整体专利申请趋势相同。2015—2017年区块链共识机制技术进入了早期发展阶段，这一阶段市场的主要需求是改进PoW算法效率低、不适合实时交易的问题，PoW算法、PoS算法、DPoS算法、BFT算法、Raft算法等多种新算法被引入区块链中，年申请量从15项快速增长到200余项。从2018年开始，各种共识算法根据适用场景的不同，也呈现了不同的优势和劣势。共识机制技术的改进一方面体现在根据应用场景对单一共识机制安全性、可靠性、开放性等方面进行取舍，另一方面体现在根据场景切换多种共识机制，并且将从单一的共识机制向多类混合的共识机制演进，运行过程中支持共识机制动态可配置，或系统根据当前需要自动选择相符的共识机制。共识机制技术专利全球申请趋势如图12－2－58所示，区块链共识机制技术年申请量从 2018 年出现爆发式增长，全球专利申请从 2017 年的 200 余项激增到接近 900 项，并在 2020 年进一步达到 1090 项。

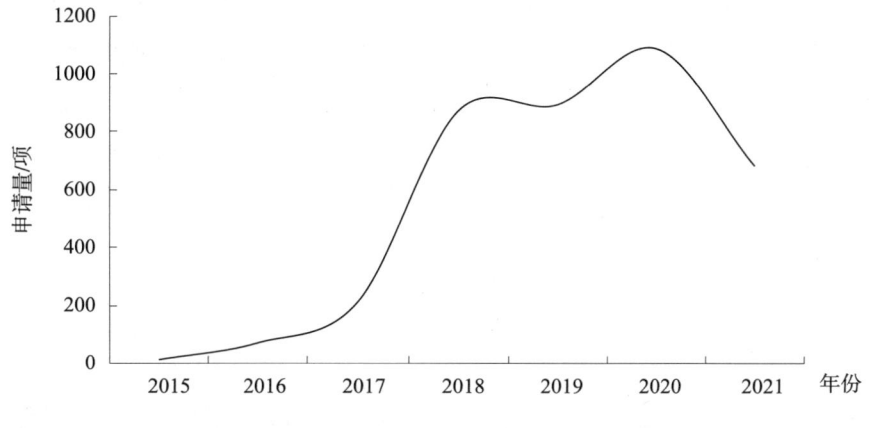

图 12 - 2 - 58　共识机制技术专利全球申请趋势

2. 专利保护现状

共识机制技术全球专利申请主要目标市场占比情况如图 12 - 2 - 59 所示。数据表明，中国市场是共识机制领域全球最为重要的目标市场，83% 的共识机制技术选择在中国寻求专利权保护。两个因素促成了该局面：一方面，中国拥有最大规模的区块链创新主体，经统计，在共识机制领域的中国申请人有 1128 家；另一方面，中国的市场潜力有目共睹，共识机制技术属于偏算法核心的技术领域，相对更加重要，因此该领域进入中国布局的申请也较多。以上两个因素吸引了该领域下全球众多创新主体在中国进行专利布局。此外，美国、欧洲、韩国和日本也是重要的目标市场。

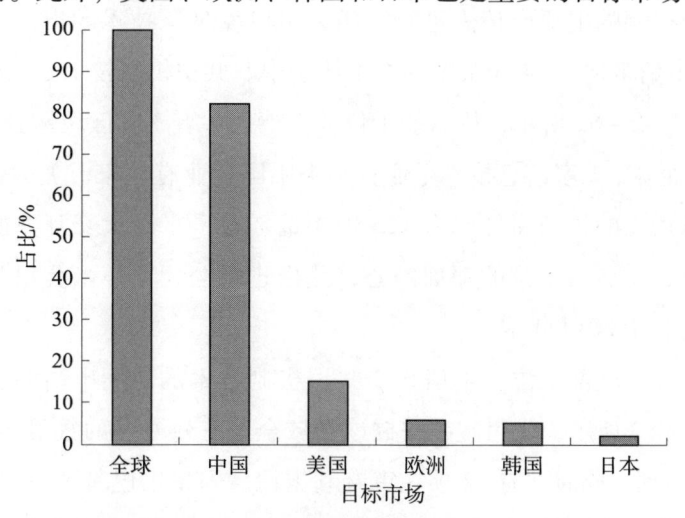

图 12 - 2 - 59　共识机制技术专利全球申请主要目标市场占比情况

共识机制专利技术全球申请原创国家或地区占比情况如图 12 – 2 – 60 所示。可以看出，中国、美国、韩国是共识机制领域的主要原创技术来源国家，三国均诞生了多个区块链平台，并孕育、聚集了一批专注于区块链研发的初创企业，针对不同应用场景设计了许多新的共识机制算法，对共识机制的发展起到了重要的促进作用。

从法律状态来看，共识机制技术已经形成了一部分有效专利。共识机制技术专利全球申请法律状态如图 12 – 2 – 61 所示，在全球 3848 项共识机制相关专利申请中，有效专利有 1524 项，占 39.6%；处于失效状态的申请数量较少，有 438 项，占 11.4%；另有 1886 项处于在审状态，占 49%。

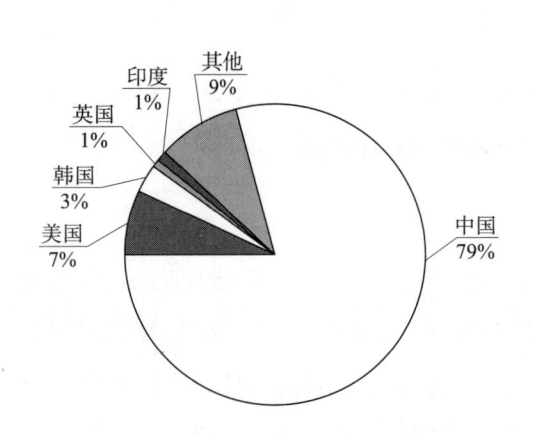

图 12 – 2 – 60　共识机制技术专利全球申请原创国家或地区占比情况

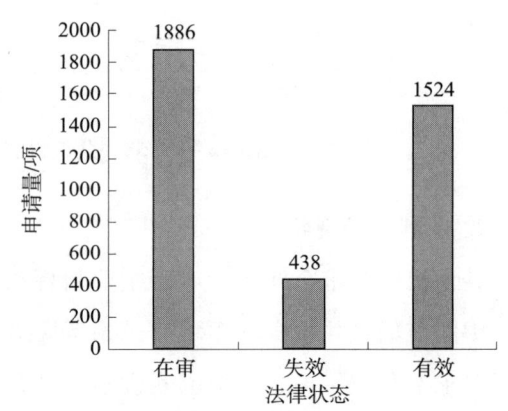

图 12 – 2 – 61　共识机制技术专利全球申请法律状态

3. 创新主体分析

通过对共识机制的主要申请人进行分析，可以发现该技术的申请人比较分散，全球 3848 项专利申请掌握在 1473 余家创新主体手中。共识机制技术专利全球主要申请人排名情况如图 12 – 2 – 62 所示，排名前十位的申请人中有 3 家区块链公司、2 家金融机构、4 家互联网企业、1 家信息技术企业；其中中国企业有 9 家，美国企业有 1 家；阿里巴巴是申请量最大的创新主体，有 125 项申请。除了平时大家耳熟能详的企业和前文介绍过的企业，排名第十位的深圳网心，是由迅雷公司、小米公司共同出资成立的互联网创新公司，于 2014 年成立。

进一步对全球排名前十位的申请人在共识机制技术的专利申请的法律状态进行分析，如图 12 – 2 – 63 所示，支付宝在掌握该领域全球有效专利的数量上超过阿里巴巴，共有 84 项有效专利，同时拥有 22 项在审专利申请。阿里巴巴有 80 项有效专利，同时有 41 项专利申请处于在审状态。腾讯公司和 IBM 公司有效专利数量远超在审专利申请数量，说明这两个公司在该技术领域的布局已经基本完成。相对而言，北京瑞策、杭州趣链和深圳前海微众银行掌握的有效专利数量并不多，但是均有相当数量的在审专利申请，是区块链共识机制技术领域的后起之秀。

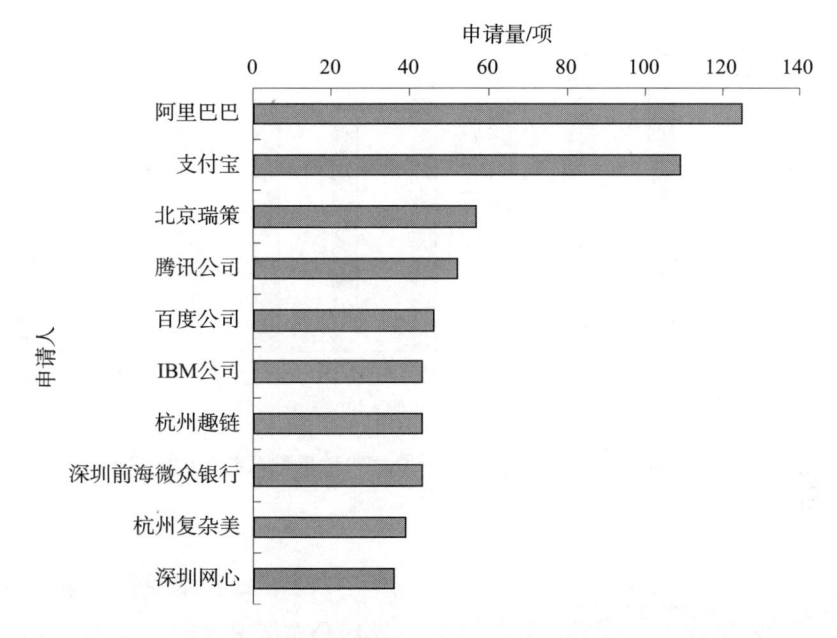

图 12-2-62 共识机制技术专利全球主要申请人排名情况

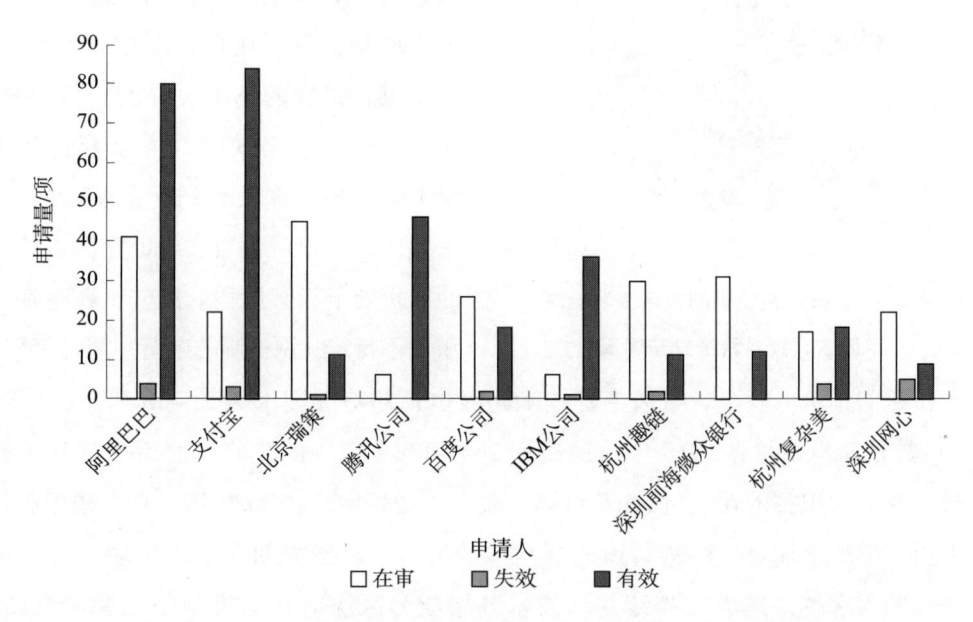

图 12-2-63 共识机制技术全球主要申请人的专利申请法律状态

共识机制技术专利全球申请量排名前十位的发明人如图 12-2-64 所示。统计结果表明，共识机制技术下全球申请量排名前十位的发明人分别是吉建勋、杨慧、李伟、张开翔、范瑞彬、邱炜伟、吴思进、王志文、李辉忠、邱鸿霖，全部是中国发明人。

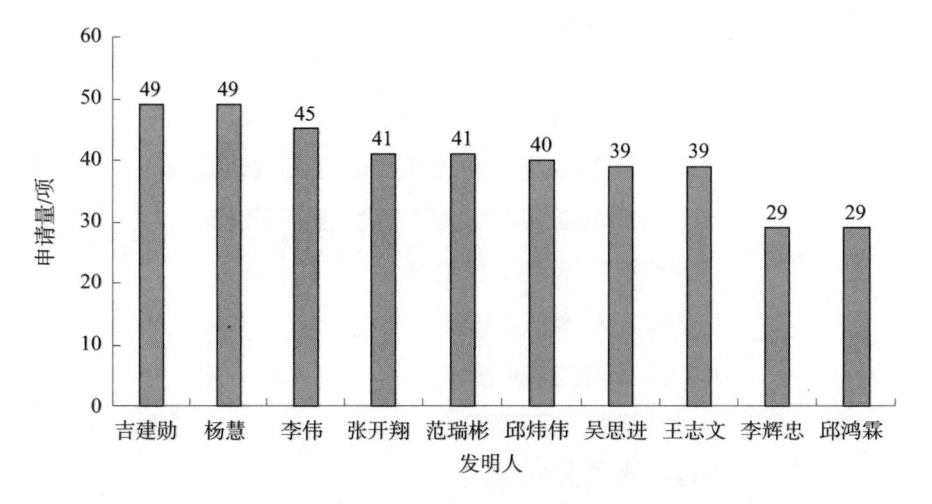

图 12-2-64 共识机制技术专利全球申请量排名前十位的发明人

4. 技术演进趋势

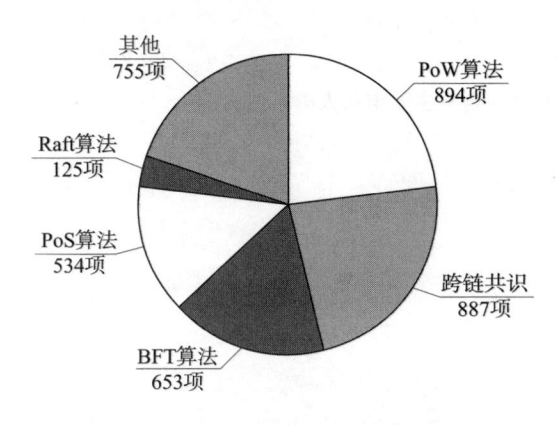

图 12-2-65 共识机制技术专利全球申请主要技术路线分布情况

共识机制技术专利全球申请主要技术路线分布情况如图 12-2-65 所示，可以发现对于 PoW 算法改进的申请数量最多，有 894 项，可见比特币采用的 PoW 算法作为共识机制的鼻祖，有很大的影响力。但是由于其自身缺陷，可以看到关于跨链共识、BFT 算法和 PoS 算法的申请也有一定体量。相对而言，Raft 算法申请量较小，仍处于新兴阶段。此外，还存在大量解决不特定共识机制的申请，共有 755 项。

共识机制技术专利全球申请主要技术路线申请趋势如图 12-2-66 所示，PoW 算法、PoS 算法年申请量在 2018 年分别达到 264 项和 172 项的顶峰，之后呈现稳中有降的趋势。跨链共识技术在经过 2018 年第一波大幅增长后，在 2020 年又有大幅增长，达到 321 项，反映出随着区块链共识机制技术的发展，对于如何在不同区块链之间进行数据交换的需求越来越大，跨链共识技术开始成为区块链共识机制的主要研究路线。与其他四个技术路线的快速增长不同，Raft 算法技术年申请量一直处于 50 项以下，反映出该技术还没有完全成熟，尚未得到市场广泛认可。

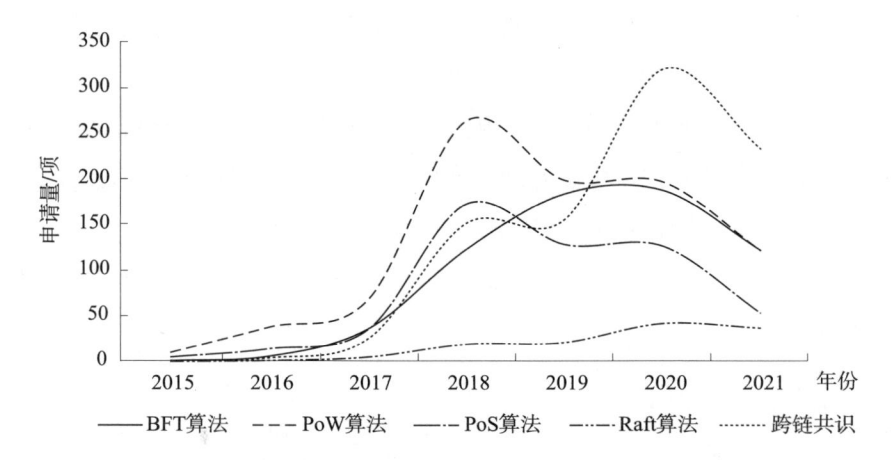

图 12-2-66 共识机制技术专利全球申请主要技术路线申请趋势

12.2.4.2 中国专利现状

1. 专利申请态势

区块链共识机制技术的中国专利申请共 3212 项。共识机制技术专利全球和中国申请趋势如图 12-2-67 所示，区块链共识机制技术在中国的发展于 2015—2017 年基本上保持着与全球技术的同步发展。但在 2018 年中国专利申请的增长速度与全球专利申请相比拉开了一定差距，专利申请量产出相差 200 余项，技术发展速度落后于全球。2020 年和 2021 年数据因为公开滞后不能完全统计。

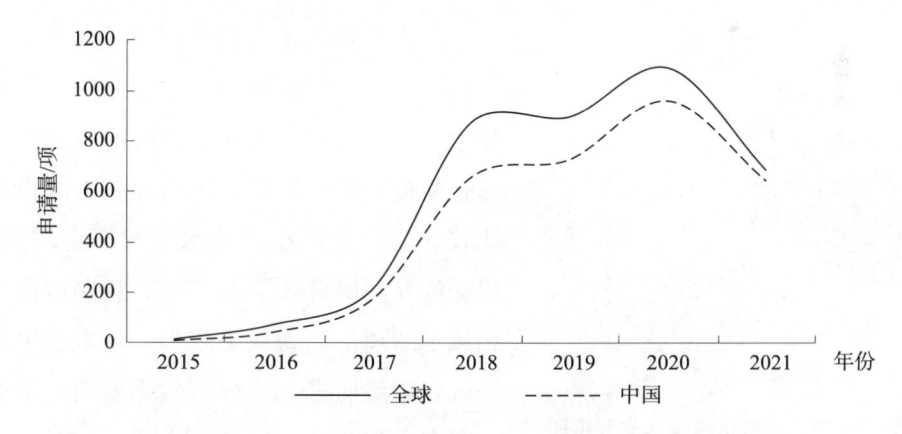

图 12-2-67 共识机制技术专利全球和中国申请趋势

2. 专利保护现状

共识机制技术专利中国申请原创国家或地区占比情况如图 12-2-68 所示，数据表明，该技术领域中国专利申请主要来源于国内创新主体，占 93%，说明国内创新主体是我国区块链共识机制技术创新的源动力。对比图 12-2-60 可知，该技术领域主要技术原创国还有美国和韩国，但是两国进入中国市场的申请较少。

从法律状态来看，共识机制技术在国内也已经形成了一部分有效专利。如图 12-2-69 所示，在 3212 件共识机制技术中国专利申请中，有效专利有 1226 件，占 38.2%，处于失效状态的申请数量较少，仅有 357 件，占 11.1%，另有 1629 件处于在审状态，占 50.7%。对比图 12-2-61 可知，这一比例与该技术领域下全球专利申请的专利有效状态基本相似。

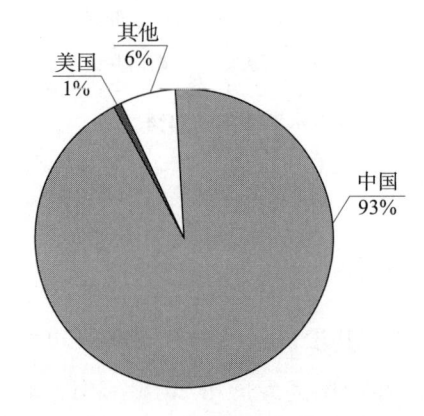

图 12-2-68 共识机制技术专利中国申请原创国家或地区占比情况

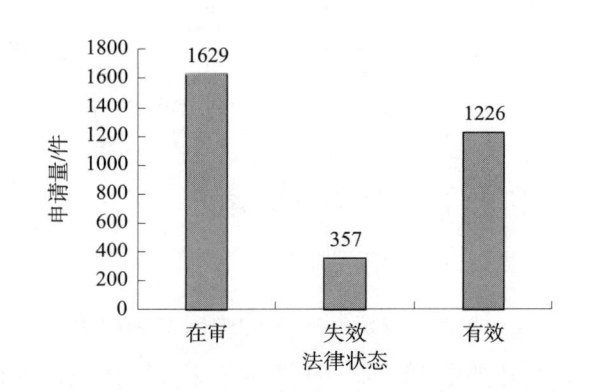

图 12-2-69 共识机制技术专利中国申请法律状态

3. 创新主体分析

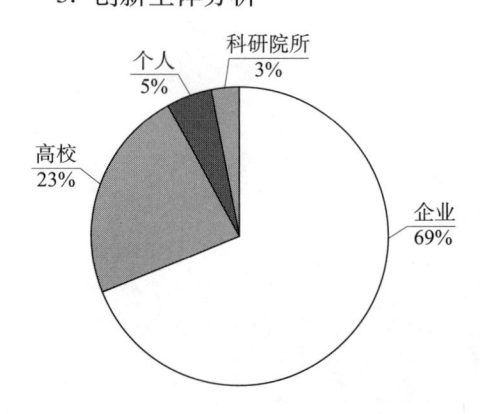

图 12-2-70 共识机制技术专利中国申请人类型分布情况

共识机制技术专利中国申请人类型分布情况如图 12-2-70 所示，企业是国内共识机制技术领域的创新主力军，69% 的中国专利申请由企业提交申请，说明国内该技术的市场需求比较旺盛。高校在该技术领域下也较为活跃，提交的专利申请数量占 23%，说明国内该技术领域下的理论创新成果较多，技术成果转化效果较好。然而进一步分析数据表明，企业和高校联合申请数量仅有 80 件，说明该技术领域下国内产学研结合还不够紧密，企业和高校在该技术领域下的技术合作还可以有更大空间。

从国内创新主体所在的城市分布来看，如图 12-2-71 所示，国内共识机制技术领域的创新主体主要聚集在北京、杭州、深圳、上海四个城市。数据表明，该技术领域国内创新主体来自 97 个城市，其中北京的申请人提交了 696 件申请，杭州的申请人提交了 401 件申请，深圳的申请人提交了 345 件申请，上海的申请人提交了 216 件申请，此外排名前十位的城市还有成都、南京、广州、西安、武汉和济南。申请量前十位的城市申请量累计达 2278 件，占到该领域全部中国申请的七成多，产业聚集效应比较明显。

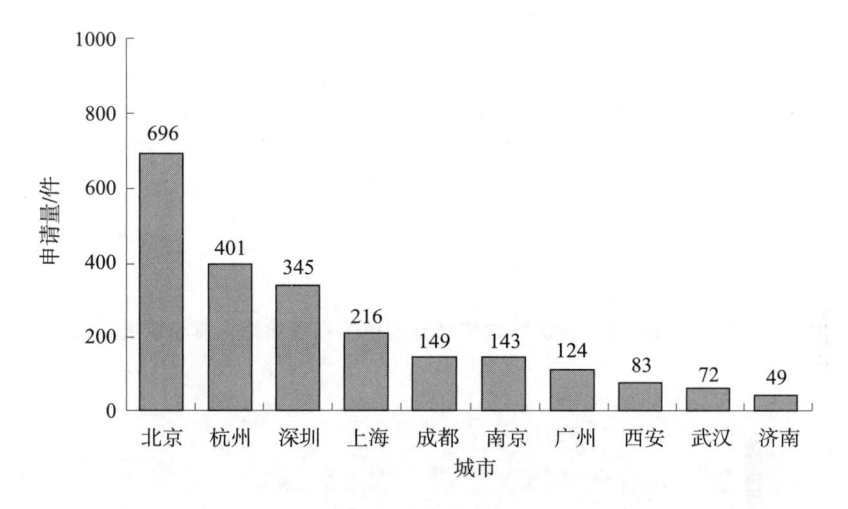

图 12-2-71　共识机制技术专利中国申请人主要城市分布情况

通过对共识机制技术下的中国专利申请的主要申请人进行分析，可以发现该技术领域的申请人非常分散，3212 件中国专利申请掌握在 1100 余家创新主体手中。共识机制技术专利中国主要申请人排名情况如图 12-2-72 所示，排名前十位的申请人主要由区块链公司、金融机构、互联网企业和信息技术企业构成，除了排名靠前的支付宝、阿里巴巴，其他申请人的申请量差距不大。相比于该领域全球排名前十位的申请人，美国的申请人 IBM 公司在该领域下的申请进入中国市场的不多，仅有 7 件。

进一步对中国排名前十位的申请人在共识机制技术下申请的专利的法律状态进行分析，对比图 12-2-73 可知，共识机制技术专利全球申请量排名前十位的申请人中，IBM 公司大部分申请没有进入中国，此外阿里巴巴也有部分申请没有进入中国，而剩下的中国申请人基本上都在中国提交了申请，这导致该技术领域下中国排名前十位的申请人的专利有效状态与全球排名前十位的申请人的专利有效状态相似，在此不再赘述。

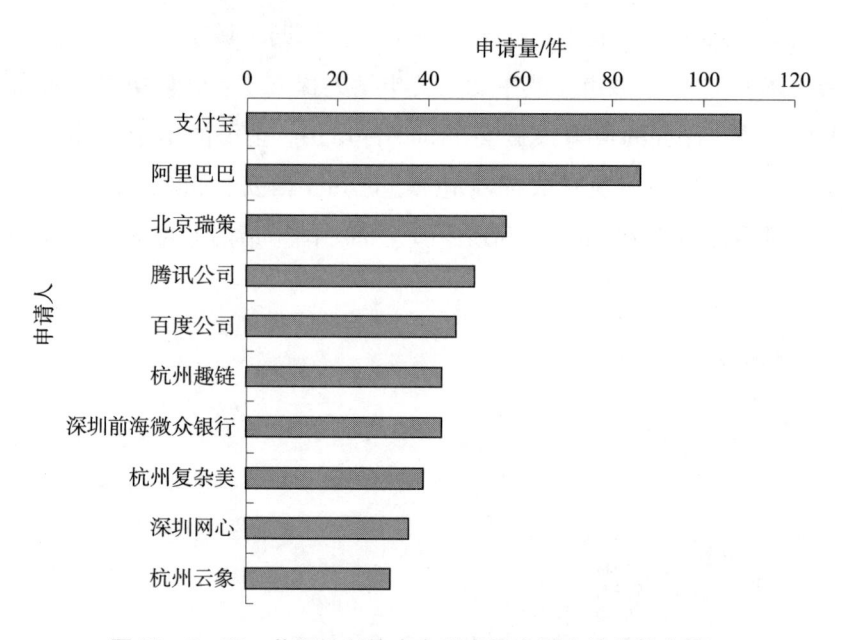

图 12-2-72 共识机制技术专利中国主要申请人排名情况

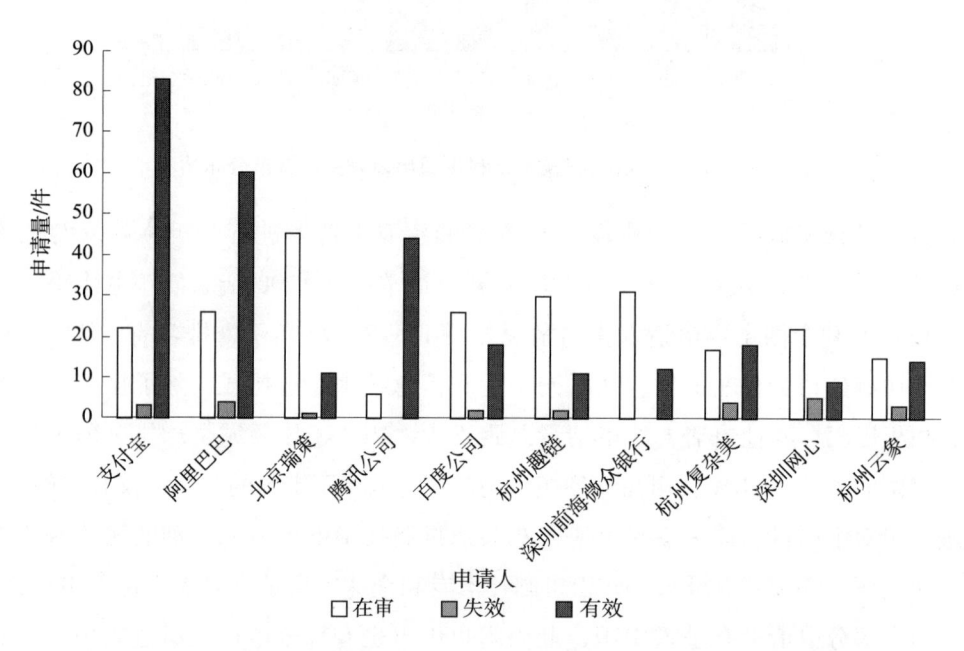

图 12-2-73 共识机制技术中国主要申请人的专利申请法律状态

进一步分析共识机制技术国内主要申请人在研发过程中对不同技术功效的重视程度可知，在十个主要技术功效中，各个创新主体重视的技术功效均不尽相同，反映出共识机制技术不同创新主体对于技术功效有不同的追求。如图 12-2-74 所示，腾讯公司的研发主要针对效率提高；支付宝则是在安全性提高、效率提高、可靠性提高、

158

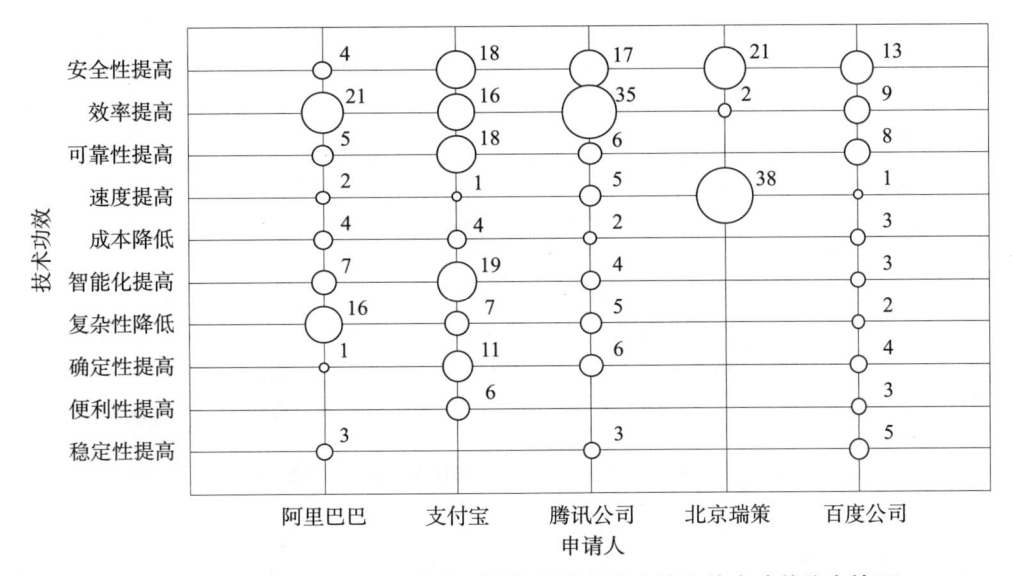

智能化提高上多点发力；北京瑞策则重点关注安全性提高和速度提高。

图 12-2-74　共识机制技术专利中国申请主要申请人技术功效分布情况

注：图中数字表示专利申请量，单位为件。

4. 技术演进趋势

分析中国专利申请在共识机制技术的主要技术路线分布，如图 12-2-75 所示，在 3786 件共识机制技术相关专利申请中，跨链共识技术有 880 件，PoW 算法技术有 869 件，BFT 算法技术有 640 件，PoS 算法技术有 518 件。对比图 12-2-65 可知，中国申请中跨链共识技术占比已经超过 PoW 算法，说明虽然中国在共识机制领域整体技术发展略慢于全球步伐，但是在新兴技术路线的选择上却已经超前。

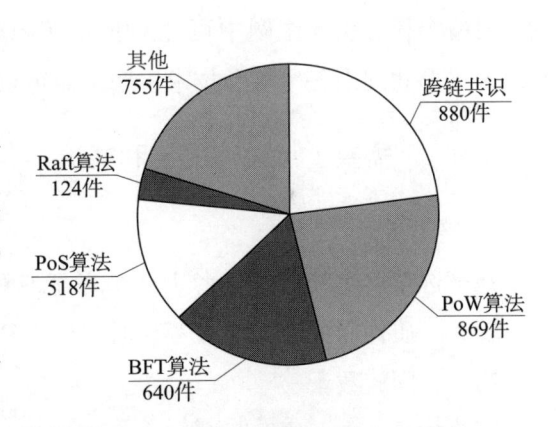

图 12-2-75　共识机制技术专利中国申请主要技术路线分布情况

进一步对共识机制技术中国专利申请的主要技术路线申请趋势分析可知，如图 12-2-76 所示，BFT 算法技术、PoW 算法技术、PoS 算法技术、Raft 算法技术、跨链共识技术的申请趋势与全球申请趋势基本相同，说明在该技术主题下国内各个技术路线的发展情况与全球保持一致。

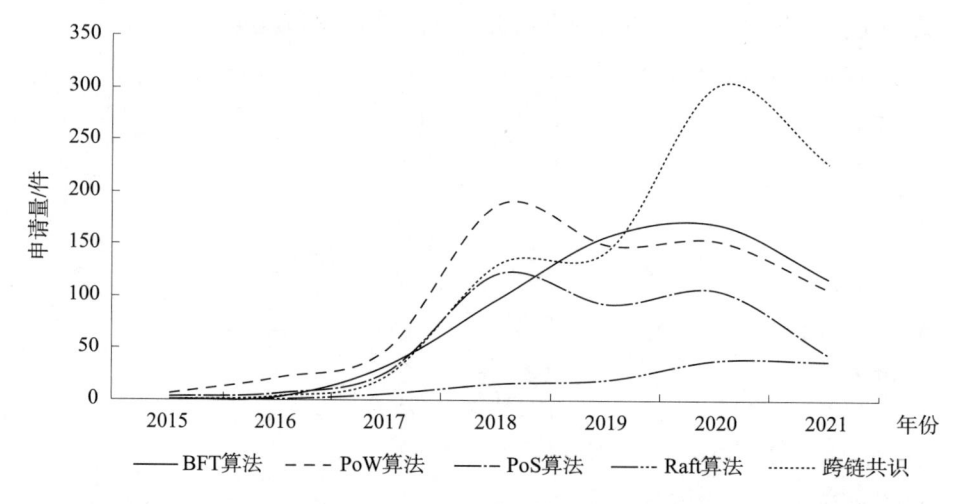

图 12-2-76　共识机制技术专利中国申请主要技术路线申请趋势

12.2.5　需要重点关注的专利技术预警

本节涉及对区块链核心技术主题下有效专利的预警研究。笔者根据专利的重要程度，对每个核心技术主题中可能对技术实施产生影响的需重点关注专利进行了筛选，并以表格形式列出各个核心技术主题下需重点关注专利的遴选结果及专利概况。

12.2.5.1　需要重点关注的专利遴选

1. 遴选指标

在筛选重点专利时，笔者主要参考了专利的同族数量、被引用次数、是否存在许可、转让、质押和诉讼三项参考数据，相关参考数据说明如下。

第一，同族数量。

同族数量是指一项发明在多少个地域进行了专利布局。如果一项发明在多个国家或地区进行专利布局，反映了专利权人对该项发明的市场期许较高，从而也表明该专利较重要。

第二，被引用次数。

被引用次数是指一项专利被其后申请的专利所引用的次数。如果一项发明被引用次数越多，则一定程度上说明该专利对后来的技术发展影响越大。

第三，许可、转让、质押和诉讼。

许可、转让、质押和诉讼均是能够体现专利权价值的法律状态。具体地，专利许可是指被专利权人将其所拥有的专利技术许可他人实施。专利转让是指专利权人将其拥有的专利申请权或专利权转让给他人的一种法律行为。专利的许可和转让情况体现了专利的商业价值。专利质押是对授权专利的财产权作质押,从银行取得一定金额的贷款,并按约定的利率和期限偿还贷款本息,当债务人不履行债务时,债权人有权依法以该专利权折价或拍卖、变卖的价款优先受偿的一种方式。专利诉讼是有关专利纠纷的诉讼,既包括对专利管理部门有关专利权的决定不服而向法院提起的诉讼,也包括因专利侵权纠纷和专利权合同纠纷所引起的诉讼。经过诉讼情况反映出专利的重要性。

对于企业说,其他企业的许可、转让、质押和诉讼专利均具有较大风险,属于需要重点关注的对象,因此,将它们作为重要专利的一项参考数据。

2. 遴选方法

本部分筛选需要重点关注专利的指标及参数选择有以下三个指标。

指标1:同族数量大于其所在核心技术主题下有效专利的平均同族数量的3倍。

指标2:被引用次数大于其所在核心技术主题下有效专利的平均被引用次数的3倍。

指标3:存在许可、转让、质押和诉讼之一。

如果一项专利同时满足指标1和指标2,或者满足指标3,则认定其为该核心技术主题下的需要重点关注专利。同时,为了方便读者了解需重点关注专利在国内市场的保护情况,笔者特意在遴选结果的表格中标注了专利权在中国是否有效的状态。

12.2.5.2 需要重点关注的专利遴选结果及预警

经过筛选去重后,安全机制技术主题下,需重点关注专利78项,如表12-2-1所示,占该主题下全球申请的0.96%;网络架构技术主题下,需重点关注专利23项,如表12-2-2所示,占该主题下全球申请的0.78%;数据结构技术主题下,需重点关注专利80项,如表12-2-3所示,占该主题下全球申请的1.18%;共识机制技术主题下,需重点关注专利43项,如表12-2-4所示,占该主题下全球申请的1.12%。

表12-2-1 安全机制技术需重点关注专利

序号	申请号	申请日	法律事件	是否进入中国	在中国是否有效
1	KR1020160038068	2016年3月30日	无	是	是
2	US14976331	2015年12月21日	转让	是	是

续表

序号	申请号	申请日	法律事件	是否进入中国	在中国是否有效
3	US14950117	2015年11月24日	转让	是	否
4	ES14864642	2014年11月19日	无	是	否
5	US15146881	2016年5月4日	转让	是	否
6	US15211111	2016年7月15日	转让	是	是
7	US16136637	2018年9月20日	转让	否	否
8	US15230422	2016年8月7日	转让	否	否
9	US15392108	2016年12月28日	转让	是	否
10	US15829684	2017年12月1日	转让	是	否
11	US15596932	2017年5月16日	转让	是	是
12	US15864970	2018年1月8日	转让	是	否
13	US15715784	2017年9月26日	转让	是	否
14	US15675470	2017年8月11日	转让	是	是
15	US15846059	2017年12月18日	转让	是	否
16	US15995070	2018年5月31日	转让	否	否
17	US15715432	2017年9月26日	转让	是	是
18	CN201810291308.4	2018年4月3日	转让	是	否
19	EP18805030	2018年5月22日	转让	是	否
20	US14976331	2015年12月21日	转让	是	是
21	GB1815740	2016年3月29日	无	是	是
22	US14978568	2015年12月22日	转让	否	否
23	US16408218	2019年5月9日	转让	是	否
24	JP2017545580	2016年2月26日	转让	是	是
25	US15146881	2016年5月4日	转让	是	是
26	EP17724645	2017年5月12日	无	是	否
27	US16147842	2018年9月30日	转让	否	否
28	US16422641	2019年5月24日	转让	是	是
29	US16191486	2018年11月15日	转让	是	是
30	EP19771466	2019年7月2日	转让	是	否
31	RU2019111875	2018年11月7日	转让	是	否
32	JP2021121509	2021年7月26日	无	是	否

续表

序号	申请号	申请日	法律事件	是否进入中国	在中国是否有效
33	US16373561	2019年4月2日	转让	否	否
34	CA3041200	2018年11月7日	无	是	否
35	CA3041463	2018年11月7日	无	是	否
36	US14976331	2015年12月21日	转让	是	是
37	US15146872	2016年5月4日	转让	是	否
38	CN201680027598.0	2016年4月20日	无	是	是
39	US15392108	2016年12月28日	转让	是	否
40	US15715784	2017年9月26日	转让	是	否
41	US15365783	2016年11月30日	转让	是	是
42	JP2021121509	2021年7月26日	无	是	否
43	US15942604	2018年4月2日	转让	否	否
44	KR1020160038068	2016年3月30日	无	是	是
45	GB1815754	2016年3月29日	无	是	是
46	US14660296	2015年3月17日	转让	否	否
47	US15086801	2016年3月31日	转让；诉讼	否	否
48	US16208853	2018年12月4日	转让	否	否
49	US16527335	2019年7月31日	转让	是	否
50	JP2017007089	2017年1月18日	诉讼	否	否
51	KR1020190113418	2019年9月16日	诉讼	否	否
52	JP2019180994	2019年9月30日	诉讼	是	否
53	JP2018199278	2018年10月23日	转让；诉讼	否	否
54	JP2018199278	2018年10月23日	转让；诉讼	否	否
55	US15592803	2017年5月11日	转让；诉讼	否	否
56	US16233217	2018年12月27日	诉讼	否	否
57	US15086801	2016年3月31日	转让；诉讼	否	否
58	US14686044	2015年4月14日	转让；诉讼	否	否
59	KR1020210150642	2021年11月4日	诉讼	否	否
60	CN201811346466.1	2018年11月13日	许可	是	否
61	CN201811340324.4	2018年11月12日	许可	是	否
62	CN201910712853.0	2019年8月2日	许可	是	否

续表

序号	申请号	申请日	法律事件	是否进入中国	在中国是否有效
63	CN201910516137.5	2019年6月14日	许可	是	否
64	CN201910633129.9	2019年7月15日	许可	是	否
65	CN201910002523.2	2019年1月2日	许可	是	否
66	CN201910365739.5	2019年4月29日	转让；许可	是	否
67	CN201910731019.6	2019年8月8日	许可	是	否
68	CN201910788998.9	2019年8月26日	许可	是	否
69	CN201910755471.6	2019年8月15日	许可	是	否
70	CN201910823192.9	2019年9月2日	许可	是	否
71	CN201910567412.6	2019年6月27日	许可	是	否
72	CN201910002523.2	2019年1月2日	许可	是	否
73	CN201910365739.5	2019年4月29日	转让；许可	是	否
74	CN201810961411.5	2018年8月22日	许可	是	否
75	CN201910002523.2	2019年1月2日	许可	是	否
76	CN201810025631.7	2018年1月11日	许可	是	否
77	CN201810961411.5	2018年8月22日	许可	是	否
78	CN201810025631.7	2018年1月11日	许可	是	否

表12-2-2 网络架构技术需要重点关注的专利

序号	申请号	申请日	法律事件	进入中国	在中国是否有效
1	KR1020197027185	2018年3月21日	无	是	否
2	US16020534	2018年6月27日	转让	否	否
3	US15996057	2018年6月1日	转让	是	否
4	US15670903	2017年8月7日	转让	否	否
5	US15987448	2018年5月23日	转让	否	否
6	US15988427	2018年5月24日	转让	否	否
7	US14809062	2015年7月24日	转让	否	否
8	US12081412	2008年4月15日	无	否	否
9	US15715784	2017年9月26日	转让	是	否
10	US12752778	2010年4月1日	转让	是	是
11	CN201610704730.9	2016年8月22日	许可	是	否

续表

序号	申请号	申请日	法律事件	进入中国	在中国是否有效
12	CN201610703417.3	2016年8月22日	许可	是	否
13	CN202010012440.4	2020年1月7日	许可；质押	是	否
14	CN201910554509.3	2019年6月25日	许可	是	否
15	CN202110596898.3	2021年5月31日	许可	是	否
16	CN202010850694.3	2020年8月21日	质押	是	否
17	CN202011242295.5	2020年11月10日	质押	是	否
18	US16233217	2018年12月27日	诉讼	否	否
19	US16289083	2019年2月28日	诉讼	否	否
20	JP2020103179	2020年6月15日	转让；诉讼	否	否
21	JP2016094676	2016年5月10日	诉讼	否	否
22	US15145460	2016年5月3日	转让；诉讼	否	否
23	IN201811008022	2018年3月5日	诉讼	否	否

表12-2-3 数据结构技术需重点关注专利

序号	申请号	申请日	法律事件	进入中国	在中国是否有效
1	CN201810291256.0	2018年4月3日	转让	是	否
2	US15211111	2016年7月15日	转让	是	是
3	US15988427	2018年5月24日	转让	否	否
4	US14935829	2015年11月9日	转让	否	否
5	US15392108	2016年12月28日	转让	是	否
6	US15715784	2017年9月26日	转让	否	否
7	US15863128	2018年1月5日	转让	否	否
8	CN201710116539.7	2017年2月28日	转让	是	否
9	US16721542	2019年12月19日	转让	是	否
10	CN201710197538.X	2017年3月29日	转让	是	否
11	CN201710379983.8	2017年5月25日	转让	是	否
12	US15211111	2016年7月15日	转让	是	是
13	CN201611050311.4	2016年11月24日	转让	是	否
14	US15284103	2016年10月3日	转让	是	是
15	US15670903	2017年8月7日	转让	否	否

续表

序号	申请号	申请日	法律事件	进入中国	在中国是否有效
16	US15708837	2017年9月19日	转让	是	否
17	US15864970	2018年1月8日	转让	是	否
18	US15147838	2016年5月5日	转让	是	否
19	US14809062	2015年7月24日	转让	否	否
20	US12752778	2010年4月1日	转让	是	是
21	KR1020050019076	2005年3月8日	无	是	是
22	US16373561	2019年4月2日	转让	否	否
23	CN201810162067.3	2018年2月27日	转让	否	否
24	US15675519	2017年8月11日	转让	是	是
25	US16020534	2018年6月27日	转让	否	否
26	US16374346	2019年4月3日	转让	否	否
27	CN201710379983.8	2017年5月25日	转让	是	否
28	US15284103	2016年10月3日	转让	是	是
29	US15086801	2016年3月31日	转让；诉讼	是	否
30	US15418407	2017年1月27日	转让	否	否
31	US15996057	2018年6月1日	转让	是	否
32	US15283993	2016年10月3日	转让	是	是
33	US16723543	2019年12月20日	转让	是	是
34	US15963609	2018年4月26日	转让	是	是
35	CN201810290446.0	2018年4月3日	转让	是	否
36	US15857334	2017年12月28日	转让	是	否
37	US16150491	2018年10月3日	转让	否	否
38	US15423668	2017年2月3日	转让	否	否
39	KR1020197010667	2018年3月6日	无	是	否
40	CN201811346466.1	2018年11月13日	许可	是	否
41	CN201910365739.5	2019年4月29日	转让；许可	是	否
42	CN201710954245.1	2017年10月13日	许可	是	否
43	CN201510831561.0	2015年11月25日	转让；许可	是	否
44	CN201610118469.4	2016年3月2日	许可	是	否
45	CN201910680861.1	2019年7月26日	许可	是	否

续表

序号	申请号	申请日	法律事件	进入中国	在中国是否有效
46	CN201911083319.4	2019年11月7日	许可	是	否
47	CN201810387096.X	2018年4月26日	许可	是	否
48	CN201710101416.6	2017年2月23日	转让；许可	是	否
49	CN201910860632.8	2019年9月11日	许可	是	否
50	CN201710954245.1	2017年10月13日	许可	是	否
51	CN201510831561.0	2015年11月25日	转让；许可	是	否
52	CN201610565799.8	2016年7月18日	许可	是	否
53	CN201610704730.9	2016年8月22日	许可	是	否
54	CN201610118469.4	2016年3月2日	许可	是	否
55	CN201610114879.1	2016年3月1日	许可	是	否
56	CN201510831561.0	2015年11月25日	转让；许可	是	否
57	CN201711476499.3	2017年12月29日	许可	是	否
58	CN202110065638.3	2021年1月19日	许可	是	否
59	CN201810326878.2	2018年4月12日	质押	是	否
60	CN202110715701.3	2021年6月28日	质押	是	否
61	CN202110683331.X	2021年6月21日	质押	是	否
62	CN202110683092.8	2021年6月21日	质押	是	否
63	CN202110616602.X	2021年6月2日	质押	是	否
64	CN202110596580.5	2021年5月31日	质押	是	否
65	CN202110560465.2	2021年5月21日	质押	是	否
66	CN202110437508.8	2021年4月22日	质押	是	否
67	CN202011087094.2	2020年10月13日	质押	是	否
68	CN201711024704.2	2017年10月27日	质押	是	否
69	CN202010960600.8	2020年9月14日	质押	是	否
70	CN201810584375.5	2018年6月8日	质押	是	否
71	CN202110005122.X	2021年1月5日	质押	是	否
72	CN202011213037.4	2020年11月4日	质押	是	否
73	US15281236	2016年9月30日	转让；诉讼	否	否
74	KR1020190113418	2019年9月16日	诉讼	否	否
75	IN201811008022	2018年3月5日	诉讼	否	否

续表

序号	申请号	申请日	法律事件	进入中国	在中国是否有效
76	IN201811013165	2018年4月6日	诉讼	否	否
77	IN201811008022	2018年3月5日	诉讼	否	否
78	US17195732	2021年3月9日	转让；诉讼	否	否
79	US15551949	2016年2月23日	转让；诉讼	否	否
80	US16105138	2018年8月20日	转让；诉讼	否	否

表12-2-4 共识机制技术需重点关注专利

序号	申请号	申请日	法律事件	是否进入中国	在中国是否有效
1	US16722356	2019年12月20	转让	是	否
2	US16034689	2018年7月13日	无	是	否
3	US15626054	2017年6月16日	转让	否	否
4	US14997113	2016年1月15日	转让	是	是
5	US15863128	2018年1月5日	转让	否	否
6	US15086801	2016年3月31日	转让；诉讼	是	否
7	US14809062	2015年7月24日	转让	否	否
8	US15863128	2018年1月5日	转让	否	否
9	US15988427	2018年5月24日	转让	否	否
10	CN201810291256.0	2018年4月3日	转让	是	否
11	CN201810162067.3	2018年2月27日	转让	是	否
12	CN201810290446.0	2018年4月3日	转让	是	否
13	CN201710405191.3	2017年5月31日	转让	是	否
14	CN201710142252.1	2017年3月10日	转让	是	否
15	CN201710197538.X	2017年3月29日	转让	是	否
16	CN201710181068.8	2017年3月24日	转让	是	否
17	US16042897	2018年7月23日	转让	是	否
18	CN201710292517.6	2017年4月28日	转让	是	否
19	CN201710573527.7	2017年7月14日	转让	是	否
20	US15900647	2018年2月20日	转让	是	否
21	US15292783	2016年10月13日	转让	是	否
22	CN201510831561.0	2015年11月25日	转让；许可	是	否

续表

序号	申请号	申请日	法律事件	是否进入中国	在中国是否有效
23	CN201510959207.6	2015年12月18日	转让；许可	是	否
24	CN201510859724.6	2015年11月30日	转让；许可	是	否
25	CN201510831561.0	2015年11月25日	转让；许可	是	否
26	CN201510959207.6	2015年12月18日	转让；许可	是	否
27	CN202110065638.3	2021年1月19日	许可	是	否
28	CN201910860632.8	2019年9月11日	许可	是	否
29	CN201710954245.1	2017年10月13日	许可	是	否
30	CN201810091905.2	2018年1月30日	许可	是	否
31	CN201910278978.7	2019年4月9日	许可	是	否
32	CN201811440414.0	2018年11月29日	许可	是	否
33	CN201810251491.5	2018年3月26日	许可	是	否
34	CN201910242254.7	2019年3月28日	许可	是	否
35	CN202110616602.X	2021年6月2日	质押	是	否
36	CN202110596580.5	2021年5月31日	质押	是	否
37	CN202010119711.6	2020年2月26日	转让；质押	是	否
38	CN202011213037.4	2020年11月4日	质押	是	否
39	CN202010119711.6	2020年2月26日	转让；质押	是	否
40	CN201710737728.6	2017年8月24日	质押	是	否
41	US15284684	2016年10月4日	转让；诉讼	否	否
42	IN201811008022	2018年3月5日	诉讼	否	否
43	BR112019008160	2018年11月7日	诉讼	是	否

12.3 区块链应用领域的专利分析

12.3.1 区块链+金融专利分析

本节以截至2021年12月31日前已公开的专利申请数据为统计样本，分别从全球申请概况和中国申请概况两个范畴，考虑申请量变化趋势、原创区域分布、申请人排名、法律状态及专利运营情况等维度分析了区块链技术在金融领域中的国内外申请态势。

12.3.1.1 专利申请趋势

区块链+金融专利全球和中国申请趋势如图12-3-1所示。从全球专利申请量可以看出，区块链+金融应用场景的全球申请量可以分为三个典型时期：2014—2016年是上升期，2017—2018年是飞速发展期，2019年至今是平稳期。而中国发展起步略晚，但发展趋势基本与全球申请量的发展趋势基本一致。

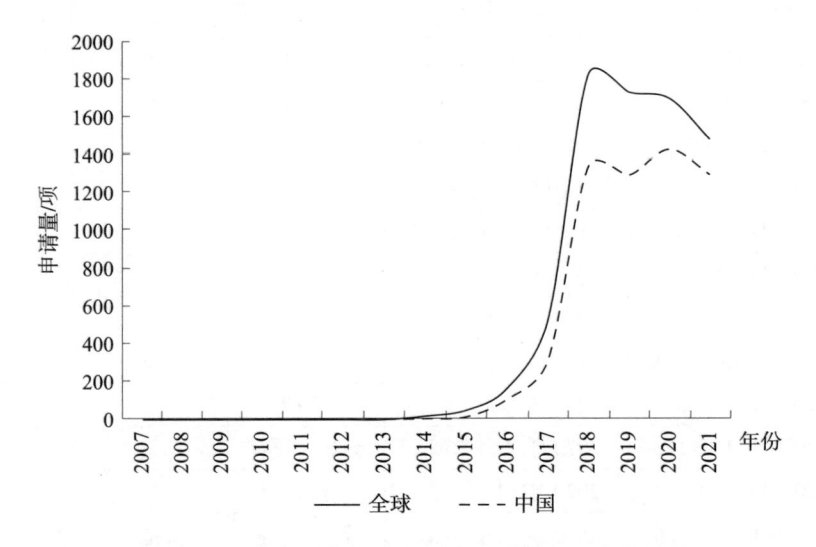

图12-3-1 区块链+金融专利全球和中国申请趋势

2009年比特币问世即获得全世界的关注，区块链技术也随之诞生。但在区块链1.0时代，区块链技术的发展仍局限于比特币等加密数字货币的技术支持，没有引发更多的研发投入热情。区块链2.0时代的到来以及区块链智能合约的出现，拓宽了区块链技术在金融领域的应用范畴，也在世界范围内引发了相关技术研发的热潮，很多公司和机构开始加入区块链金融应用的研发投入。从申请量趋势中可以看出，2014年区块链在金融领域的相关申请量开始增长，进入相关技术的研发上升期。

随着区块链3.0时代的到来，区块链技术更趋成熟，并且应用领域大幅拓宽，向实体经济等其他领域迈进，引发全球对区块链+应用落地的研发热潮。作为区块链技术应用最为适合的金融领域，也迎来了技术研发的爆发期。在2017年和2018年区块链+金融应用全球专利申请量出现了一个很大的飞跃，相比前一年，2017年和2018年的增长幅度均达到200%以上，属于相关技术的专利申请爆发期。

从2019年以后，区块链在金融领域的应用研发呈现一个平稳发展态势，这与区块链技术在金融领域中应用技术相对趋于成熟、研发团队和研发力量的投入相对固定有关。该阶段属于相关技术的平稳发展期。

12.3.1.2 专利分布及创新主体分析

从专利技术原创国家或地区的申请分布看,区块链+金融专利申请中,来自中国申请人的申请量占比达到75%,位列区块链+金融专利申请原创国家或地区排名的首位,这与中国不断出台对区块链的扶持政策相关,特别是2018年将区块链技术上升到国家战略地位,激发了国内创新主体的研发热情。国内创新主体纷纷增加区块链+应用技术的研发投入,中国也成为在全球区块链的最大技术来源地。金融作为区块链技术的最初也是最多的应用场景,区块链+金融应用技术的研发也属于区块链技术应用场景落地的重要方面。此外,随着中国的金融经济发展日趋重要和完善,金融领域对于技术革新的需求也越来越大,区块链技术在金融领域中起到的作用也越来越获得业界的认可和重视,这也就刺激了创新主体越来越多地关注该应用领域的技术创新,进而投入更多的研发力量,促使国内在区块链+金融应用领域的技术创新能力逐步增强。美国和韩国的原创申请数量次之,分别为9%和8%。区块链+金融专利全球申请的原创国家或地区占比情况如图12-3-2所示。

区块链+金融专利全球申请主要目标市场占比情况如图12-3-3所示。在区块链+金融应用市场中,我国占据全球约2/3的市场份额,位居首位。美国和韩国为全球第二大和第三大应用市场,分别占据了14%和8%的全球市场份额。随着近年来我国不断出台对于区块链技术的利好政策,区块链技术的研发与应用在国内不断掀起了热潮,进一步带动我国区块链技术应用落地的市场发展,吸引了国内外企业的资金注入。我国在区块链+金融应用方面的产品需求和广阔市场也推动了国内创新主体的研发热情,形成正向循环,使得相关领域具有较好的发展前景。

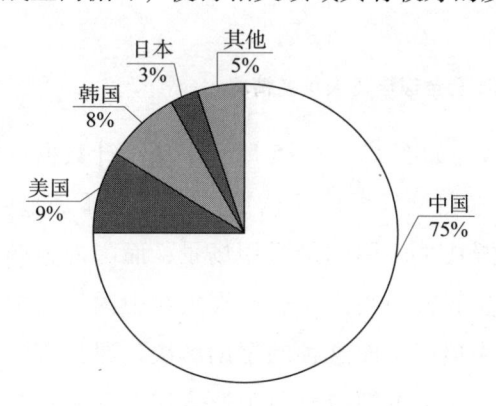

图12-3-2 区块链+金融专利全球申请的原创国家或地区占比情况

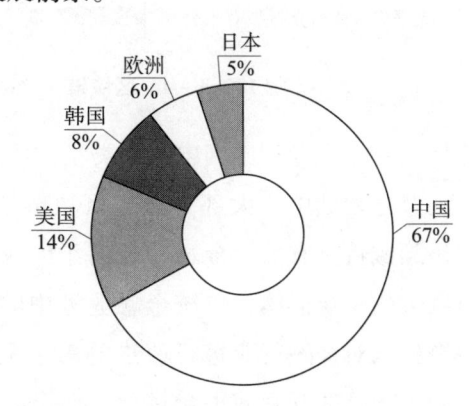

图12-3-3 区块链+金融专利全球申请主要目标市场占比情况

区块链+金融专利全球申请人排名情况如图12-3-4所示。从全球主要申请人排名可以看出，提交专利申请量最多的申请人大部分来自国内，反映了我国创新主体对区块链技术的关注度更高，研发投入更多，同时反映了相关领域中技术研发团队对技术进行专利保护的意识逐渐增强。在具体申请人排名中，中国银行、阿里巴巴、支付宝位列前三。其中，中国银行作为国内首屈一指的龙头银行，在金融领域具有重要地位，通过其在区块链上的专利申请量可以看出中国银行对区块链技术在金融业中应用的重视程度和技术研发投入力度。阿里巴巴和支付宝既是合作关系也是附属关系，特别是支付宝致力于互联网金融业务，拥有很强的研发能力，近年来投入较大的研发力量在区块链+金融的技术应用上，其研发及专利申请的积累也为支付宝在未来市场中将占有一定优势打下良好的基础。

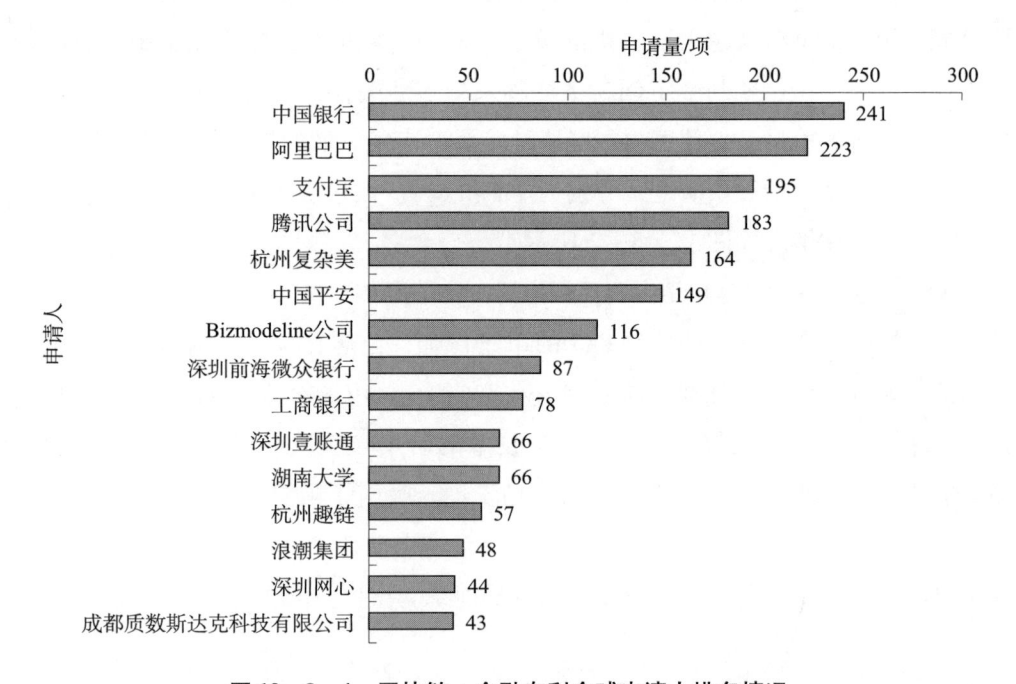

申请人	申请量/项
中国银行	241
阿里巴巴	223
支付宝	195
腾讯公司	183
杭州复杂美	164
中国平安	149
Bizmodeline公司	116
深圳前海微众银行	87
工商银行	78
深圳壹账通	66
湖南大学	66
杭州趣链	57
浪潮集团	48
深圳网心	44
成都质数斯达克科技有限公司	43

图12-3-4 区块链+金融专利全球申请人排名情况

区块链+金融专利中国申请人类型占比情况如图12-3-5所示。从统计数据可以看出，在金融领域中，大部分通过区块链技术在该领域应用研究的创新主体是企业，这也跟该领域特点有关。金融行业属于区块链技术应用的最适用场景，而国内金融市场拥有巨大的受众群体，传统金融业务中的弊病较为突出，这也导致在中国市场中采用区块链技术对金融行业进行改进的需求更为迫切。而这种问题的解决，通常需要企业负责相关产品的开发或平台搭建，而金融机构也更倾向于与企业合作对现有系统进行改造，进而形成了该领域中应用区块链技术的申请人多数为企业的趋势。区块链在金融领域中的专利申请人类型分布也与专利申请人的排名情况一致，在全球和国内的重要专利申请人中，排名靠前的专利申请人也大多数是企业，从之前分析的全球主要申请人排名前15位的主要申请人概况可以看出，企业类申请人有12位，占比超过80%。国内知名的区块链研发企业包括：阿里巴巴、支付宝、腾讯公司等。在企业之外，申请区块链+金融相关专利较多的是高校，这也与国内高校近年来更为重视区块链技术的研究且与企业的联合研发机会逐渐增多有关。

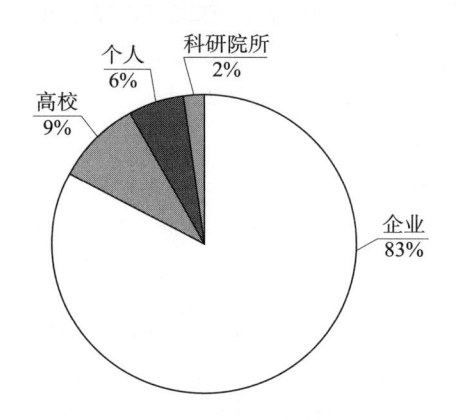

图 12-3-5　区块链+金融专利中国申请人类型占比情况

从国内城市的专利申请量分布来看，北京、深圳、杭州和上海拥有更多的区块链在金融领域应用的研发力量。区块链+金融专利国内申请城市排名情况如图12-3-6所示，可以看出，北京的研发力量投入最大，位居申请量排名首位，这也与北京拥有的区块链相关技术研发单位/企业数量较多相关。其中，位于北京的知名区块链技术研发企业/单位包括：布比（北京）网络技术有限公司、中链科技有限公司、北京云知科技有限公司、中国银行等。深圳和杭州也汇聚了众多高新企业，其中着力于研发区块链技术的企业很多，例如腾讯公司、深圳网心、支付宝、杭州复杂美、杭州趣链等，造就了上述地区具有较高的专利申请能力。同时，进行区块链+金融应用技术研发的相关企业在上述城市中也存在较大的竞争压力。

区块链+金融专利全球发明人排名情况如图12-3-7所示。可以看出，全球重要发明人排名中，国内发明人比国外发明人占比略多一些，但从前五位的重要发明人占比来看，其中仅有一位是韩国发明人，其余均为国内发明人，可见国内重要研发人员数量更多一些。位列前五的重要发明人分别是吴思进、Kim Jae Hyung、马登极、吉建勋和朱江波。其中，吴思进、马登极作为发明人的专利申请的申请人为杭州复杂美，Kim Jae Hyung作为发明人的专利申请的申请人为韩国的Bizmodeline公司，吉建勋作为发明人的专利申请的申请人为北京瑞策，朱江波作为发明人的专利申请的申请人为中国银行。从发明人隶属的企业或单位可以看出，区块链技术在金融领域应用专利的重要发明人均来源于该领域的专利重要申请人，相关企业或单位的科研力量较强，对人才培养也更为重视，逐渐积累了更多的科研人才，占据相关技术的科研高地。

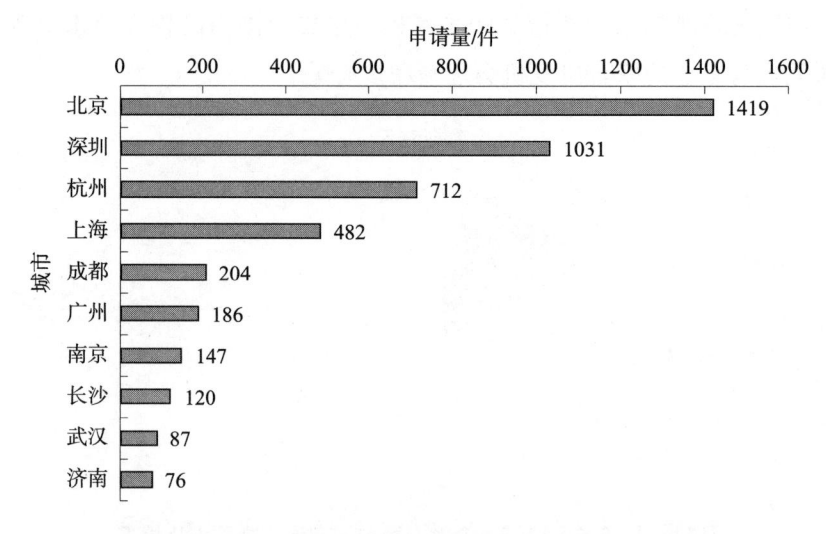

图 12-3-6 区块链+金融专利国内申请城市排名情况

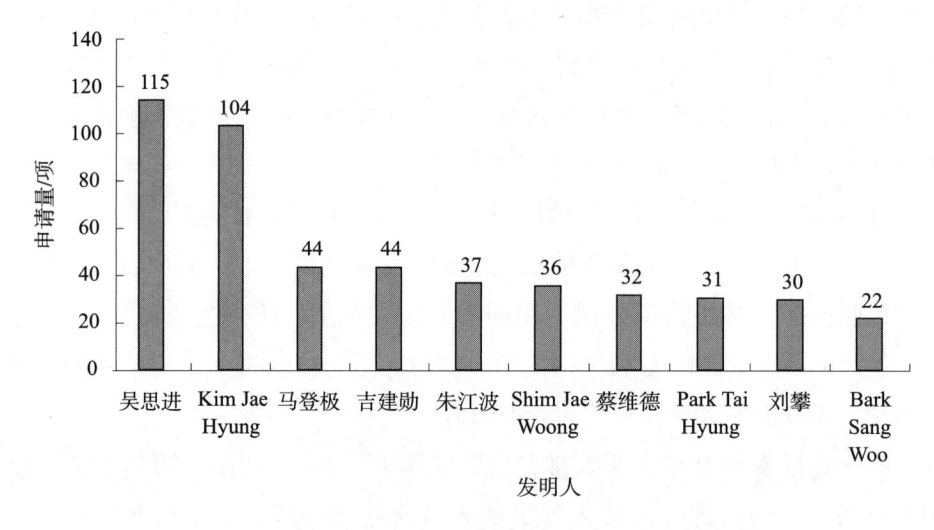

城市	申请量/件
北京	1419
深圳	1031
杭州	712
上海	482
成都	204
广州	186
南京	147
长沙	120
武汉	87
济南	76

图 12-3-7 区块链+金融专利全球发明人排名情况

发明人	申请量/项
吴思进	115
Kim Jae Hyung	104
马登极	44
吉建勋	44
朱江波	37
Shim Jae Woong	36
蔡维德	32
Park Tai Hyung	31
刘攀	30
Bark Sang Woo	22

12.3.1.3 法律状态及专利运营情况

区块链+金融专利全球申请类型占比情况如图 12-3-8 所示。其中，发明专利 7365 项，占比 98.5%；实用新型专利 109 项，占比 1.5%。在区块链+金融领域中，发明专利占据绝对优势,这与金融领域的特点有关,因为区块链技术在金融领域中应用多与金融行为本身相关联,对应的研发成果也多以方法类呈现,所以区块链技术在金融领域中的应用创新成果基本上都是以发明专利申请的形式予以保护的。此外,区块链+金融应用场景下的专利类型分布,也说明了申请人对相关技术的重视,并且大部分是通过保护期限为20年的发明专利来加以保护。

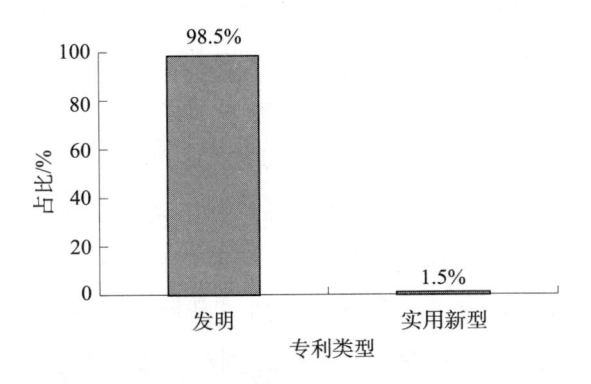

图 12-3-8 区块链+金融专利全球申请类型占比情况

区块链+金融专利全球申请法律状态如图 12-3-9 所示。可以看出,授权有效专利 1520 项,占比为 20.3%;失效专利 1027 项,占比为 13.7%;在审专利申请 4927 项,占比 66%。在审专利申请占比最高,其超过整体申请量的一半。结合图 12-3-1 来看,区块链在金融领域中的应用最早,但真正的快速发展出现在 2017—2018 年,特别是 2018 年的专利量呈现爆发态势,因此,大部分专利申请的申请时间较晚,进而导致大量的专利申请尚处于在审状态。

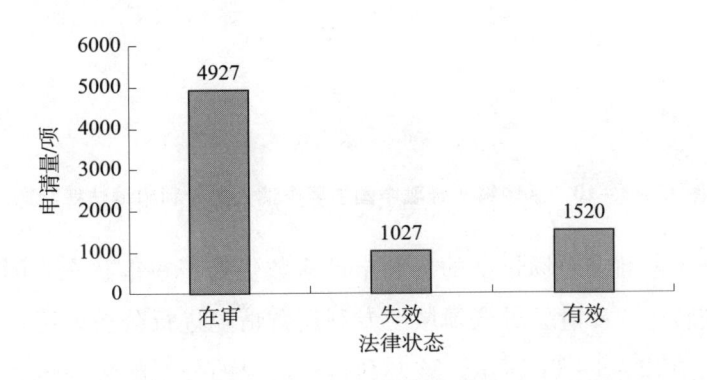

图 12-3-9 区块链+金融专利全球申请法律状态

中国主要申请人在区块链+金融应用场景中的专利申请的法律状态如图 12-3-10 所示。可以看出,中国银行、中国平安、工商银行等金融机构提交的专利申请中,处于在审状态的占所有专利申请的90%以上，体现出上述金融机构在近几年开始关注区块链技术在金融行业中的重要性，开始投入大量的研发力量，同时将研发成果转化为专利申请进行保护。相比较而言，企业创新主体的布局更早一些，从法律状态可以看出，阿里巴巴的授权有效的专利数量为100余件，在审专利数量为90余件，失效专利申请较少，授权有效的专利申请占所有专利申请的一半左右。与阿里巴巴关联紧密的支付宝的授权有效专利申请量占比也接近50%，失效专利申请较少。阿里巴巴和支付宝较早地挖掘了区块链技术在金融应用中的落地研究热点，并提早进行了专利布局，在其他公司的大部分专利申请处于在审状态时就率先获得了授权专利，使其在未来可能出现的商业竞争中占据一定的优势。腾讯公司和杭州复杂美紧随其后，也拥有较多的授权有效的专利。湖南大学的专利申请则全为在审状态。综上所述，在区块链+金融应用场景下，企业更早开始了相关专利的布局，其后传统金融机构也发现区块链技术在金融行业中的优势及商机，开始逐步涉足区块链技术在金融行业中的应用研发，并投入大量研发力量，与此同时，高校也开始关注区块链+金融的研究。

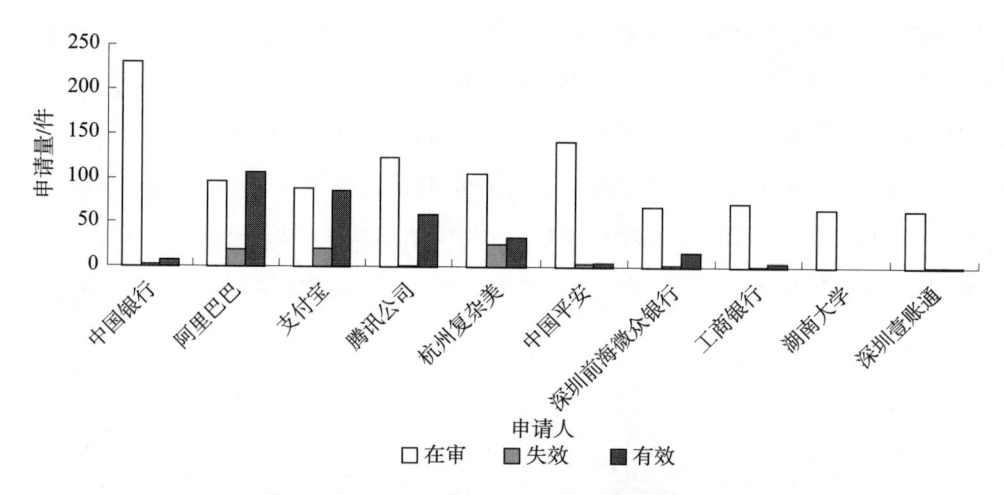

图12-3-10　区块链+金融中国主要申请人的专利申请法律状态

由于区块链+金融应用场景下的专利申请多数仍处于在审状态，因此，可以通过相关领域的专利转让统计情况对该领域的专利运营情况进行分析。区块链+金融专利全球转让趋势如图12-3-11所示。该专利转让情况的分布趋势与该领域中专利申请量的变化趋势基本趋同，也是在2017—2018年呈现明显增长的态势，其中2018年达到专利转让量的峰值。这说明2017—2018年在区块链技术应用中，金融行业的技术应用受到了业界的高度关注，除了有大量的创新主体参与其中，还有很多企业也对区块链+

金融的应用市场跃跃欲试，专利运营处于非常活跃的状态。在 2020 年之后，受整个金融市场低迷的影响，专利运营活跃度大幅下降。

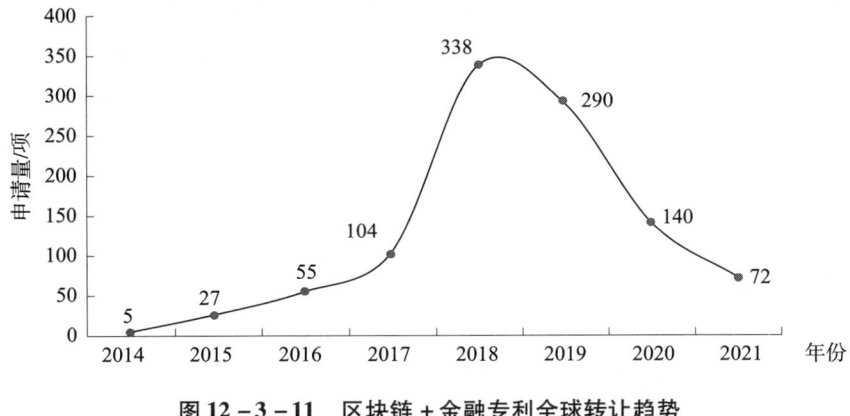

图 12-3-11　区块链 + 金融专利全球转让趋势

区块链 + 金融专利全球转让人排名情况如图 12-3-12 所示，区块链 + 金融专利全球受让人排名情况如图 12-3-13 所示。大量专利转让和受让活动发生在阿里巴巴与先进创新技术有限公司、创新先进技术有限公司之间。先进创新技术有限公司和创新先进技术有限公司均属于蚂蚁集团的子公司 Alipay Innovation Pte. Ltd 的子公司，其注册地址均为开曼群岛。阿里巴巴通过隶属于蚂蚁集团的先进创新技术有限公司和创新先进技术有限公司向蚂蚁集团转让了大量专利。除此之外，在专利转让方面，排名靠前的专利转让人也多数为国内申请人，体现了国内研发单位对区块链 + 金融应用场景相关技术的研究热情较高，且研究成果在业界获得认可度较好，技术转化程度较高。深圳网心和中链科技有限公司分别为专利转让人排名的第三位和第四位。深圳网心是位于深圳的致力于全球共享计算和区块链领域的技术研发企业，主营内容包括云计算网络，并在共享计算的基础上，研发超级区块链平台以提升区块链技术的性能水准。中链科技有限公司是坐落在北京的专注于区块链基础设施研发及行业应用的企业。从专利转让的数量中可以看出，上述两家企业的研究成果的市场转化率较高，获得了业界的认可。

如图 12-3-13 所示，与专利转让人的排名情况不同，专利受让人排名前十位的国内申请人和国外申请人的数量各占一半，反映了区块链 + 金融应用场景下的专利技术转化情况在全球市场中均备受关注，国内外企业对区块链 + 金融应用场景下的高质量专利技术研究的热情较高，相应技术的市场应用前景较好。

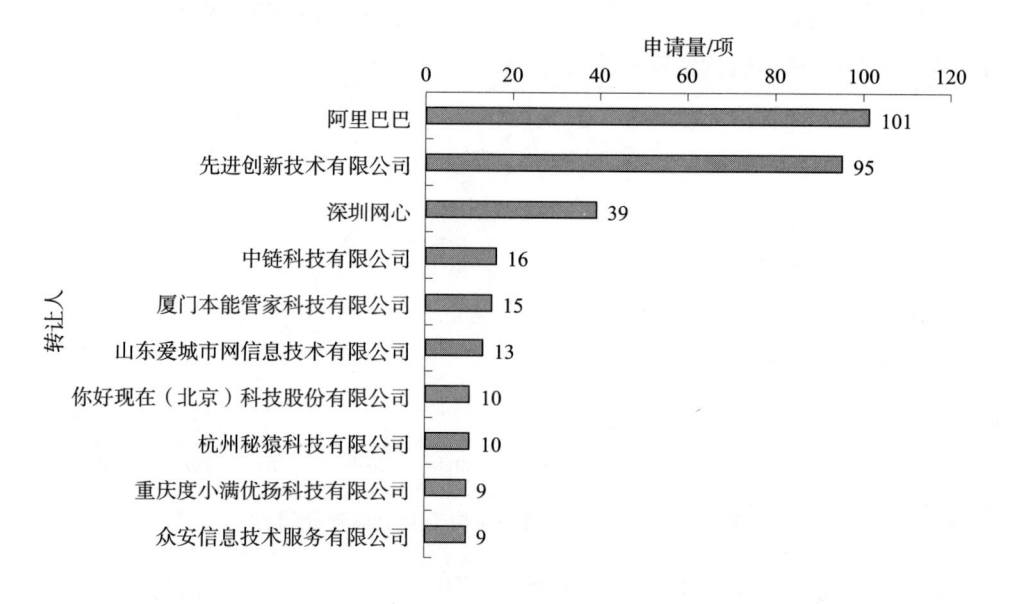

图 12-3-12　区块链+金融专利全球转让人排名情况

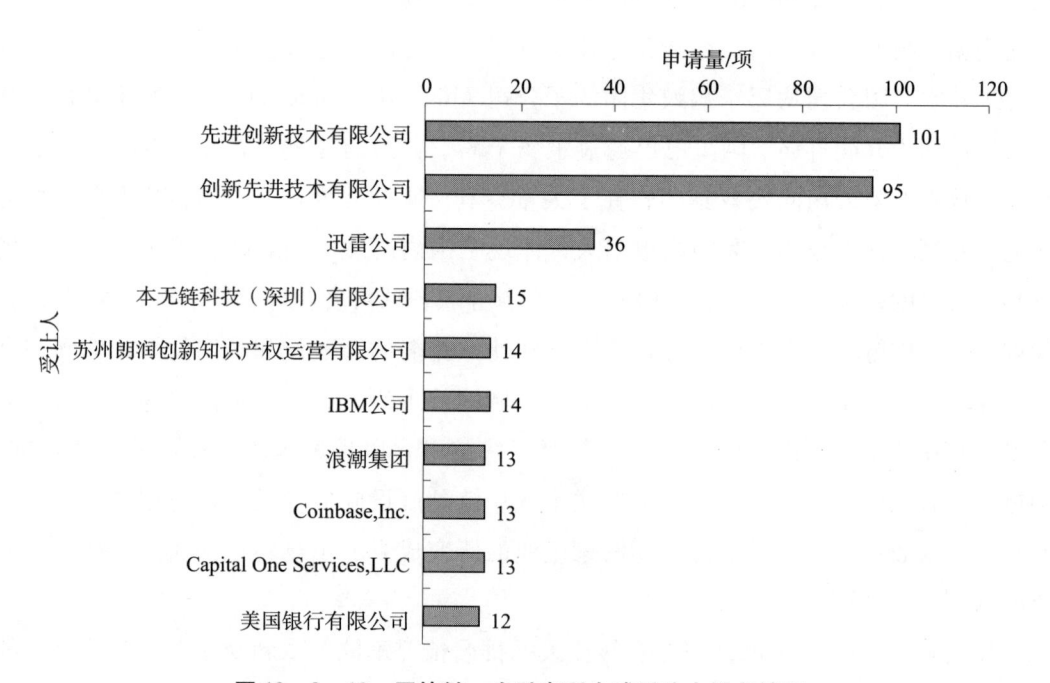

图 12-3-13　区块链+金融专利全球受让人排名情况

12.3.1.4　业务分支及国民经济行业分析

本小节将从区块链+金融专利在金融业务分支和国民经济行业两个方面的分布情况进行统计分析。

根据区块链+金融专利的金融相关IPC分类号的统计数据来分析该应用场景下专利在金融业务分支的分布情况。区块链+金融专利的IPC分类技术占比情况如图12-3-14所示。其中涉及的主要金融业务分支包括：G06Q 40/04，其释义为交易，例如股票、商品、金融衍生工具或货币兑换，以该分类号为主分类的专利量占比为31%；G06Q 20/38，其释义为支付协议，以该分类号为主分类的专利量占比为18%；G06Q 20/06，其释义为专用支付电路，例如涉及仅在通用支付方案的参与者中使用的电子货币，以该分类号为主分类的专利量占比为12%；G06Q 40/02，其释义为银行业，例如利息计算、信贷审批、抵押、家庭银行或网上银行，以该分类号为主分类的专利量占比为9%；G06Q 20/40，其释义为授权，例如支付人或收款人识别、审核客户或商店证书，支付人的审核和批准，信用额度或拒绝清单的检查，以该分类号为主分类的专利量占比为5%；G06Q 20/36，其释义为使用电子钱包或者电子货币保险柜，以该分类号为主分类的专利量占比为5%；G06Q 40/08，其释义为保险，例如风险分析或养老金，以该分类号为主分类的专利量占比为4%；G06Q 40/00，其释义为金融、保险、税务策略、公司或所得税的处理，以该分类号为主分类的专利量占比为4%；G06Q 40/06，其释义为投资，例如金融工具、资产组合管理或者基金管理，以该分类号为主分类的专利量占比为3%；G06Q 20/10，其释义为专门适用于电子资金转账系统、家庭银行系统的行政、管理，以该分类号为主分类的专利量占比为2%；G06Q 20/32，其释义为以无线设备的使用为特征的行政、管理，以该分类号为主分类的专利量占比为2%。

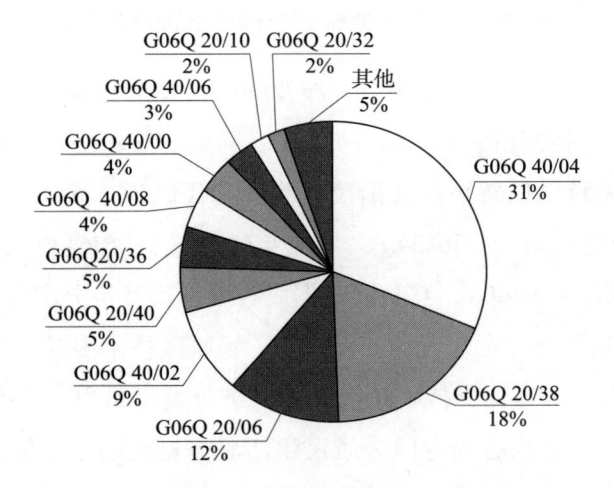

图12-3-14 区块链+金融专利的IPC分类技术占比情况

从上述区块链+金融应用场景下专利的金融业务分支占比情况统计数据可以看出，

区块链技术在金融交易业务分支中的应用最多,占比超过1/3。其次是支付和电子货币业务分支,两项加起来占比也接近1/3。区块链应用较多的金融业务还有融资业务分支,包括以信贷抵押为主的银行业和信用授权相关业务分支。除此之外,区块链技术在保险、投资等传统银行业务分支中的应用也具有一定的专利量。

区块链+金融专利在国民经济行业的分布情况如图12-3-15所示。可以看出,区块链技术在金融应用场景下主要涉及的国民经济行业包括互联网和相关服务业、软件和信息技术服务业等。可见,区块链技术的加入,使得传统金融行业在国民经济行业中的行业占比特点也发生了较大的变化,从传统的金融国民经济行业向互联网技术等领域转变,这也反映了区块链技术的加入,使得金融行业更多地融入了互联网等高新技术的元素,提升了金融行业中高新技术元素的占比和作用。

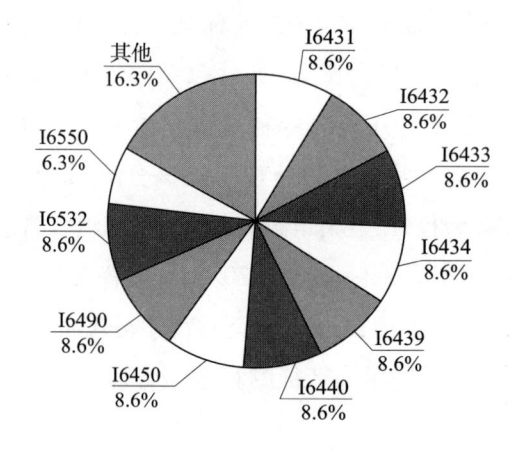

图12-3-15 区块链+金融专利在国民经济行业的分布情况

具体来说,在互联网和相关服务中,涉及的国民经济行业主要包括:互联网生产服务平台(国民经济分类代码为:I6431)、互联网生活服务平台(国民经济分类代码为:I6432)、互联网科技创新平台(国民经济分类代码为:I6433)、互联网公共服务平台(国民经济分类代码为:I6434)、其他互联网平台(I6439)、互联网安全服务(国民经济分类代码为:I6440)、互联网数据服务(国民经济分类代码为:I6450)、其他互联网服务(国民经济分类代码为:I6490)、物联网技术服务(国民经济分类代码为:I6532)、信息处理和存储支持服务(国民经济分类代码为:I6550)等。其中,互联网生活服务平台涉及的内容为专门为居民生活服务提供第三方服务平台的互联网活动,包括互联网销售平台等。互联网生产服务平台涉及的内容为专门为生产服务提供第三方服务平台的互联网活动,包括互联网大宗商品交易平台等。互联网科技创新平台涉及的内容为专门为科技创新、创业等提供第三方服务平台的互联网活动,包括网络众创平台、网络众包平台、网络众扶平台、技术创新网络平台、技术交易网络平台、科技成果网络推广平台、知识产权交易平台、开源社区平台等。互联网公共服务平台涉及的内容为专门为公共服务提供第三方服务平台的互联网活动。互联网安全服务包括网络安全监控，以及网络服务质量、可信度和安全等评估测评活动。互联网数据服务涉及的内容为以互联网技术为基础的大数据处理、云存储、云计算、云加工等服务。

此外，在区块链+金融应用领域中，物联网技术服务业以及信息处理和存储支持服务行业也占据了一定的比例。这与当前物联网技术和大数据技术的日益发展以及区块链技术和物联网技术、区块链技术和大数据技术的技术融合需求日益迫切、趋势日益明显相关，反映了区块链技术与其他高新技术的融合是今后发展的一个大趋势。

12.3.1.5 典型专利

本部分将依据区块链+金融应用场景下专利发展的趋势，分别给出区块链+金融应用场景不同发展阶段的一些典型专利举例，供研发人员开拓思路。

1. 初始阶段的典型专利

2009—2013年属于数字货币相关专利申请的起步阶段，在这一阶段开始出现了一些涉及比特币等加密数字货币的专利申请。这一阶段的申请以个人申请人为主，申请的专利也多与比特币的具体应用有关。

2010年美国申请人贾斯廷·德里迈耶（Justin Driemeyer）等提交的专利申请（US20110145137A1）涉及用于可跟踪虚拟货币平台的装置、方法和系统。该专利通过接收关于包括与虚拟货币交易相关联用户的用户标识符的虚拟货币交易的信息，分析与用户相关联的过去欺诈数据来计算用户的潜在欺诈事件阈值分数，并且可以通过分析用户的社交图和用户的先前游戏模式来计算虚拟货币交易欺诈分数。如果虚拟货币交易欺诈分数超过用户的潜在欺诈事件阈值分数，则虚拟货币交易可被识别为潜在欺诈。

2013年美国申请人马克·拉塞尔（Mark Russell）等提交的专利申请（US10332205B1）涉及一种比特币亭。比特币亭的部件包括：（ⅰ）票据验证器；（ⅱ）票据分配器；（ⅲ）打印机；（ⅳ）代码扫描器；（ⅴ）触摸屏显示器；（ⅵ）处理器/控制器形式的计算能力；和（ⅶ）网络连接设备。该独立设备便于购买和销售比特币。

2. 技术上升及快速发展阶段的典型专利

2014—2016年属于区块链+金融发展的上升期，2017—2018年则进入了飞速发展阶段，其中众多企业纷纷试水该领域相关技术研发，出现了很多以企业为申请人的典型专利。申请内容扩展到数字货币之外的更多金融应用研究。

2014年高通公司（Qualcomn Incorporated）提交的专利申请（US20160086175A1）涉及在P2P交易系统中执行的方法。该方法包括：与第一方相关联的第一网络设备向用于实现数字货币系统的P2P系统发送请求，以获得属于第二方的财产的使用权，所述财产可以是酒店房间、汽车或者任何其他基于时间的商品或服务，第二方与第二网络设备相关联。其中，上述请求利用第一网络设备的私钥来进行加密等处理。上述请求包括支付数据和时间数据，该支付数据表示要转移到与第二网络设备相关联的第二方账户的数字货币（例如比特币、阿尔特币或任何其他类型的数字货币）的支付数量，该时间数据表示与第一网络设备相关联的第一方要使用该财产的开始时间和持续时间。在发送所述请求之后，第一网络设备与和该财产相关联的第二网络设备进行通信，以便由第一方访问该财产。

2015年IBM公司提交的专利申请（US20160358169A1）涉及用于保护数据操作的方法和系统。所述系统包括被配置为发送、接收和存储数据的互连节点。所述方法包括执行计算机化加密方法以便实现两个或更多的PoW，从所述互连节点的至少一个子集的每个节点可证明地抓取存储在所述节点上的数据，以及在所述子集中的每个节点处可证明地获取数据。通过上述方法，可以实现在合法节点处可证明地抓取或获取数据，继而可以允许附加的PoW被执行。

2016年富士通提交的专利申请（JP2018064265A）涉及选择性签名系统。系统包括一种使能受策略约束的数字货币转账的方法，可以生成主密钥和相关联的主验证密钥，并使用主密钥加密基于策略和原始选择性验证密钥的第一签名，基于策略和第一签名来生成选择性验证密钥，使用选择性密钥加密基于消息和策略的第二签名。

2017年英特尔公司（Intel Corporation）提交的专利申请（US20190034936A1）涉及区块链签名技术在股票交易中的应用。该方案涉及用于批准电子钱包交易的方法和系统，将事务与N中的M阈值授权策略组合，以在第一设备托管的发起电子钱包共享中创建批准请求，在发起的电子钱包共享中签名批准请求以创建初始批准请求，并在初始批准请求被提供给匿名路由器后，传送到托管另一电子钱包共享的设备用于签名，从而完成相应交易。

2017年万事达卡提交的专利申请（US20190034926A1）涉及具有加密可审计性的交易处理方法。方法包括：接收支付数据，其中所述支付数据包括至少一个主账号；将主账号发送到计算系统；从所述计算系统接收与所述主账号相关联的确认；向所述计算系统发送支付请求，其中所述支付请求包括与支付交易相关联的至少一个参考值；

从所述计算系统接收接受请求,其中所述接受请求至少包括所述参考值,接受地址,一个或多个费用值,以及由第三方生成的第一数字签名;至少使用所述接受地址生成第二数字签名;以及将至少第二数字签名发送到计算系统。

2017年中国银行提交的专利申请(CN107392584A)涉及基于区块链分布式账本功能在跨境支付的应用。支付方法包括:账户管理行接收普通行发送的第一注资请求,根据第一注资请求使注资行实体账户向该账户管理行的实体托管账户注入注资金额,将注资结果更新到区块链网络;区块链网络根据注资结果使该账户管理行的区块链托管账户向注资行区块链账户注入注资金额;区块链网络接收普通行通过区块链支付网关发送的转账请求,通过共识算法对转账请求和转账结果进行举手表决,若表决通过,则根据转账请求使汇款行区块链账户向收款行区块链账户转入转账金额,并把支付报文发送到收款行。通过区块链,参加行间跨境支付时无须通过代理银行,而是直接实现点对点支付,实时完成银行间资金转移。

2018年北京京东金融科技控股有限公司提交的专利申请(CN109166040A)涉及基于区块链分布式账本特性执行审计。通过区块链交易的第一参与方在交易结束后,且在清算前的任意时间内向运营系统发送携带交易标识以及交易双方的标识的审计请求,运营系统根据交易标识以及交易双方的标识,从交易双方分别获取交易过程中的服务请求信息、服务响应结果信息以及服务内容信息,根据交易标识获取对应的交易区块,根据获取的信息进行审计得到审计结果,再将审计结果发送给第一参与方,以使第一参与方根据审计结果对区块链中交易进行冲正交易。可以实现在交易结束后,且在清算前任意时间对交易进行审计,不需要在交易过程中对交易进行实时核对,缩短交易延迟,提高交易效率,提高积分结算极端的系统性能。

2018年阿里巴巴提交的专利申请(CN109087190A)涉及利用区块链分布式架构搭建融资贷款系统。该系统包括轻节点以及核心节点:所述轻节点向上述区块链上发布用于融资贷款的目标交易;其中,所述目标交易包括应收账款信息;所述核心节点从所述区块链上获取所述轻节点发起的用于融资贷款的目标交易;所述核心节点基于所述应收账款信息确定融资贷款的发放额度、还款期限以及贷款利率;所述核心节点向所述区块链发布用于对所述融资贷款进行管理的智能合约;其中,所述智能合约中声明了确定的所述融资贷款的发放额度、还款期限以及贷款利率;所述轻节点调用所述智能合约。

2018年中国平安财产保险股份有限公司提交的专利申请(CN109509108A)涉及应用区块链技术进行保险保单的处理。基于区块链技术的保险保单处理的方法包括:在预先搭建的区块链网络中接收终端的网页访问申请;根据访问申请,在确认终端具有访问权限后，允许终端访问所述网页，并要求所述区块链中按照预设规则选取的区块链节点。向所述终端发送预存的与所述网页对应的第一非结构化数据；接收终端的保单填写申请；向所述终端发送与所述保单类别相对应的制式保单，同时要求区块链节点向所述终端发送与所述制式保单相对应的第二非结构化数据；接收终端发送的填写完成的保单，并在确定生效之后对已确定生效的保单加密；将加密后的保单存储在所有区块链节点中，从而提高保险网页访问速度与保单真实性。

3. 技术成熟阶段的典型专利

2019年之后属于区块链+金融的技术发展稳定期，这一阶段的专利申请更偏重于金融业务更多维度的扩展应用。

2019年腾讯公司提交的专利申请（CN110503554A）涉及一种智能合约处理方法，利用区块链智能合约技术执行债权的管理。在智能合约强制执行失败后，通过确定第一智能合约的目标债务方，进一步找到目标债务方作为债权方的第二智能合约，之后通过根据第一智能合约和第二智能合约生成第三智能合约的方式，将债务关系中的债务方从目标债务方转移为第二智能合约的债务方，跳过了目标债务方，直接通过第三智能合约建立了第一智能合约的债权方与第二智能合约的债务方之间的债务关系。

2019年阿里巴巴提交的专利申请（CN111133734A）涉及基于区块链的判决执行的方法、系统和装置。该方法包括：接收与基于区块链应用的账户相关联的请求，该请求用于收集法院命令中发布的货币裁定；确定货币裁定的债权人、货币裁定的债务人和货币裁定的金额；基于身份和区块链上记录的账户的注册信息，确定账户与债权人关联；基于注册信息，确定债权人的支付账户和债务人的一个或多个支付账户，债务人的一个或多个支付账户的累计余额大于或等于货币裁定的金额；将货币裁定的金额从债务人的一个或多个支付账户转账到债权人的支付账户；以及记录表示接收到法院裁定的时间的第一经验证的时间戳和表示货币裁定的金额被转账的时间的第二经验证的时间戳。

2019年深圳壹账通提交的专利申请（CN110070432A）涉及利用区块链分布式特性实现供应链金融的评价。供应链金融评价方法包括：获取区块链平台上核心企业的核心供应链贸易数据，所述核心供应链贸易数据包括非核心企业与所述核心企业产生的贸易数据；根据可配置化评级模型和所述核心供应链贸易数据，得到所述非核心企业的评级数据；若所述非核心企业的评级数据符合预设次级核心评级标准，将所述非核心企业作为次级核心企业；将所述评级数据与所述次级核心企业保存至所述区块链平台上，解锁所述次级核心企业在区块链平台上的次级供应链维护权限。通过区块链技术可筛选出次级核心企业,并通过次级核心企业建立次级供应链,有利于形成新的供应链条,形成自发展生态。

2020 年 Coinbase 公司提交的专利申请(US20200286047A1)涉及一种提供取款合并的非托管密码货币平台。

2020 年杭州趣链提交的专利申请(CN112650890A)涉及一种基于图数据库的加密货币流向追踪的方法与装置。该方法通过获取区块链交易中加密货币的地址和流向,以地址为点、流向为边生成图数据库,获取对加密货币的查询地址,根据图数据库的查询语句查询从查询地址起的多层级交易路径图谱,从而实现快速展示货币交易网络中的多层级交易路径图谱,追踪交易链路中加密货币地址的余额转账变动,达到全链条查询追踪,提升检索、分析效率,提升关联性分析能力的技术效果。

2020 年支付宝提交的专利申请(CN112001795A)涉及利用区块链技术进行跨境申报的核验。申报文件校验方法包括:获取预设处理周期内的跨境交易的订单信息;对跨境交易的订单信息进行汇总,得到第一申报文件;将第一申报文件发送给金融机构;获取金融机构返回的发送给监管机构的第二申报文件;判断第二申报文件与第一申报文件是否一致;若一致,确认所述跨境交易申报成功。

12.3.2　区块链+医疗专利分析

本节以截至 2021 年 12 月 31 日前已公开的专利申请数据为统计样本,分别从全球申请概况和中国申请概况两个范畴,考虑申请量变化趋势、原创主体分析、专利保护现状及专利运营情况等维度,分析区块链技术在医疗领域中的国内外申请态势。

12.3.2.1　专利申请态势

区块链+医疗专利全球和中国申请趋势如图 12-3-16 所示。区块链+医疗专利申请最早出现在 2014 年,2014—2016 年作为区块链技术应用发展的起步阶段,申请量较少。随着对区块链技术的深入研究,2017 年之后,区块链技术在不同行业包括医疗健康行业广泛展开应用探索,全球专利申请数量急速上升,2018 年出现一个小高峰,全球专利申请数量接近 800 件,中国专利申请数量超过 300 件。2019 年,专利申请速度有所放缓,之后到 2020 年达到顶点,全球专利申请约 1200 项,中国专利申请接近 1000 项。2021 年申请数量下降是由于部分申请没有公开。中国相关申请起步于 2016 年,趋势与全球基本一致。数量上中国申请量在全球申请量中的占比逐年上升,2020

年占比达到 77.5%，2021 年占比达到 83.5%；截至 2021 年底，中国申请总量约占全球总量的 2/3。这充分说明国内对区块链技术在医疗领域的应用及早得到了重视，并越来越多的在该领域展开了深入的研究和专利布局。

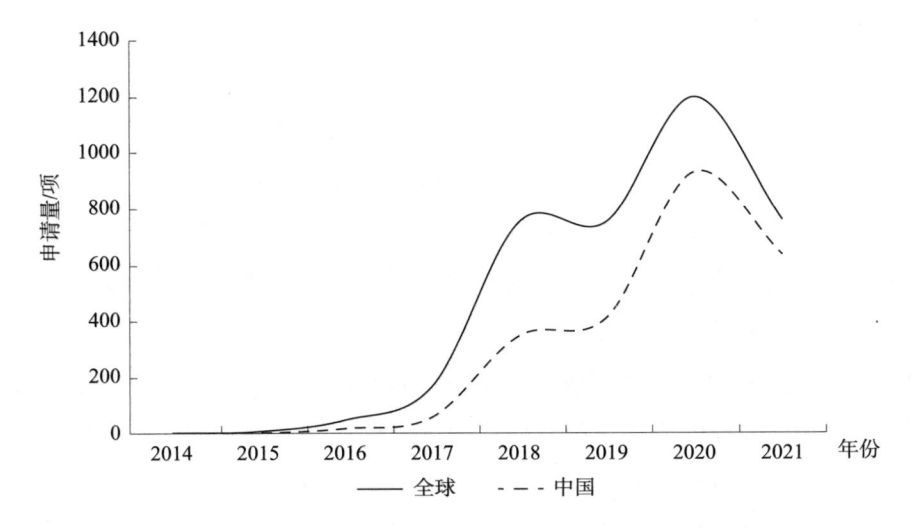

图 12 -3 -16　区块链 + 医疗专利全球和中国申请趋势

区块链 + 医疗专利全球申请的原创国家或地区占比情况如图 12 -3 -17 所示。医疗领域相关专利申请中 65% 来自中国，远超排名第二位的美国。可见，中国作为最主要的技术原创国，是医疗领域专利申请的主力，充分反映了中国对区块链技术应用在医疗领域的重视程度和创新主体的创新热情。美国虽然是最早开始进行区块链研究的国家，但在医疗健康领域，其区块链相关申请数量仅占全球数量的 12%。韩国的相关专利申请量占比 9%。印度、德国、日本也提交了一定数量的专利申请。

区块链 + 医疗专利全球申请主要目标市场如图 12 -3 -18 所示，可以看出，中国市场是区块链 + 医疗的主要目标市场，美国和韩国市场分列第二名和第三名。相比于图 12 -3 -17 的技术原创国家或地区占比可以看出，中国市场的占比有所降低，美国、欧洲、日本的占比有所增加，说明部分中国申请在将中国作为首要目标市场的同时也选择了美国、欧洲、日本作为目标市场，反映了中国申请人的海外意识在不断增强。美国申请人大多会选择多个目标市场。中国申请人大多仅选择中国市场，少量中国申请人会以 PCT 国际申请的方式提交申请，而更少量公司如阿里巴巴、腾讯公司、百度公司、平安科技、深圳壹账通等会在美国、新加坡、日本、欧洲等布局。IBM 公司的专利主要集中在美国，较少提交 PCT 国际申请。韩国的 Bizmodeline 公司的专利申请全部集中在韩国。

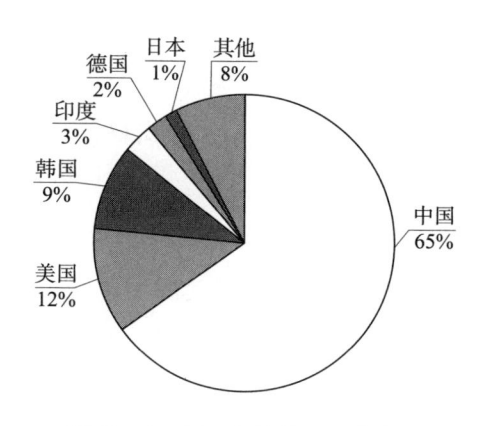

图 12-3-17　区块链+医疗专利全球申请的原创国家或地区占比情况

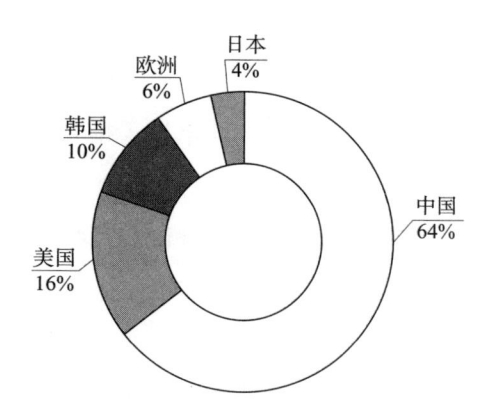

图 12-3-18　区块链+医疗专利全球申请主要目标市场

对比该领域中国和美国申请人的专利同族个数，如图 12-3-19 所示。中国申请人在区块链+医疗领域的专利申请总量为 2401 件。其中，专利同族个数为 2 个以上的（主要通过 PCT 国际申的方式提交申请）有 550 件，占比为 22.9%；专利同族个数为 5 个以上的仅 29 件，占比 1.2%。由此看出，中国申请人绝大多数专利仅在国内申请。美国申请人在区块链+医疗领域申请总量为 435 件，远低于中国的申请总量。但其专利同族个数在 2 个以上的有 349 件，占比 80.2%；专利同族个数在 5 个以上的有 136 件，占比 31.3%。明显可以看出，中国申请人的专利大多数仅在国内申请，而美国申请人在海外专利布局的比例要远超中国申请人。从这个角度看，在该领域的中国申请人需要有更多的危机和海外布局意识，通过自主创新和知识产权保护相结合提高在这一领域的核心竞争力。

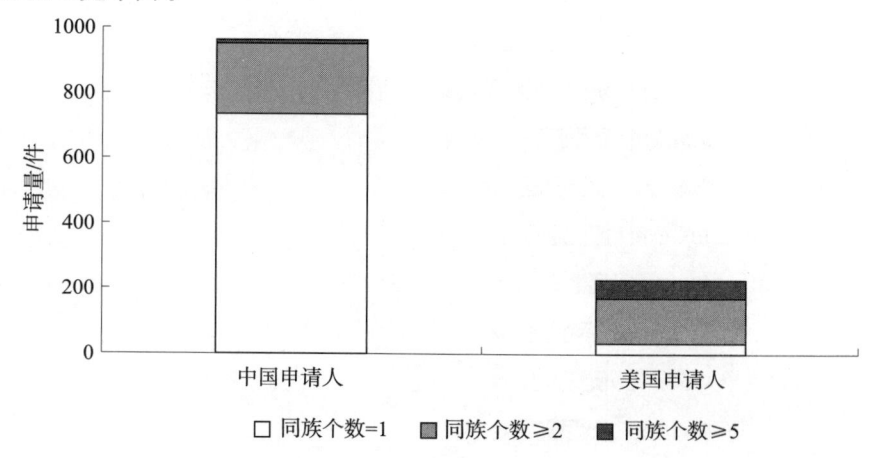

图 12-3-19　区块链+医疗专利中国和美国申请人申请同族个数对比

12.3.2.2 创新主体分析

区块链+医疗专利全球申请人排名情况如图12-3-20所示，平安科技、平安医疗、平安国际智慧城市、深圳壹账通、中国平安5个公司申请总量约占全球申请总量的13%，可见上述公司对区块链在医疗领域的应用方面进行了积极的投入和研发。其中深圳壹账通作为中国平安旗下的金融科技服务公司，主要凭借其底层区块链技术，为金融集团提供"技术+业务"服务。排名靠前还有全球知名的互联网公司和通信公司等，如腾讯公司、浪潮集团、IBM公司等，这些公司具备底层网络、通信技术优势，在区块链技术应用领域也走在了前面。另外，康键信息技术、陕西医链作为新兴的以区块链技术创新驱动的科技企业，在区块链+医疗领域也进行了积极研究和布局。其中陕西医链作为中国区块链百强企业，旨在通过区块链技术与互联网医疗深度融合，赋能传统医药企业，其申请量在2019年全球区块链发明专利排行榜排名第30位。排名前十位的申请人大部分为中国申请人，可见中国在全球区块链+医疗领域占据绝对领先地位。排名前十位的国外申请人有IBM公司和Bizmodeline公司。IBM公司是老牌通信公司，也是区块链专利巨头。Bizmodeline公司作为全球区块链十大明星企业之一，主营专利投资。

申请人	申请量/项
平安科技	228
平安医疗	93
平安国际智慧城市	89
康键信息技术	67
腾讯公司	54
浪潮集团	48
泰康保险	38
IBM公司	36
Bizmodeline公司	36
深圳壹账通	34
中国平安	33
陕西医链	33

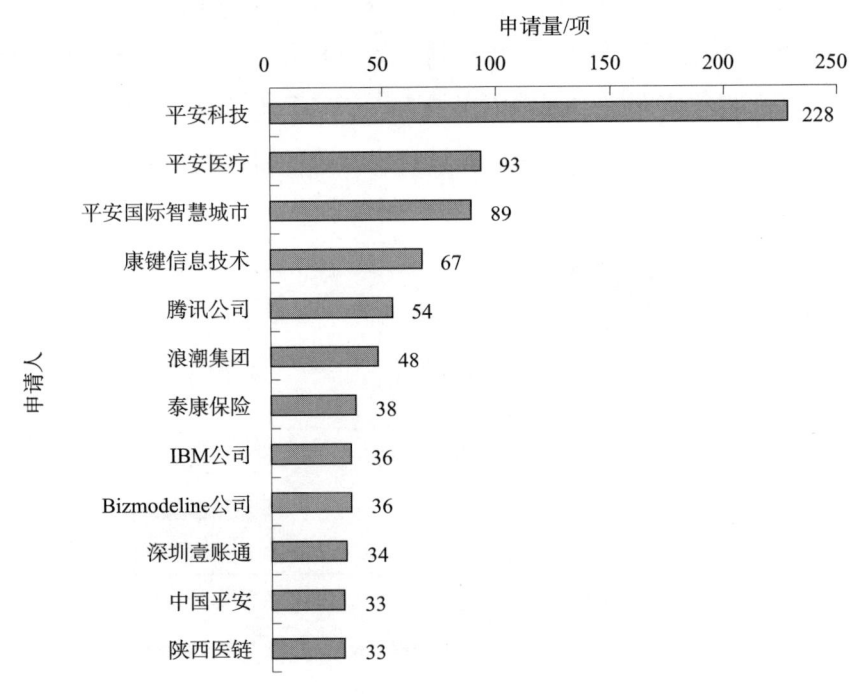

图12-3-20 区块链+医疗专利全球申请人排名情况

对国内申请人所在城市进行分析，如图 12 - 3 - 21 所示，区块链 + 医疗专利相关专利申请人主要在深圳、北京、上海、杭州、广州这些经济技术比较发达的城市，这些城市的医疗资源也比较丰富，具有良好的应用环境，同时有资金和技术研发实力均强大的企业。深圳以申请量 672 件排名第一，平安科技、中国平安、腾讯公司、康键信息技术、深圳壹账通等公司是其代表。北京因为有泰康保险、百度公司、中国银行、中国联通为代表，表现也较为突出，仅次于深圳。上海主要因为平安医疗，专利申请数量仅次于北京。

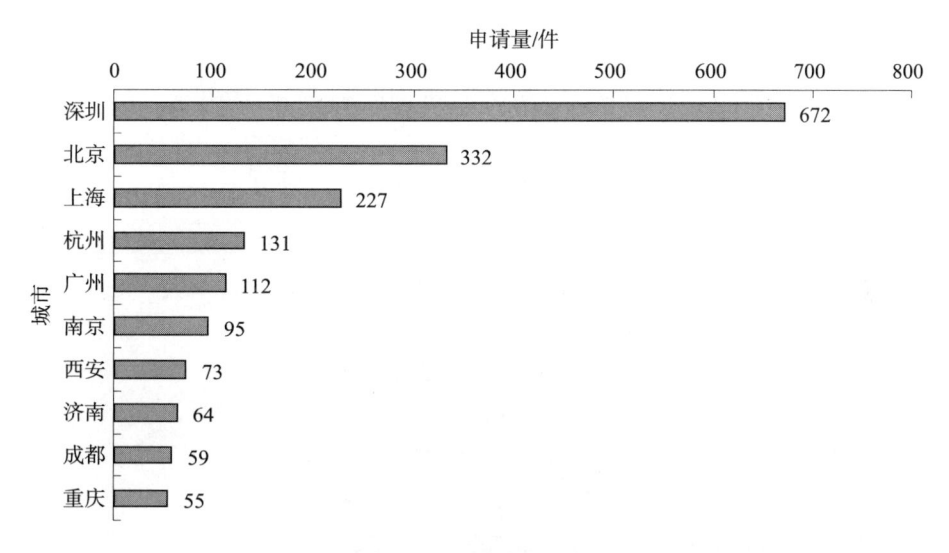

图 12 - 3 - 21　区块链 + 医疗专利国内申请城市排名情况

区块链 + 医疗专利中国申请人类型占比情况如图 12 - 3 - 22 所示，企业是绝对的研究和申请的主力，高校近年来也在积极地投入研究，这与在中国政府的引导下，企业和高校不断加大对区块链技术的关注和投入力度密切相关。个人对区块链 + 医疗应用领域的关注度也在持续升高，专利申请量近几年飞速增长。机关团体和科研院所相比在这方面的投入和研发实力相对较少。这种结构比较符合区块链技术的商业应用价值。

区块链 + 医疗专利全球发明人排名情况如图 12 - 3 - 23 所示。这些发明人与该领域的主要申请人关系密切。排名第一位的发明人为 Bizmodeline 公司的主要发明人。排名第二位的白玉龙为陕西医链的主要发明人。排名第三位至第九位的发明人分别对应为 Alphabrothers 公司、腾讯公司、上海舵衔数字科技中心、平安科技、深圳壹账通、Bizmodeline 公司、New Horizon Medical Technologies Private Limited 的主要发明人。排名第十位的发明人为美国个人申请人。

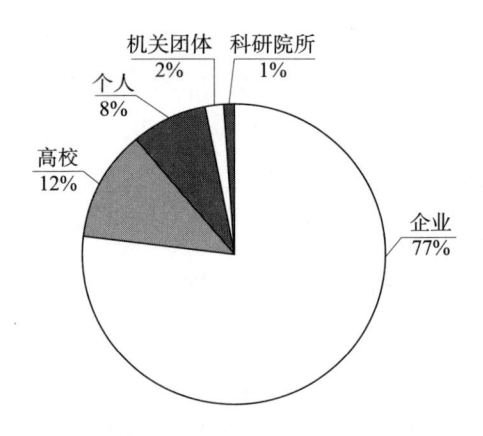

图 12-3-22 区块链+医疗专利中国申请人类型占比情况

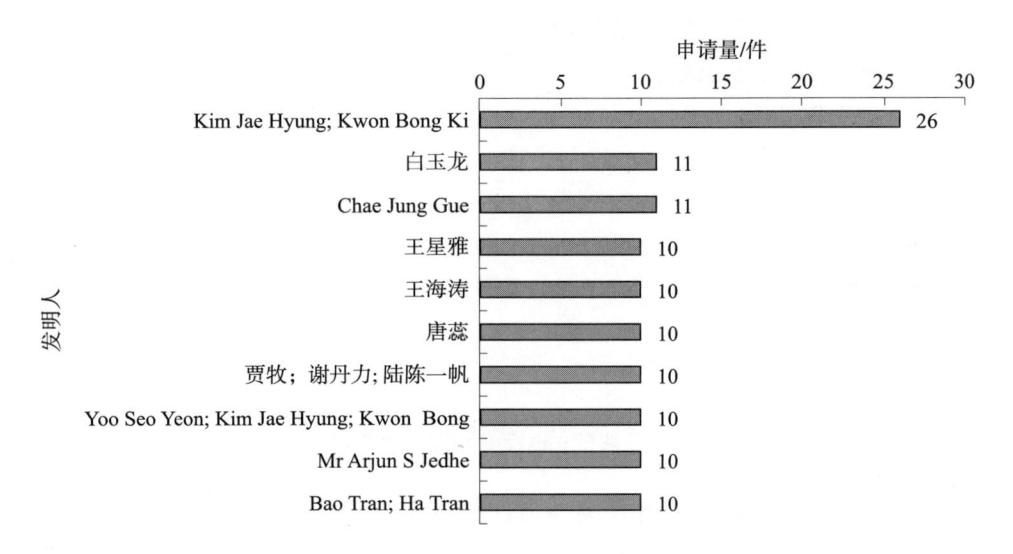

图 12-3-23 区块链+医疗专利全球发明人排名情况

12.3.2.3 专利保护现状及专利运营情况

区块链+医疗专利全球申请法律状态如图 12-3-24 所示。由于大部分专利申请时间较晚，因此有 2295 件专利申请处于在审状态，有 848 件专利处于有效状态，有 549 件专利申请因为撤回、驳回、未缴年费等原因而失效。

由于大部分专利申请处于在审状态，因此基本不会涉及专利诉讼情况的发生，但是与申请量趋势同步地出现了一些转让事件。区块链+医疗专利全球转让趋势如图 12-3-25 所示，在 2017 年之后，随着申请量的飞速增长，该领域全球转让活动也日趋活跃，2020 年转让数量高达 150 项。

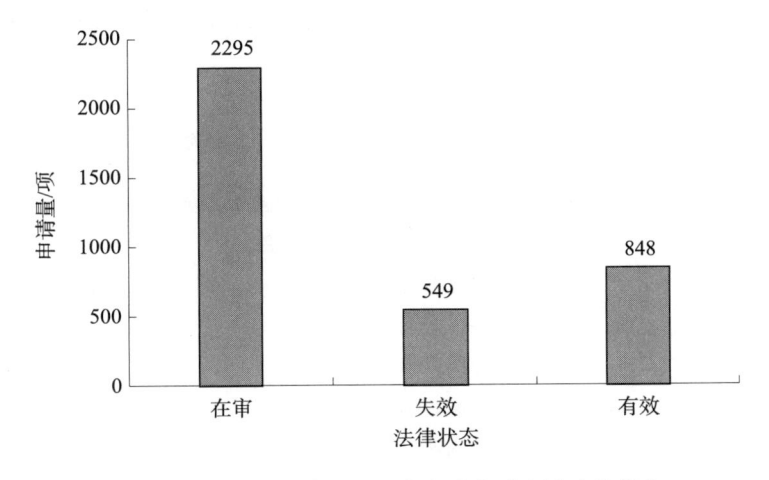

图 12-3-24 区块链+医疗专利全球申请法律状态

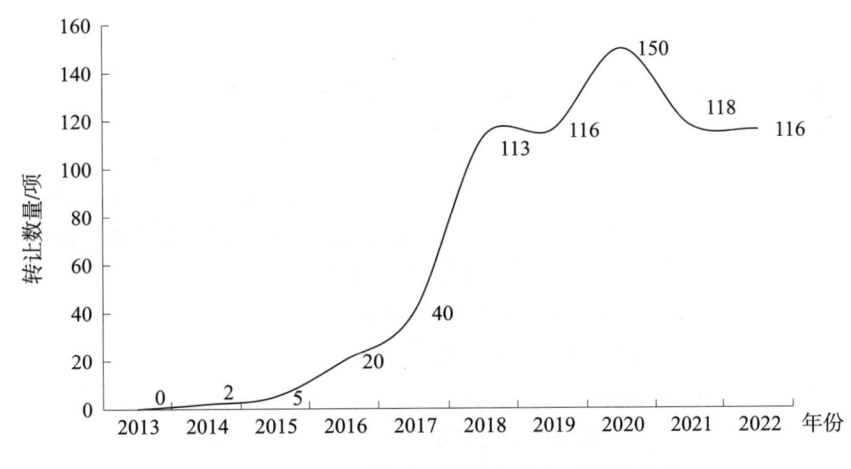

图 12-3-25 区块链+医疗专利全球转让趋势

区块链+医疗专利全球转让人排名情况如图 12-3-26 所示。平安医疗作为电子病历申请量排名第一的申请人，也是转让活动最活跃的申请人，转让数量高达 66 项，但是其转让均是转让给同集团的深圳平安医疗。山东爱城市网有 24 项专利转让给了浪潮质量链科技有限公司，2 项转让给了浪潮云信息技术股份公司。作为蚂蚁集团的境外子公司，先进创新技术有限公司、创新先进技术有限公司与阿里巴巴之间的专利转让，是根据早先拟定的相关专利转让协议进行的转让，由阿里巴巴转让部分区块链相关专利，与医疗应用有关的专利也在转让之列。平安国际智慧城市与深圳赛安特技术服务有限公司之间也有多件专利转让发生。另外，IBM 公司作为老牌的互联网公司，凭借其敏锐的嗅觉，对区块链的研究开始的比较早，但在区块链医疗领域，其拥有的所有相关专利均为零散的从个人申请人接收的专利转让。区块链+医疗全球专利受让人排名情况如图12-3-27所示。另外,在专利许可和质押方面,仅发生在数量极少的专利上,此处不作分析。

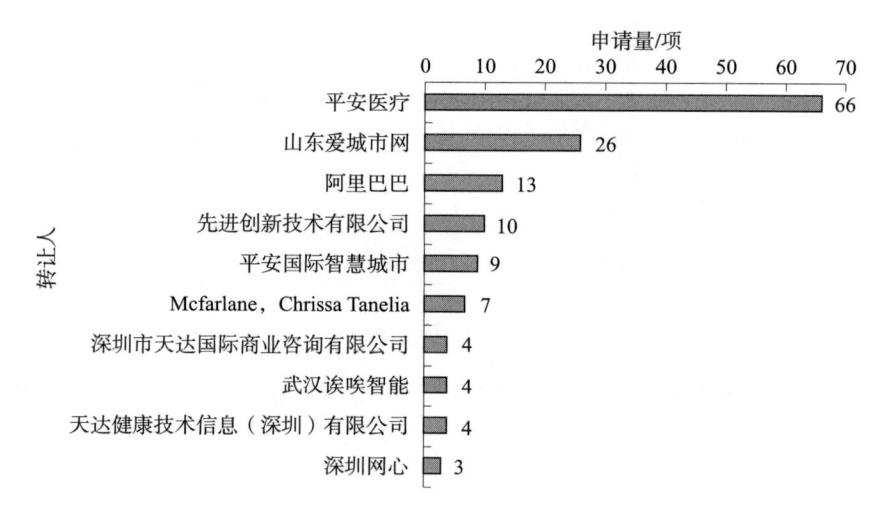

图12-3-26 区块链+医疗专利全球转让人排名情况

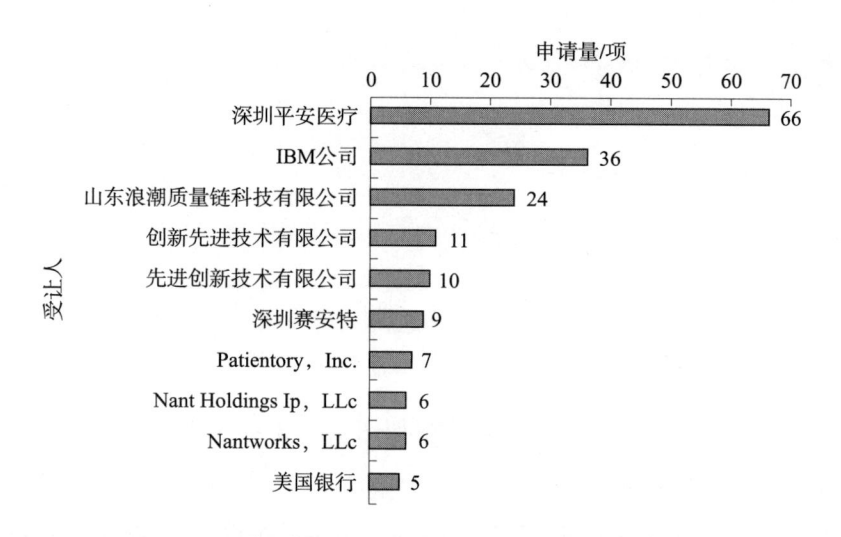

转让人	申请量/项
平安医疗	66
山东爱城市网	26
阿里巴巴	13
先进创新技术有限公司	10
平安国际智慧城市	9
Mcfarlane, Chrissa Tanelia	7
深圳市天达国际商业咨询有限公司	4
武汉诶唉智能	4
天达健康技术信息(深圳)有限公司	4
深圳网心	3

图12-3-27 区块链+医疗专利全球受让人排名情况

受让人	申请量/项
深圳平安医疗	66
IBM公司	36
山东浪潮质量链科技有限公司	24
创新先进技术有限公司	11
先进创新技术有限公司	10
深圳赛安特	9
Patientory, Inc.	7
Nant Holdings Ip, LLc	6
Nantworks, LLc	6
美国银行	5

12.3.2.4 技术构成

根据IPC分类号对区块链+医疗全球专利的技术领域进行划分,得出各技术方向的专利申请量占比情况,如图12-3-28所示。可以看出,数量最多的为G06F,占全部专利申请的25%。该分支代表的技术含义为"电数字数据处理"。其次为G06Q,占全部专利申请的22%。该分支代表的技术含义为"专门适用于行政、商业、金融、管理、监督或预测目的的数据处理系统或方法；其他类目不包含的专门适用于行政、商业、金融、管理、监督或预测目的的处理系统或方法"。这两个分类号均涉及对数据的处理，更侧重于区块链底层数据处理技术的改进。G16H 分支的申请量占全部专利申请的 21%。该分支代表的技术含义为"医疗保健信息学，即专门用于处置或处理医疗或健康数据的信息和通信技术"。该分支是与医疗领域最为接近的分类号，更侧重于区块链技术在医疗领域的应用。H04L 分支下的申请量，占全部专利申请的 14%。该分支的技术含义是"数字信息的传输，例如电报通信"，显然也与医疗数据的传输密切相关。其他申请数量较少的分类号 G06K、G06N、A61B、H04W 等分别反映了在数据存储、网络传输、诊断等方面的特征。

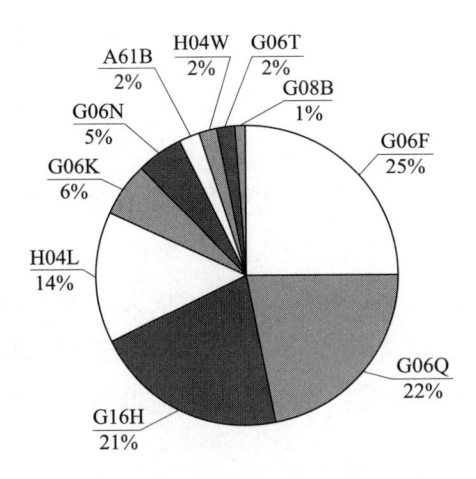

图 12-3-28　区块链+医疗专利全球的 IPC 分类技术占比情况

12.3.2.5　技术演进趋势

区块链+医疗专利全球应用领域分布情况如图 12-3-29 所示。医疗健康数据管理是应用最广泛的领域，其中电子病历在医疗领域痛点最多，实现比较容易，也是市场最大的一个医疗信息细化分支。药品以及其他医疗物品的防伪溯源由于其现实的紧迫性，是仅次于电子病历的主要研究应用领域。传染病的预防与监控领域，尤其是近几年来围绕新型冠状病毒的预防与监控，申请量增长迅猛。凭借区块链技术固有的优势，区块链技术在医疗保险、基因钱包、远程诊疗等领域，也得到了较为广泛的研究。

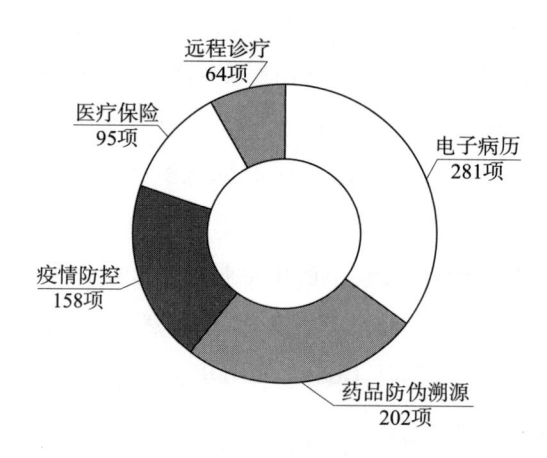

图 12-3-29　区块链+医疗专利全球应用领域分布情况

区块链+医疗专利全球应用领域申请趋势如图 12-3-30 所示。可以看出，区块链在医疗领域的应用起步于 2015 年，电子病历领域申请在 2016 年之后开始快速增长，早于其他应用领域约 1 年的时间，在 2019 年申请量有短暂的回落，但之后又继续快速增长。药品防伪溯源自 2017 年开始以恒定的速率持续增长。疫情防控领域则是随着 2019 年底新型冠状病毒的出现开始激增，年申请量从 2019 年的 16 件增加到 2020 年的 96 件，超过电子病历当年的申请量。医疗保险和远程诊疗从 2017 年开始，始终保持较为平稳和缓的增长态势，年申请量一直保持不超过 30 件的低位。

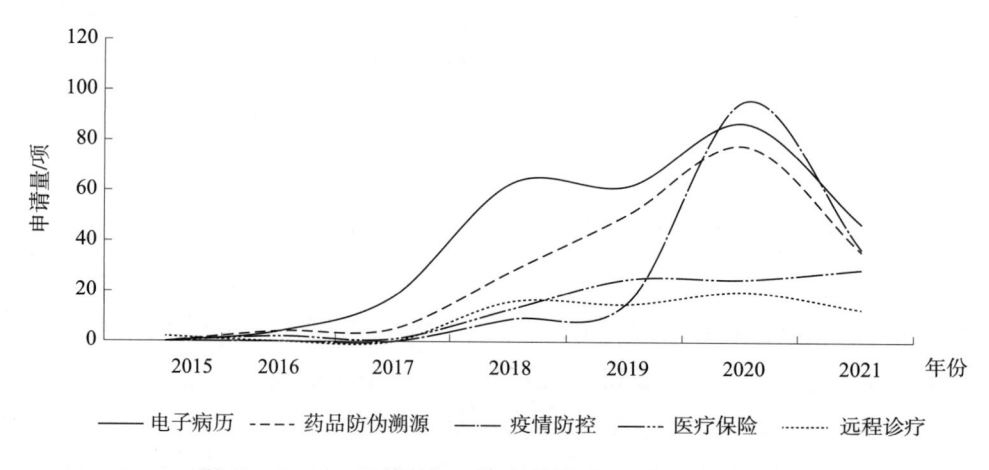

图 12-3-30　区块链+医疗专利全球应用领域申请趋势

12.3.2.6　典型专利

围绕区块链+医疗的具体应用领域，本小节对一些典型专利进行介绍。

1. 专利申请：KR101720268B1

IRM 公司申请的"基于云端医学图像数据库以保护患者信息并从中读取医学图像的方法"提供了一种电子病历的记录和存储的典型案例。其方法包括：构建了基于云的医学图像数据库并从中读取医学图像，具体是由医学设备获取患者的医学图像；将患者信息数据与所述医学图像中的医学信息数据分离；使用区块链技术对所述患者信息数据进行加密；将所述加密的患者信息数据和所述医疗信息数据分别传输到云数据库并将其存储在所述云数据库中；使用区块链技术对存储在云数据库中的加密的患者信息数据进行解密，进而可以读取医学图像以对患者执行诊断和咨询。

2. 专利申请：US20170161439A1

EINGOT 公司申请的"记录访问和管理"提供了一种电子病历记录访问和管理的典型案例。其基于对患者的健康数据的分析，向健康护理提供者提供患者的电子医疗记录、建议或与患者有关的警报。多个电子存储库可以将患者的健康数据存储为分解的健康数据。患者的健康数据可以被组织在提供用户的综合病史的医疗保健身份图中。患者的设备可以响应于检测到的事件而访问和分析患者的健康数据。该设备可以基于对患者的健康数据的分析来生成输出或触发动作，并且将输出或动作记录在患者的医疗保健身份图中，输出或动作的认证和验证存储在医疗保健责任图中。

3. 专利申请：US20180060496A1

BBM 公司申请的"用于安全健康信息资源交换的基于区块链的机制"提供了一种电子病历访问的典型记录。通过利用经认证的自主权身份和分布式分类账技术来管理访问权限，可以保护医疗保健信息资源（HIR）。患者和其他用户可以被注册以访问分布式分类账，例如医疗保健区块链，用于设置、托管和裁定访问 HIR 的许可。HIR 的授权所有者和/或患者可能向第三方授予细粒度和有条件的访问许可。根据这些许可发生的信息传输和交易可以记录在医疗保健区块链中的智能合约内。

4. 专利申请：CN109326337A

西安电子科技大学申请的"基于区块链的电子医疗记录存储和共享的模型及方法"提供了一种电子病历记录、存储和访问的典型案例。其通过一种基于区块链的电子医疗记录安全存储和共享模型，采用截取签名的数据存储、改进的 DPoS 共识机制的数据发布、基于智能合约的数据共享，解决了现阶段病人对个人医疗数据访问权限的控制以及对敏感医疗数据的无法安全存储与共享的问题。其模型包括数据创建者、数据所有者、云存储、联盟区块链及数据使用者，其中区块链是控制中心。

5. 专利申请：CN109829726A

上海物融智能科技有限公司申请的"一种基于区块链的药品信息管理方法及系统"提供了一种药品溯源的典型案例。其方法包括通过对药品供应链参与企业进行角色管理和身份认证后，确定为区块链节点；对药品原始信息和企业身份信息进行预处理后，确定药品追溯信息；在区块链上发布所述药品追溯信息，使得每个区块链节点拥有与所述药品追溯信息对应的数据备份；基于预设的交易模型构建所述区块链上的药品流通交易，实现对所述区块链记载的药品追溯信息进行更新；响应于药品信息查询请求，在所述区块链上进行交易查询，对查询到的交易进行解析，获得该药品的实际流转信息。从而保证所有企业的对等参与及隐私信息，并且提高了药物信息追踪的效率和准确性。

6. 专利申请：CN111986037A

平安医疗申请的"医保审核数据的监控方法、装置、设备及存储介质"提供了一种医保审核的典型案例。其通过判断采集到的多个医疗机构中的医保项目数据对应的消费金额存在异常后，根据异常确定对应的医疗机构，并基于医疗机构的医保项目数据从预置违规判断规则库中，查询对应的监控规则，利用监控规则对医保消费数据进行审核，以对多个医疗机构中存在医保违规的医疗机构进行监控。不仅可以实时对各个医疗机构的医疗数据的监控，而且实现了实时审核，从而提高医疗智能审核监控的效果，遏制过度诊疗、乱用药、乱收费现象。

7. 专利申请：CN111462853A

武汉诶唉智能申请的"基于区块链和5G通讯的移动医疗系统及方法"提供了一种远程诊疗的典型案例。其方法包括：患者检测移动端，用于采集患者检测数据并通过5G网络传输至云服务器；云服务器根据检测数据生成简易诊断结果，将检测数据及简易诊断结果发送至医师远程会诊端；医师远程会诊端向会诊医师展示检测数据及简易诊断结果，会诊医师根据检测数据判断简易诊断结果是否正确。根据检测数据智能生成简易诊断结果后通过5G网络发送给会诊医师确认，以避免因偶尔生成错误诊断结果而耽误患者治疗；通过采用5G网络通信可减少数据传输时间；将患者ID、检测数据、诊断结果、治疗方案及时间戳一起发送至区块链，以通过区块链查询患者过往病史，且由于区块链不可篡改，所以可防止恶意篡改患者的过往病史。

12.3.3　区块链+交通运输专利分析

本节以截至2021年12月31日已公开的专利申请数据为统计样本，分别从全球申请概况和中国申请概况两个范畴,通过专利申请量变化趋势、原创区域分布、申请人排名、法律状态及专利运营情况等维度分析区块链+交通运输领域中的国内外申请态势。

12.3.3.1 专利申请趋势

区块链+交通运输专利全球和中国申请趋势如图12-3-31所示。全球专利申请量统计数据显示,区块链技术在交通运输应用场景下的专利申请包括三个阶段:2015—2017年是发展起步期,2018—2020年是持续快速增长期,2021年申请量出现回落趋势。中国专利申请量的发展趋势与全球趋势基本一致。

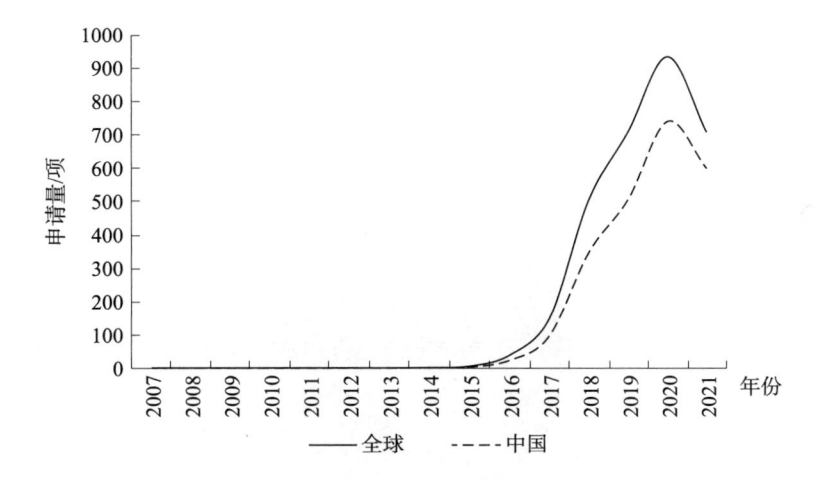

图12-3-31 区块链+交通运输专利全球和中国申请趋势

在整个申请量快速增长阶段(2018—2020年),2018年的增长势头最为迅猛,相比2017年的涨幅超过200%;之后的2019年和2020年虽然也保持着一直增长的趋势,但相比前一年的增幅保持在30%—40%,增长幅度远小于2018年。结合区块链技术产业应用的发展历程不难看出,随着区块链3.0的正式开启,将区块链技术应用于其他行业,可以使得该行业相关技术获得分布式、不可篡改等特性,这种区块链的落地应用获得了业界更高的关注度。同时在2018年前后,多数国家纷纷出台的对区块链产业应用落地的扶持政策,也进一步激发了对于"区块链+"的研发热情。该时期区块链技术的跨领域应用获得较大发展,其专利申请表现出飞跃式的增长趋势。

此外,随着智慧城市建设的火热进行,作为智慧城市基础设施行业之一的交通运输行业也迎来研发热情。如何实现智慧交通运输以助力智慧城市的整体建设是业界非常关心的课题,作为天然与智慧交通相契合的区块链技术也得到了更多的关注,从而再次激发创新主体在这一应用场景的研发热情。

12.3.3.2 申请人及创新主体状况

区块链+交通运输专利全球申请原创国家或地区占比情况如图12-3-32所示。可以看出,我国专利申请人提交的专利申请占比达到74%,位居全球第一,说明我国研发投入力量最大。美国和韩国位居全球第二和第三,专利申请的占比分别是11%和7%。我国属于人口大国,城市交通压力很大,拥堵、车辆跟踪、汽车保险处理等问题突出,同时随着电商平台的快速发展,对物流运输的要求也越来越高,造就了国内对交通运输技术革新的巨大需求,引发了研发热潮,我国众多企业、研发机构投入大量的研发力量,区块链+交通运输应用在我国具有很大的发展潜力。

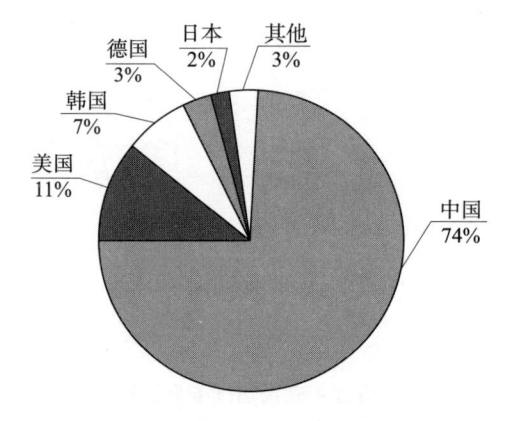

图12-3-32 区块链+交通运输专利全球申请原创国家或地区占比情况

区块链+交通运输专利全球主要目标市场占比情况如图12-3-33所示,中国除了是区块链+智慧交通技术的原创大国,还是全球主要的技术应用市场,占比份额达到68%。中国作为交通大国和货物运输大国,随着智慧城市的建设需求日益增强以及网络购物的日益盛行,智慧交通和智慧物流的市场需求非常巨大。近年来国内不断出台的大力发展智慧交通和智慧物流的利好政策,进一步推动了区块链等新技术与交通行业的深度融合,这也吸引了众多企业的关注和投资热情,形成良性循环,不断刺激技术及资金在相关领域的投入,同时进一步扩大了区块链+智慧交通的国内市场规模。在技术市场占有份额方面,美国排名第二位,占比为15%;韩国排名第三位,占比7%。

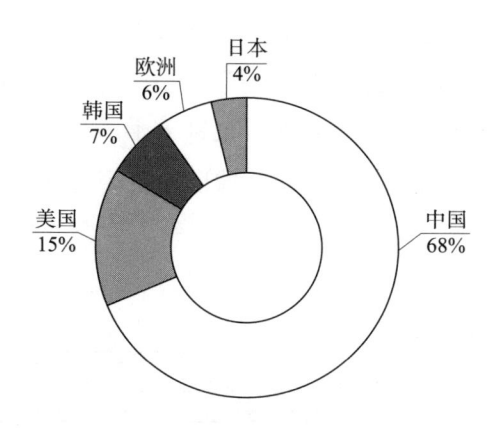

图12-3-33 区块链+交通运输专利全球申请主要目标市场占比情况

区块链+交通运输专利全球申请人排名情况如图12-3-34所示。其中，腾讯公司和浪潮集团排名并列第一位，均提交相关专利申请53项。腾讯公司属于互联网公司，在国内较早时间就锚定智慧城市这一高新领域并开展智慧交通的相关研发。而浪潮集团也十分关注智慧城市和智慧交通的建设，携手华路易云科技有限公司共同开发领先智慧交通解决方案。从专利申请情况来看，二者在研发成果的专利转化方面也起步较早，在今后的竞争中相比其他企业将具备一定优势。此外，湖南大学和平安国际智慧城市分别排名第三位和第四位。从排名中可以看出，中国专利申请人占比超过60%。中国创新主体在区块链+交通运输应用领域中相比较而言具有更大的研发热情，投入了更多的研发力量，并且研发成果的专利转化率也较高。

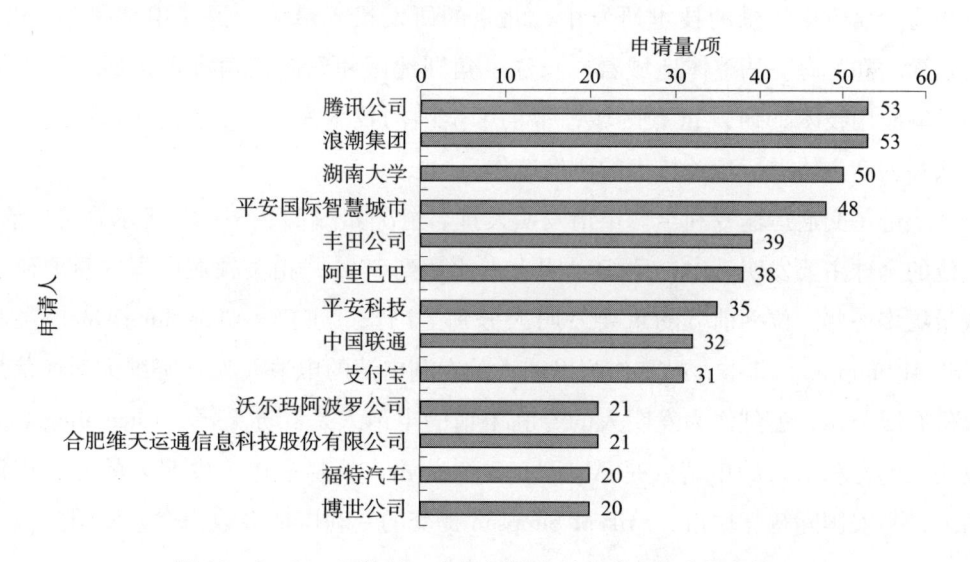

图12-3-34 区块链+交通运输专利全球申请人排名情况

区块链+交通运输专利中国申请人排名情况如图12-3-35所示。可以看出，与全球重要申请人对比，只有福特公司和博世公司在中国提交的申请量排名靠前。可见，大部分国外申请人并没有选择让全部研发成果进入中国市场。中国市场的主要研发力量为国内创新主体，并且国内创新主体在全球区块链+交通运输应用领域的专利申请中也占据重要地位。

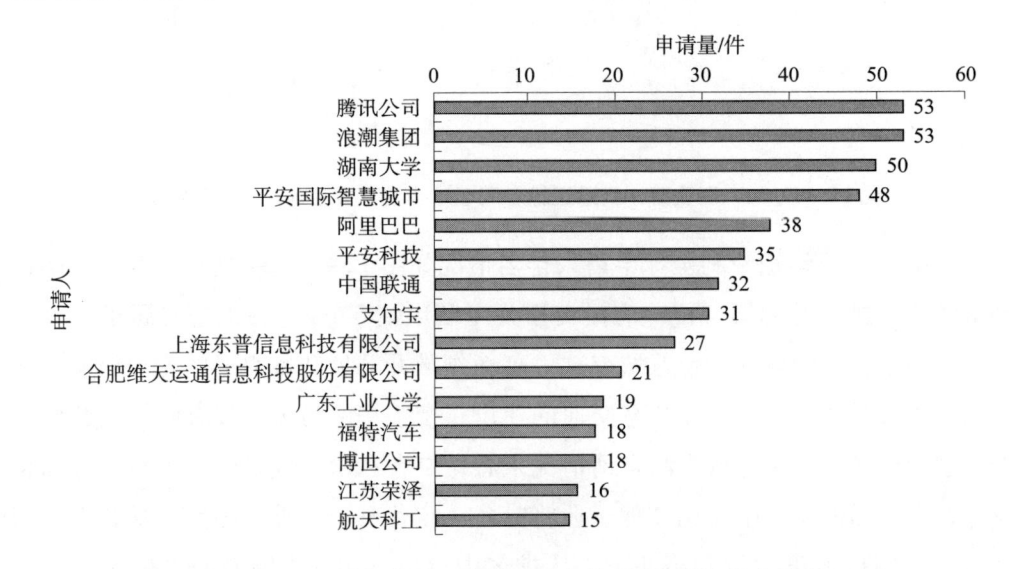

申请人	申请量/件
腾讯公司	53
浪潮集团	53
湖南大学	50
平安国际智慧城市	48
阿里巴巴	38
平安科技	35
中国联通	32
支付宝	31
上海东普信息科技有限公司	27
合肥维天运通信息科技股份有限公司	21
广东工业大学	19
福特汽车	18
博世公司	18
江苏荣泽	16
航天科工	15

图12-3-35　区块链+交通运输专利中国申请人排名情况

我国在区块链+交通运输专利申请的城市排名情况如图12-3-36所示。在区块链+交通运输应用场景的技术研发中，北京的研发投入最多，提交申请量为355件。其次是深圳和上海。从整体地域看，长江三角洲地区和珠海三角洲地区属于区块链+交通运输应用技术的研发重点区域，带动了全国的技术发展。在北方则以北京为首，汇聚众多创新主体进行相关技术的研发工作。

区块链+交通运输专利全球申请发明人排名情况如图12-3-37所示。可以看出，前十位的全球主要发明人中，国内发明人占比达到70%，相关领域中国内重要研发人员数量更多一些。位列前五的重要发明人分别是冯雷、王剑、Chae Jung Gue、吴晓东和Erik M Simpson。其中，冯雷作为发明人的专利申请的申请人为合肥维天运通信息科技股份有限公司，王剑作为发明人的专利申请的申请人是江苏荣泽，Chae Jung Gue作为发明人的专利申请的申请人是Alphabrothers公司，吴晓东作为发明人的专利申请的申请人是平安国际智慧城市，Erik M Simpson提交的专利申请多数为个人发明。

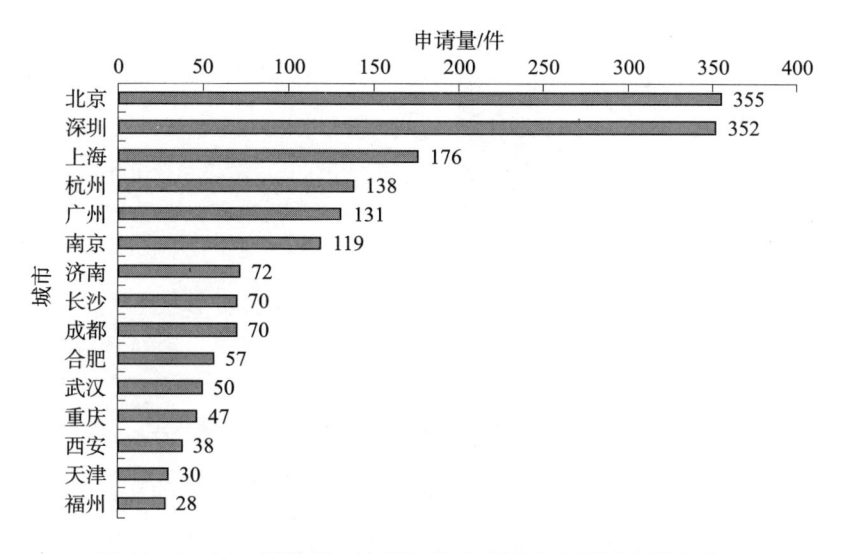

图 12-3-36　区块链+交通运输专利国内申请城市排名情况

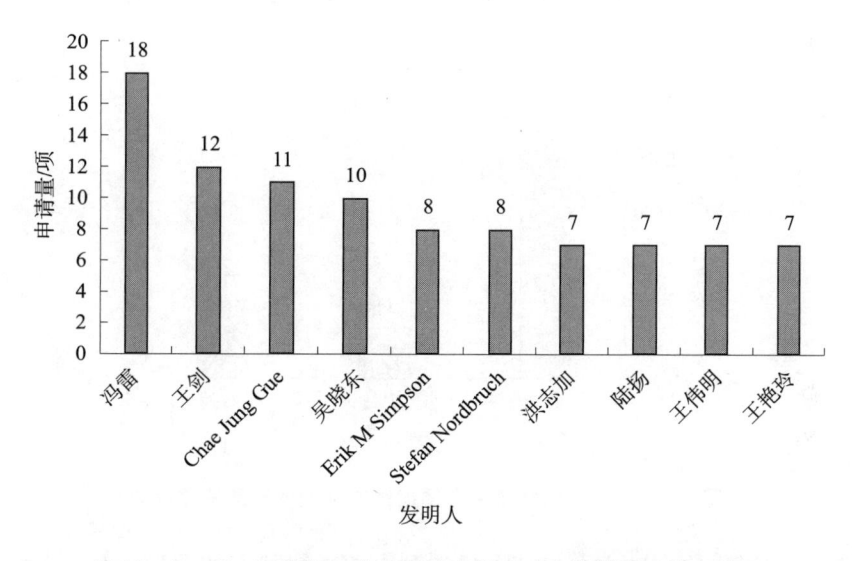

图 12-3-37　区块链+交通运输专利全球申请发明人排名情况

12.3.3.3　法律状态及专利运营情况

区块链+交通运输专利全球申请类型如图 12-3-38 所示。其中，发明专利 3154 项，占比 96.8%；实用新型专利 105 项，占比 3.2%。可见，在区块链+交通运输应用场景中，仍然是发明专利占据绝对优势，申请人更为注重相关技术研发成果，也更愿意选择保护期限为 20 年的发明专利来加以保护。

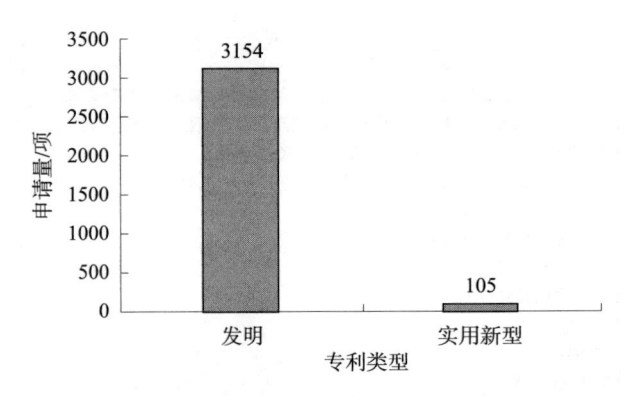

图 12-3-38　区块链+交通运输专利全球申请类型

如图 12-3-39 所示，从区块链+交通运输全球专利申请的法律状态统计数据可以看出，在区块链+交通运输应用场景下，专利申请大部分仍处于在审状态，这与区块链技术应用于交通运输领域中的时间较晚，研发成果多在 2018 年后才转化为相关专利申请有关。

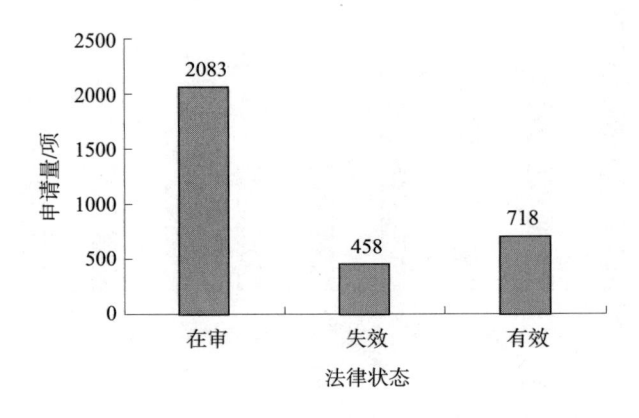

图 12-3-39　区块链+交通运输专利全球申请法律状态

区块链+交通运输全球主要申请人的专利申请法律状态如图 12-3-40 所示。可以看出，腾讯公司的在审专利申请在其所有专利申请中的占比接近 60%，有效专利在其所有专利申请中的占比超过 40%。其在区块链+交通运输领域中的专利申请质量较高，已经审结的专利申请中，绝大部分都被授权。腾讯公司在该领域中较早进行了专利布局，并拥有较多数量的已授权专利，在未来竞争中将会具有更强的竞争力。同样为专利申请数量最多的申请人，浪潮集团的在审状态专利申请在其所有专利申请中的占比却在 90% 以上，相比于腾讯公司，其在区块链+交通运输领域中的专利布局更晚，但近几年的专利申请数量超过同期的腾讯公司，发展后劲十足。纵观排名靠前的其他国内申请人，大部分都存在在审状态的专利申请量占比较高的现象。相比较而言，大部分国外申请人的有效专利量占比相对更高,而在审专利申请量的占比相对更低,说明国外申请人在该领域的专利布局相对国内大部分申请人更早一些。综上所述,在区块链+交通运输应用场景下,国外申请人更早地关注到该应用场景,并率先开始进行专利布局。在近年来,随着国内智慧城市和智慧交通理念的兴起,国内申请人也纷纷发现区块链技术在该应用场景中的优势及商机,逐步开始涉足区块链技术在智慧交通运输中的应用研发,并开展相应的专利布局。

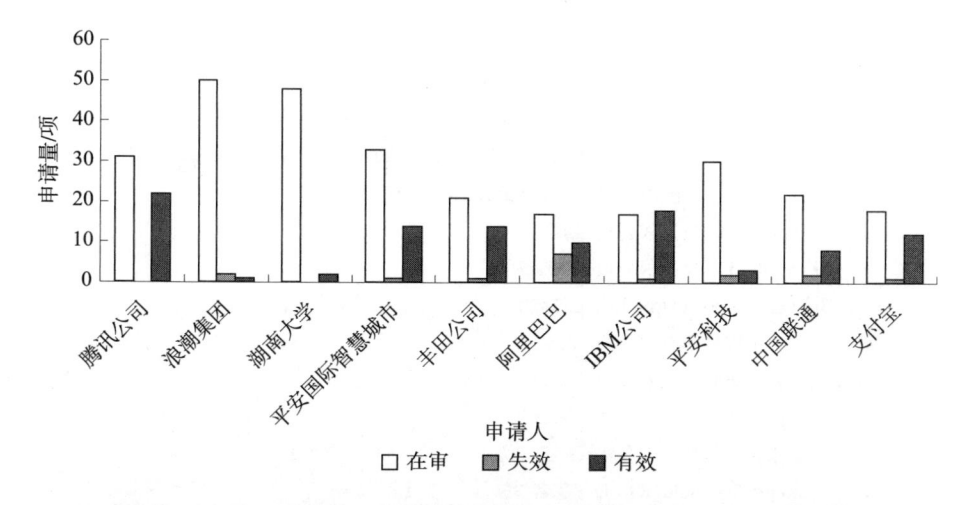

图 12-3-40 区块链+交通运输全球主要申请人的专利申请法律状态

由于区块链+交通应用场景下的专利申请多数仍处于在审状态,因此主要从专利申请的转让统计情况进行专利运营情况的分析。区块链+交通运输专利全球转让趋势如图 12-3-41 所示。该领域中专利转让行为主要集中在 2018—2020 年,且在 2019 年达到峰值,这一期间属于专利运营最活跃的时期。该专利转让的发展趋势基本与区块链+交通运输专利申请的发展趋势相吻合。

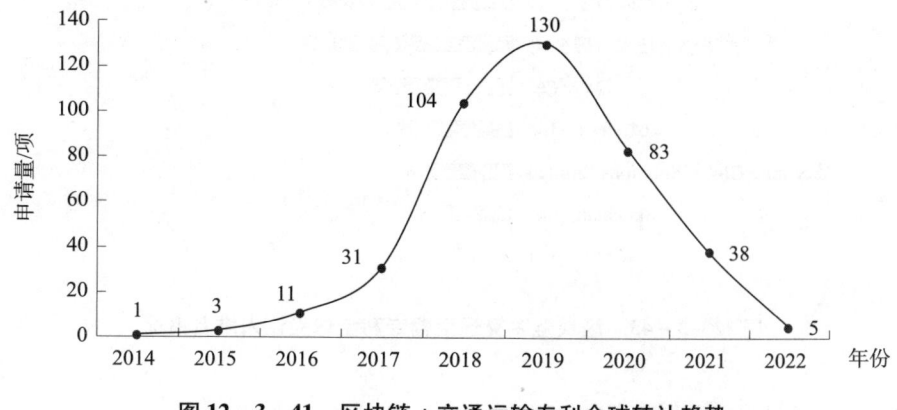

图 12-3-41 区块链+交通运输专利全球转让趋势

区块链+交通运输专利全球转让人排名情况如图12-3-42所示，区块链+交通运输专利全球受让人排名情况如图12-3-43所示，主要的转让人中以国内申请人居多，而在主要的专利受让人中以国外申请人居多。这反映出在专利运营活动中，国内申请人更多的是掌握区块链+交通运输应用的相关技术，其中一些研发成果也获得国内外的关注和认可，实现了技术的转让输出。而国外申请人的专利受让人更多，也在一定程度上反映出，国外企业存在区块链技术在智慧交通运输场景下的应用技术需求，并且对国内的研究成果非常感兴趣。

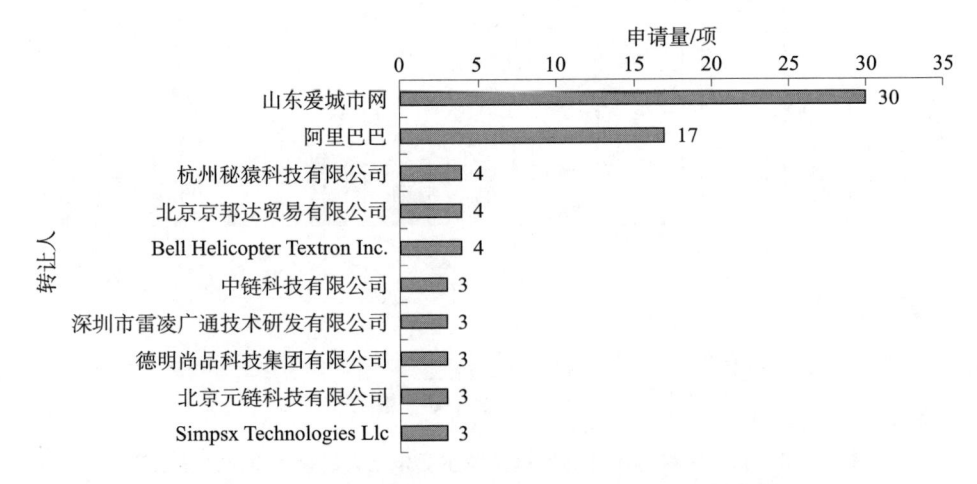

转让人	申请量/项
山东爱城市网	30
阿里巴巴	17
杭州秘猿科技有限公司	4
北京京邦达贸易有限公司	4
Bell Helicopter Textron Inc.	4
中链科技有限公司	3
深圳市雷凌广通技术研发有限公司	3
德明尚品科技集团有限公司	3
北京元链科技有限公司	3
Simpsx Technologies Llc	3

图12-3-42　区块链+交通运输专利全球转让人排名情况

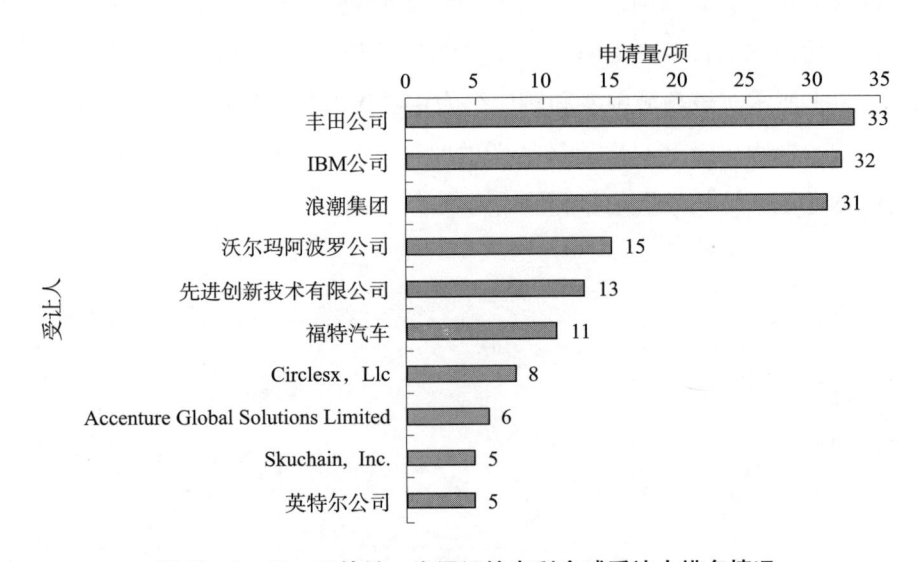

受让人	申请量/项
丰田公司	33
IBM公司	32
浪潮集团	31
沃尔玛阿波罗公司	15
先进创新技术有限公司	13
福特汽车	11
Circlesx, Llc	8
Accenture Global Solutions Limited	6
Skuchain, Inc.	5
英特尔公司	5

图12-3-43　区块链+交通运输专利全球受让人排名情况

12.3.3.4 国民经济行业分析

区块链 + 交通运输专利在国民经济行业的分布情况如图 12 - 3 - 44 所示。可以看出，区块链技术在交通应用场景下主要涉及的国民经济行业包括：物联网技术服务（国民经济分类代码为：I6532）、互联网安全服务（国民经济分类代码为：I6440）、互联网生产服务平台（国民经济分类代码为：I6431）、互联网生活服务平台（国民经济分类代码为：I6432）、互联网科技创新平台（国民经济分类代码为：I6433）、互联网公共服务平台（国民经济分类代码为：I6434）、其他互联网平台（国民经济分类代码为：I6439）、互联网数据服务（国民经济分类代码为：I6450）、其他互联网服务（国民经济分类代码为：I6490）等。车联网行业是区块链 + 交通运输场景中最主要涉足的国民经济行业。车辆网是物联网技术在交通领域中的典型应用，涵盖了智能化交通管理、智能动态信息服务、车辆智能化控制等多个智慧交通的具体应用场景，也是智慧交通技术研究最热门的分支。区块链 + 车联网的融合属于智慧交通应用技术中的新贵，国民经济行业分布情况也在一定程度上反映了区块链 + 车联网是区块链技术在交通运输中应用落地的最主要方面。而其他区块链 + 交通运输涉及的国民经济行业分支也基本聚焦在互联网技术中，特别是安全服务、生产服务和生活服务等，具体涉及网络安全监控、互联网约车服务平台、互联网旅游出行服务平台、互联网货物运输平台等多个行业分支，反映了区块链 + 智慧交通运输技术在车联网之外的其他应用热点。

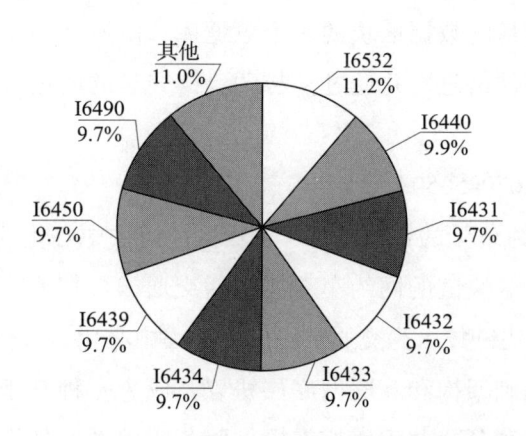

图 12 - 3 - 44　区块链 + 交通运输专利在国民经济行业的分布情况

12.3.3.5 典型专利

区块链技术在城市交通管理、共享出行、智慧物流、交通基建等多个智慧交通应用场景中具有很大的应用潜力，本部分将从智慧交通运输不同的应用场景中给出区块链技术应用的一些典型专利，供研发人员开拓思路。

1. 专利申请：US10713727B1

"用于建立和利用自动驾驶车辆相关事件区块链的系统和方法"的专利提供了利用区块链分布式账本进行车辆信息记录的典型案例。利用区块链维护和建立自动驾驶车辆相关事件的方法包括接收自动驾驶车辆事件的指示，自动驾驶车辆事件可以包括与技术使用和/或操作事件相关的信息。自动驾驶车辆事件可以被编译成记录的自动驾驶车辆事件的日志。基于自动驾驶车辆事件，可以确定要实现的动作。日志可以被分发到分布式节点的公共或私有网络，以在记录自动驾驶车辆事件的日志的更新上形成一致，分布式节点可以维护自动驾驶车辆事件的共享分布式账本的最新记录。

2. 专利申请：CN108961047A

"利用区块链数据库在车辆与实体之间进行数据交易的方法和系统"的专利提供了利用区块链的分布式架构，实现车辆信息的分布式数据存储的典型案例。使用区块链在多个实体之间分发与车辆操作相关的事件信息的方法包括：在参与用于分发与车辆操作相关的事件信息的区块链交易的多个实体之间的区块链协议，其中区块链交易包括具有用于存储事件信息的数据区块的多个数据库；由所述多个实体中的特定实体生成与车辆操作相关的事件信息，并通过参与区块链交易的所述多个实体的共识来验证所述事件信息。

3. 专利申请：CN107045650A

"基于区块链的网约车"的专利提供了利用区块链去中心化的架构实现网约车网络的典型应用案例。基于区块链的网约车系统包括交通云数据库、交通云人工智能系统TAI和移动客户端。区块链技术为交通云提供一个去中心化、去信任、集体维护、非对称加密可靠数据库的基础架构和互联网底层协议，成为一种基于时间戳为出行者建立高度联接、达成出行资源分配共识、按需提供服务的移动软件即服务（SaaS）软件应用模式、分布式计算范式和群体智能模型。

4. 专利申请：CN113411407A

"基于区块链技术的分片式车联网系统"的专利提供了区块链架构及共识机制实现

车辆网系统的典型案例。基于区块链技术的分片式车联网系统包括：多个边缘服务器，与边缘服务器直接通信的车辆终端；需产生新区块时，最先获得新区块记账权的车辆终端，将包括位置证明信息和自身数字签名的新区块，发送至同一分片区域内的其他车辆终端进行验证；任一验证车辆，根据新区块中所有参与验证车辆的位置证明信息和签名信息，确定共识指数，若共识指数未达到共识阈值，则将自身位置证明信息和签名信息写进新区块，发送给下一验证车辆，否则将新区块发送给分片区域的边缘服务器验证，通过后完成新区块的更新。

5. 专利申请：CN113284265A

"一种基于积分证明链的共享停车管理方法及系统"的专利提供了利用区块链共识机制实现共享停车管理的典型案例。基于积分证明链的共享停车管理方法包括：基于关键字确定待匹配集合；通过积分证明机制实时将有空位的停车场存入区块链；将区块链中存储的停车场与待匹配集合中的停车场进行匹配，选取距离最短的所述匹配成功的停车场作为最优停车场；根据车主信息、车辆信息、停车时段以及最优停车场信息生成停车信息，并将停车信息发送至车主进行确认；当车主确认后生成停车合约，通过积分证明机制实时将停车合约存入区块链。

6. 专利申请：CN114756899A

"一种基于区块链的物流系统"的专利提供了利用区块链架构及智能合约技术改进物流系统的典型应用案例。托运节点将托运物信息发送到承运节点；承运节点接收托运物信息，获取托运物的信息证明，检验信息证明和托运物信息，若检验通过，向托运节点发送第一通信密钥，托运物的货物支配权归属托运节点；金融节点检验托运节点的信息，若检验通过则向托运节点结汇货款，生成第一交易信息，第一交易信息同步至区块链；承运节点确认第一交易信息，销毁第一通信密钥，向金融节点发送第二通信密钥，托运物的货物支配权归属金融节点；收货节点支付电子赎款，生成第二交易信息，第二交易信息同步至区块链；承运节点确认第二交易信息，销毁第二通信密钥，向收货节点发送第三通信密钥，托运物的货物支配权归属收货节点。

7. 专利申请：US2019043010A1

"具有委托链的安全收货设备"的专利提供了利用区块链令牌机制实现运输过程安全验证的典型应用案例。装运协调设备包括地址生成器和验证引擎。该设备还包括装运组协调器，用于基于：①与发件人相关联的第一数字地址；②与收件人相关联的第二数字地址；③与所述第一数字地址或所述第二数字地址中的至少一个相关联的至少一个加密密钥来生成包括发件人和收件人的组。装运组协调器基于对标识所述收件人的令牌的验证来启动交付指令并管理对与所述第二数字地址相对应的第二物理地址处的包裹的接收确认，以及使用用于包括发件人和收件人的组加密密钥以在所述发件人与所述收件人之间提供消息的加密收发。

12.3.4 区块链+知识产权专利分析

本节以截至2021年12月31日已公开的专利申请数据为统计样本，分别从全球申请概况和中国申请概况两个范畴，考虑申请量变化趋势、原创区域分布、申请人排名、法律状态及专利运营情况等维度分析了区块链技术在知识产权领域中的国内外申请态势。

12.3.4.1 专利申请趋势

区块链+知识产权专利全球和中国申请趋势如图12-3-45所示。在区块链1.0时代，区块链技术的发展局限于比特币等加密数字货币的技术支持，没有引发更多的研发投入热情。从全球专利申请量可以看出，区块链+知识产权应用场景的全球申请量可以分为以下三个典型时期。

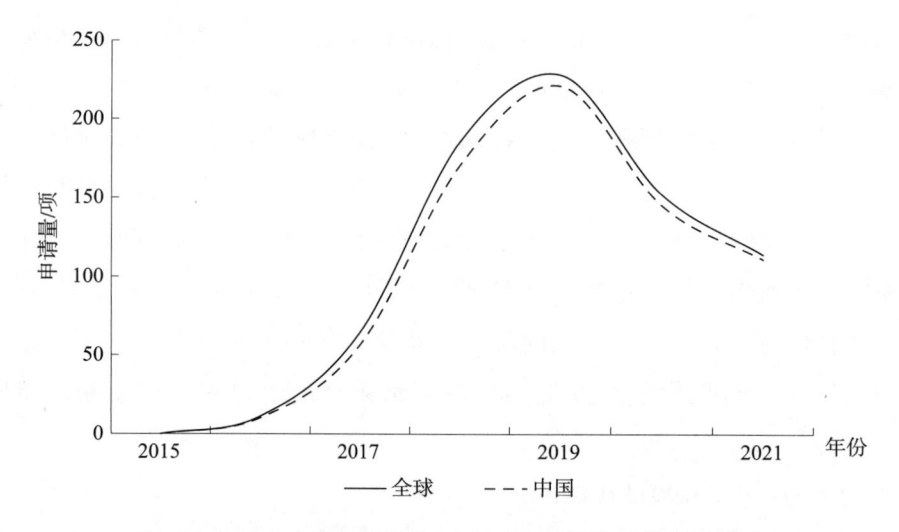

图12-3-45 区块链+知识产权专利全球和中国申请趋势

2015—2016年是起步期。区块链2.0时代的到来，区块链智能合约的出现，拓宽了区块链技术在知识产权领域的应用范畴，有一些公司和机构开始加入区块链知识产权应用的研发队伍，将区块链技术应用于知识产权领域的专利布局拉开帷幕，但专利申请总量还非常少。

2017—2019年是飞速上升期。随着区块链3.0时代的到来，区块链技术的发展更为成熟，应用领域大幅拓宽，并向实体经济等其他领域迈进，各个国家或地区对区块链+应用落地的技术研发投入热情高涨。作为区块链技术应用延伸的知识产权领域，也同样迎来了技术研发的爆发期，专利申请量呈现井喷式增长态势。在2017年和2018年，区块链+知识产权应用专利申请量出现了一个很大的飞跃，相比前一年，呈现了数倍的增长速度，属于相关技术的专利申请爆发期。

2020年至今出现了较为明显的回落。区块链+知识产权应用的专利申请量在2019年达到峰值，从2019年以后，区块链在知识产权领域的应用研发呈现一个下滑态势，这与区块链技术在知识产权领域中应用技术基本成熟、研发团队和研发力量的投入整体减少有关。此外，在一定程度上也受到了全球新型冠状病毒疫情和经济环境的双重冲击。但需要注意，由于专利文献公开的滞后性，2021年部分专利申请数据还未公开，因此图12-3-45中2021年的专利申请数量还不能反映真实的情况。

从地域来看，全球区块链+知识产权应用场景的专利申请主要集中在中国。这体现了中国在知识产权领域推广和应用区块链技术的力度之大，以及在区块链+知识产权应用场景中对于专利保护的重视。

12.3.4.2 应用场景分布及趋势

通过知识产权横向类型对区块链+知识产权的具体应用场景进行分析。区块链+知识产权专利全球申请各类型分布情况如图12-3-46所示，可以看出，在明确了知识产权横向类型的专利申请中，将区块链技术应用于著作权这一知识产权类型的申请数量最多，有442项，占比达58.5%。究其原因，与著作权自动获得保护的法律规定、传统著作权行业存在的诸多痛点以及区块链所具有的不可篡改性等密切相关，这使得区块链技术具有应用于著作权领域的天然优势，创新主体的研发投入与实际应用需求相匹配。将区块链技术应用于专利这一知识产权类型的专利申请量为30项，也有少量专利申请涉及在商标和地理标志中应用区块链技术。此外，还存在大量能适用于所有知识产权类型或无法明确具体应用场景的专利申请，共有276项，但未检索到将区块链技术应用于商业秘密、植物新品种等知识产权类型的专利申请。

◎ 区块链技术、应用与知识产权保护

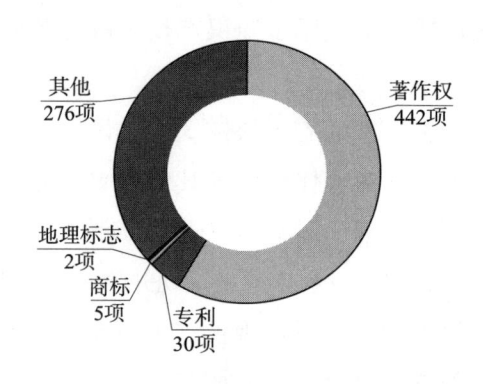

图 12-3-46 区块链+知识产权专利全球申请各类型分布情况

通过知识产权纵向环节对区块链+知识产权的具体应用场景进行分析。区块链+知识产权专利全球申请应用场景分布情况如图 12-3-47 所示，可以看出，在明确了知识产权纵向环节的专利申请中，将区块链技术应用于促进知识产权交易的申请数量最多，有 255 项，占比达 33.8%。原因在于，一方面，随着知识产权应用价值的不断释放，知识产权的流通、转让、租赁和融资等交易流转越来越频繁；另一方面，区块链技术的应用能提升知识产权交易变现的灵活性、便利性和流动性，从而助力知识产权交易流转，将区块链与知识产权交易相结合，以解决该环节长期存在的"估值难""变现难""融资难"的痛点，创新主体自然而然会重视相关技术的研发。在知识产权确权、管理和维权环节应用区块链技术的专利申请也较多，分别为 115 项、111 项和 88 项，主要原因是区块链技术的应用可优化知识产权确权流程，提高知识产权管理效率以及降低知识产权维权难度。此外，还存在大量能适用于所有知识产权纵向环节或无法明确具体应用场景的专利申请，共有 186 项。

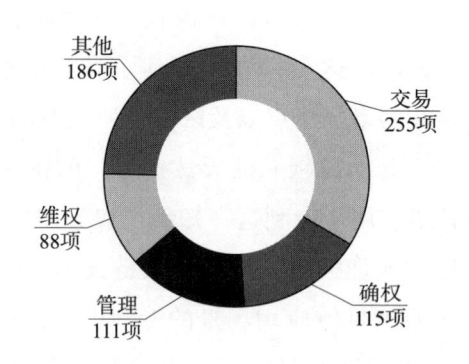

图 12-3-47 区块链+知识产权专利全球申请应用场景分布情况

区块链+知识产权专利全球在不同环节的申请情况如图12-3-48所示。可以看出，将区块链技术应用于促进著作权交易的申请数量最多，有141项；其次，在著作权确权、管理和维权环节应用区块链技术的专利申请也较多，分别为91项、65项和62项。当前区块链技术在著作权的各个环节均具有广泛的应用市场，并且在技术融合上也有较为充分的发展和研发投入。相比而言，专利和商标各环节中区块链技术的应用明显不足。随着人工智能、大数据等技术的进一步发展，专利和商标各环节极有可能成为未来区块链+知识产权新的增长点。

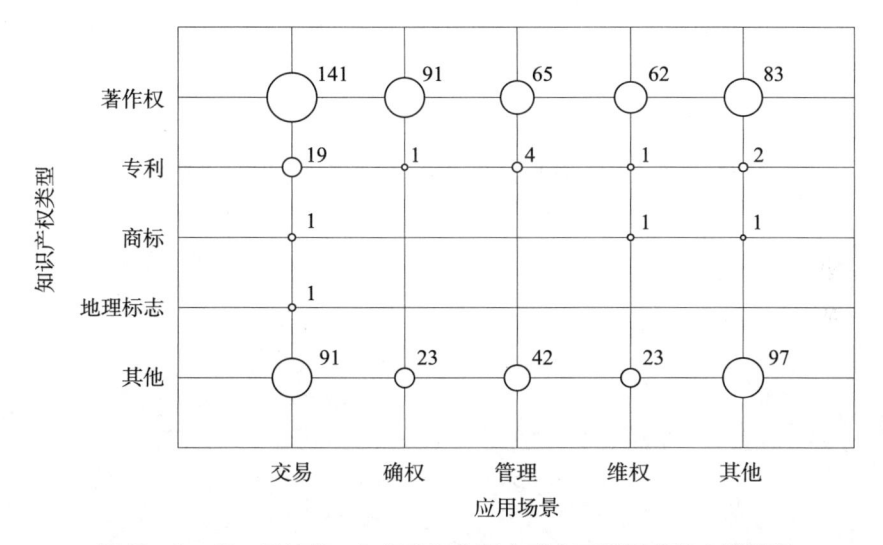

图12-3-48 区块链+知识产权专利全球在不同环节的申请情况

注：图中数字表示申请量，单位为项。

图12-3-49和图12-3-50分别从知识产权横向类型和纵向环节展示了区块链+知识产权全球专利申请趋势。可以看出，申请数量较多的著作权、专利等知识产权类型，以及交易、确权、管理和维权等知识产权环节，区块链技术专利申请均在2017—2019年迅速攀升，之后由于受全球新型冠状病毒疫情、经济环境和研发投入等多方面因素的影响，可能出现一定的回落。但也需要注意，由于专利文献公开的滞后性，2020年和2021年部分专利申请数据还未公开，因此图中2020年和2021年的专利申请数量还不能反映真实的情况。

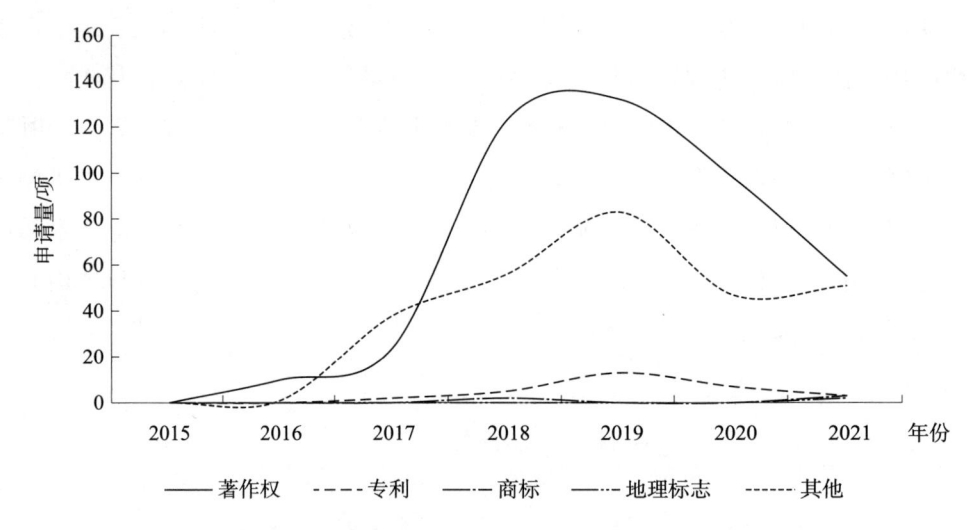

图 12-3-49　区块链+知识产权横向类型专利全球申请趋势

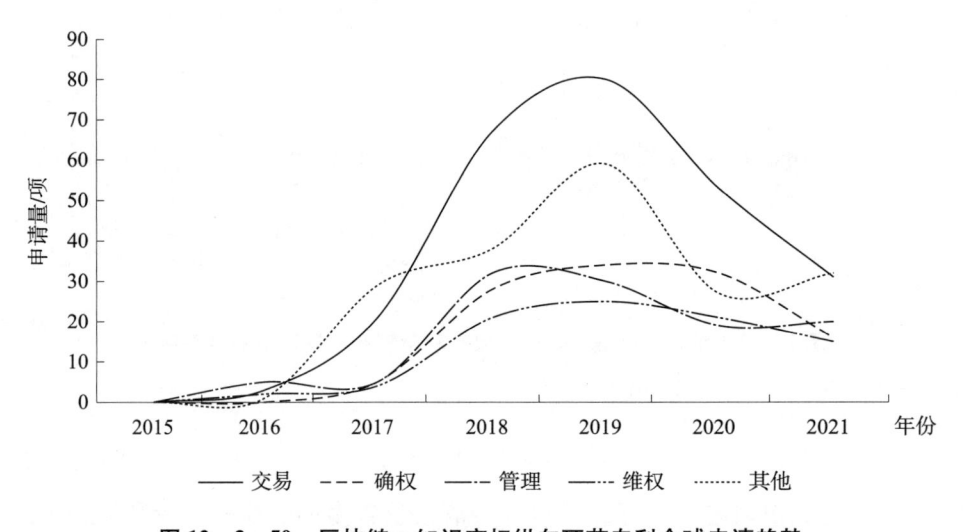

图 12-3-50　区块链+知识产权纵向环节专利全球申请趋势

12.3.4.3　申请人及创新主体状况

区块链+知识产权专利全球申请原创国家或地区占比情况如图 12-3-51 所示。从专利技术原创国家或地区的申请分布看，区块链+知识产权专利申请中，来自中国申请人的申请量占比达 75%，位列区块链+知识产权专利原创国家或地区首位，且占据绝对优势。这与中国重视区块链技术在知识产权领域的应用并不断出台的对区块链的扶持政策相关，特别是 2018 年将区块链技术上升到国家战略地位后，激发了国内创新主体的创新热情，纷纷增加区块链+的研发投入，中国也成为在全球区块链+知识产权技术应用的最大技术来源地。美国的原创申请数量次之，仅占全球数量的4%。

区块链+知识产权专利全球主要目标市场占比情况如图12-3-52所示。在区块链+知识产权应用市场中，中国是区块链+知识产权的主要目标市场，占据全球多于一半的市场份额，位居首位。美国和欧洲为全球第二大和第三大应用市场，分别占据了15%和9%的全球市场份额。中国在区块链+知识产权应用方面的产品需求和广阔市场也推动了国内创新主体的研发热情，形成正向循环，具有较好的发展前景。对比图12-3-51可以看出，部分国内创新主体在将中国作为首要目标市场的同时也选择了美国、欧洲和韩国作为目标市场，这些国内创新主体包括华为公司、阿里巴巴、创新先进技术有限公司、腾讯公司和支付宝等，反映了我国创新主体的海外知识产权保护意识在不断增强。

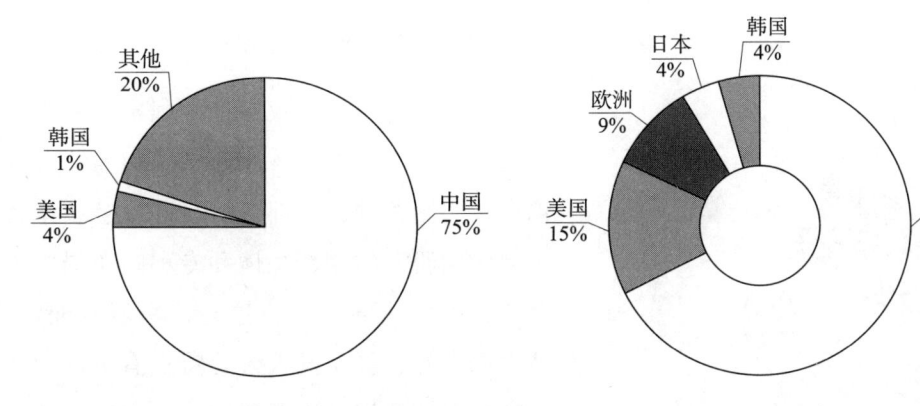

图12-3-51 区块链+知识产权专利全球申请原创国家或地区占比情况

图12-3-52 区块链+知识产权专利全球申请主要目标市场占比情况

区块链+知识产权专利全球申请人排名情况如图12-3-53所示。从全球主要申请人排名可以看出，提交专利申请量最多的申请人绝大部分来自中国，反映了中国的创新主体对区块链技术在知识产权领域应用的投入较多，占据绝对领先地位。排名前十位的申请人拥有的专利申请总量为225项，占该领域全球专利申请总量的30%左右，表明区块链+知识产权应用领域的研发比较集中，头部企业是该领域的创新主力。在具体申请人排名中，阿里巴巴、创新先进技术有限公司和支付宝位列前三，这三家公司专利申请总量占该领域全球专利申请总量的20%左右，具有非常雄厚的创新实力和非常强烈的保护意识。阿里巴巴和支付宝既是合作关系又是附属关系，阿里巴巴拥有较强的研发能力和扎实的底层网络、通信、区块链技术基础，不仅在互联网零售平台加强知识产权保护，而且投入了较大的研发力量在区块链+知识产权的技术应用上，其研发投入的积累及专利申请的布局使得其在市场中占有较为明显的优势地位。创新先进技术有限公司作为国内比较活跃的创新主体，在区块链领域的研发投入也较多。

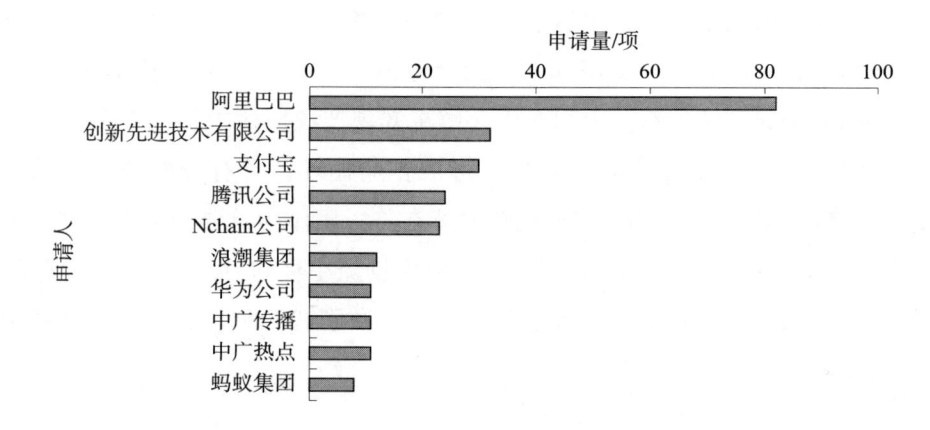

图 12-3-53 区块链+知识产权专利全球申请人排名情况

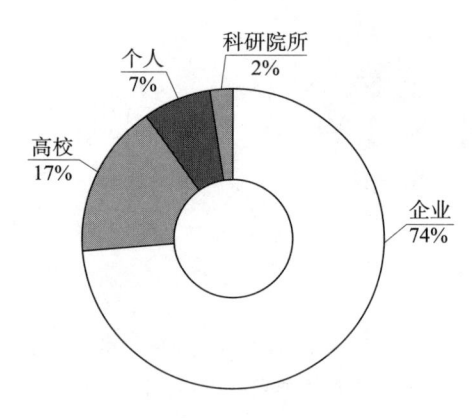

图 12-3-54 区块链+知识产权专利中国申请人类型占比情况

区块链+知识产权专利中国申请人类型占比情况如图 12-3-54 所示。可以看出，在知识产权应用领域，大部分进行区块链技术在该领域应用研究的创新主体和专利的布局主力是企业，占比达到 74%。这与该领域专业性强、技术要求高、研发投入大等特点有关。随着知识产权保护意识的不断增强，国内知识产权市场拥有巨大的受众群体，传统知识产权业务中的弊病也日益突出，这也导致中国市场中采用区块链技术对知识产权行业进行改进的需求较为迫切。而这种问题的解决，通常需要企业负责相关产品的开发或平台搭建，而知识产权服务机构也更倾向于与企业合作进行现有系统的改造，这也就形成了该领域中应用区块链技术的申请人多数为企业的趋势。此外，高校近年来也加大了对区块链+知识产权应用研究的投入，在促进区块链技术与知识产权领域融合的研发方面也表现出较高的积极性，其专利申请量占比为 17%。相比而言，个人和科研院所在区块链+知识产权应用领域的研发投入和专利布局较少。

区块链+知识产权专利全球主要申请人的技术功效分布情况如图 12-3-55 所示。可以看出，各主要申请人都比较关注将区块链技术应用于知识产权场景以提高便利性，其中阿里巴巴、中广热点和中广传播为此投入的研发力度最大，产出的专利申请也较多。此外，大部分申请人还关注将区块链技术应用于知识产权场景以提高智能化和效率，相关专利申请也达到了一定的数量。从各主要申请人研发投入的重点来看，阿里巴巴重视将区块链技术应用于知识产权场景以提高安全性和便利性，支付宝重视提高便利性和智能化，腾讯公司重视提高安全性、效率以及降低成本，中广热点和中广传播均重视提高便利性和可靠性。结合图 12-3-55 中的空白点可知，将区块链技术应用于知识产权场景以降低成本和复杂性等可以作为区块链+知识产权研发投入和专利布局考虑的重点。

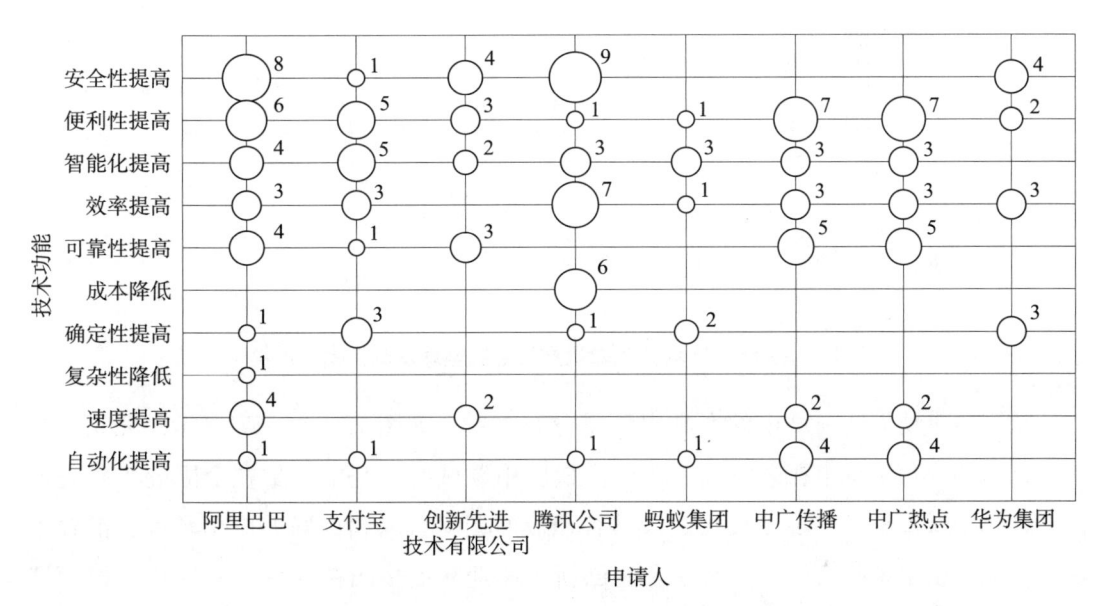

图 12-3-55　区块链+知识产权专利全球主要申请人的技术功效分布情况

注：图中数字表示申请量，单位为项。

区块链+知识产权专利全球发明人排名情况如图 12-3-56 所示，分别是杨新颖、栗志果、Wright Craig Steven、Savanah Stephane、张勇、徐惠、刘廷军、商广勇、孙朝晖、方宏，基本为申请量排名靠前的企业申请人的主要发明人。其中，排名前两位的杨新颖、栗志果分别为阿里巴巴和创新先进技术有限公司的主要发明人，排名第三和第四的 Wright Craig Steven 和 Savanah Stephane 为新加坡的 Nchain 公司的主要发明人，张勇、徐惠为支付宝的主要发明人，刘廷军、孙朝晖、方宏分别为中广热点或中广传播的主要发明人，商广勇为浪潮集团的主要发明人。技术的研发和专利的布局离不开技术创新人才的支撑，而专利发明人是技术创新人才的直接体现，发明人的分布体现出阿里巴巴、创新先进技术有限公司、Nchain 公司等对于创新人才的重视和培养，也体现出这些创新主体在区块链＋知识产权应用领域的话语权、竞争力和控制力。

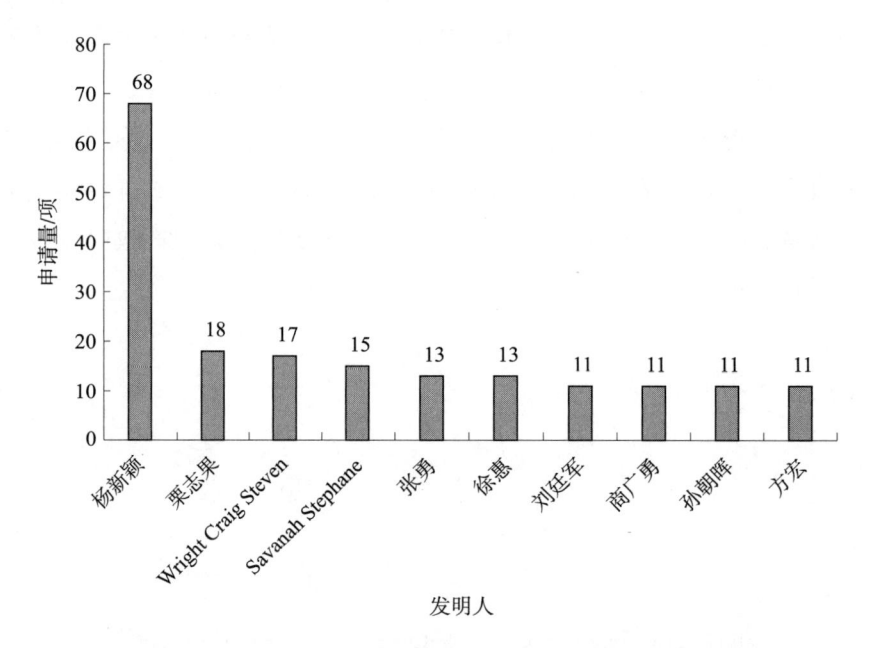

图 12－3－56　区块链＋知识产权专利全球发明人排名情况

从国内申请人所在城市的专利申请量分布来看，如图 12－3－57 所示，北京、深圳、杭州和广州等城市在区块链＋知识产权应用领域的专利申请量在全国处于领先地位。这几个城市经济技术比较发达，具有积极的创新氛围和良好的应用环境，汇聚了众多的知识密集型高新企业，这些企业创新主体拥有更多的在区块链＋知识产权领域应用中的研发力量，从而造就了上述城市较高的知识产权活跃程度和专利申请布局能力。当然，由于参与区块链＋知识产权应用技术研发的相关企业较多，而且这些企业的资金和技术研发实力均比较强，初创企业想在这些城市中立足和发展会面临较大的竞争压力。从具体统计数据中可以看出，北京在区块链＋知识产权应用方面的研发力量投入最大，因为有中广热点、中广传播、百度公司、中国联通等这些代表，专利申请量达到 134 项，以明显优势位居专利申请量城市排行榜首位。深圳以 88 项专利申请位居专利申请量城市排行榜第二，仅次于北京，华为公司、腾讯公司、平安科技等是其代表。杭州主要因为支付宝，以 54 项专利申请位居专利申请量城市排行榜第三。

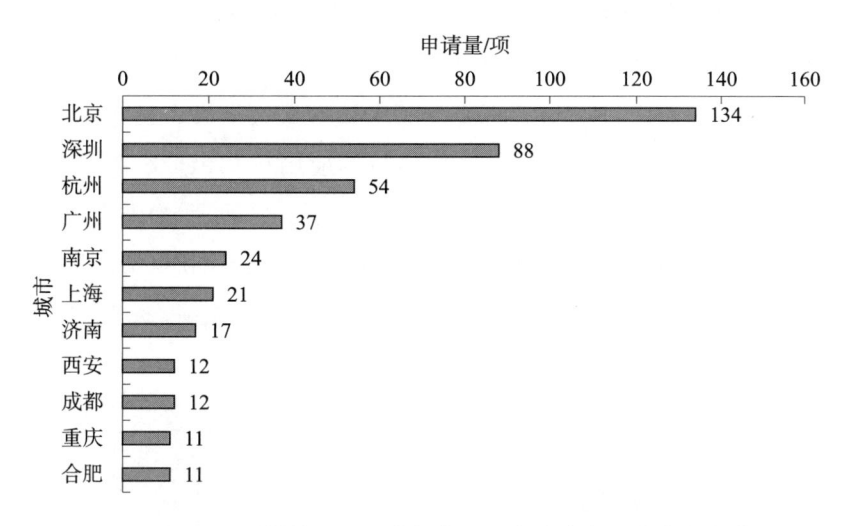

图 12-3-57　区块链+知识产权专利国内申请主要城市排名情况

12.3.4.4　法律状态及专利运营情况

区块链+知识产权专利全球申请类型如图 12-3-58 所示。其中，发明专利 738 项，实用新型专利 14 项。在区块链+知识产权领域中，发明专利占据绝对优势，这与知识产权领域的特点有关。区块链技术在知识产权领域中应用多与知识产权保护行为本身相关联，对应的研发成果也多以方法流程类呈现，因此出现了区块链技术在知识产权领域中的应用创新成果基本上都是以发明专利申请的形式予以保护的现象。此外，区块链+知识产权应用场景下的专利类型分布，从另一侧面说明了创新主体对相关技术研发成果进行知识产权保护的重视，基本上都选择通过保护期限为 20 年的发明专利来加以保护。

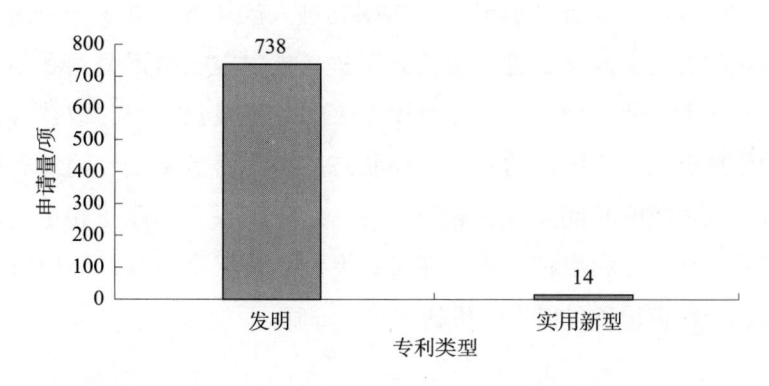

图 12-3-58　区块链+知识产权专利全球申请类型

区块链+知识产权专利全球申请法律状态如图12-3-59所示。可以看出,已授权并维持有效的专利为283项,占比37.5%;失效专利申请为93项,占比12.3%;在审专利申请为379项,占比50.2%。在审专利申请的占比最高,基本上为专利申请总量的一半。结合图12-3-45来看,将区块链技术应用在知识产权领域并开展专利布局的起步较晚,真正的快速发展是出现在2017年以后,特别是2019年的申请量最大。因此,其中大量专利申请的申请时间较晚,进而导致大量的专利申请尚处于在审状态。

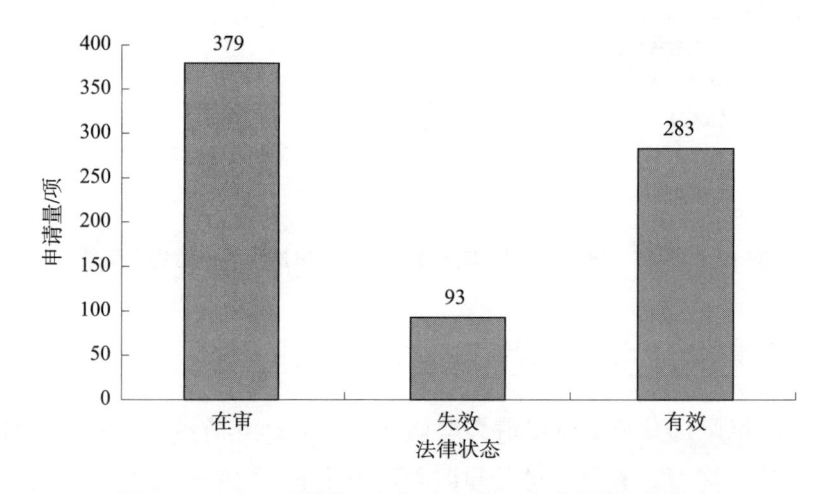

图12-3-59 区块链+知识产权专利全球申请法律状态

区块链+知识产权全球主要申请人的专利申请法律状态如图12-3-60所示。总体来说,头部企业获得专利授权后因未缴纳年费等导致失效的专利占比仅为其所有专利申请的5%,明显低于整体占比(12%),其中创新先进技术有限公司没有失效的专利,足见这些头部创新主体对区块链+知识产权的未来前景比较看好,也更重视专利权后续作用的发挥。具体而言,阿里巴巴和创新先进技术有限公司的有效专利数量较多,在审专利申请的占比也超过了50%,表明其进入区块链+知识产权应用领域的时机比较早,并对相关技术的研发进行了持续跟进。支付宝、腾讯公司和华为公司有效专利的占比高于在审专利申请,在一定程度上表明其研发投入早,但持续研发的积极性不太高。中广热点和中广传播的专利法律状态主要为有效专利,而没有在审专利申请,可见其进入该领域的时间虽然比较早,但后续研发投入的跟进很少。Nchain公司和浪潮集团主要是在审专利申请,几乎还没有专利申请获得授权,原因可能在于其加入区块链+知识产权应用场景研发队伍的时间比较晚。

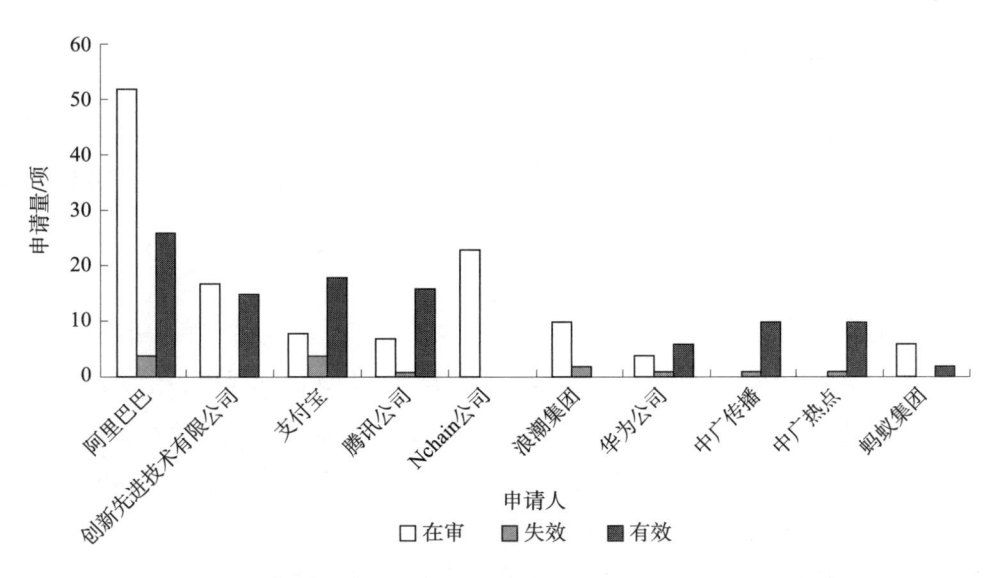

图 12-3-60 区块链+知识产权全球主要申请人的专利申请法律状态

区块链+知识产权专利全球运营趋势如图 12-3-61 所示。此处所述的专利运营包括转让、许可、质押、诉讼等，参与运营的专利或专利申请共计 83 项，运营比例达到 11%。从时间维度上来说，该专利运营情况的分布趋势与该领域中专利申请量的变化趋势基本趋同，2018 年专利申请的运营呈现明显增长的态势并达到运营量的峰值，2019 年专利申请的运营数量稍有下降，但仍处于专利运营量的较高位。这说明 2018—2019 年在区块链技术应用中，区块链+知识产权得到了业界的高度关注，除了有较多的创新主体直接参与，还有不少企业对区块链+知识产权的应用市场跃跃欲试，专利运营处于较为活跃的状态。2020 年及以后申请的专利，由于多数专利申请仍处于在审状态，且受其他多种因素的影响，因此专利运营量大幅下降。

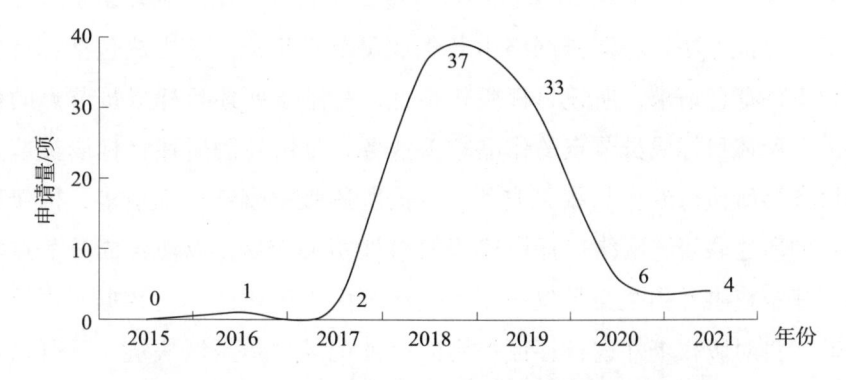

图 12-3-61 区块链+知识产权专利全球的运营趋势

12.3.4.5 典型专利

本部分依据典型专利的一些重要参考指示，例如，申请人、申请日期、同族数量、同族被引证次数、是否转让等，列举了区块链+知识产权应用场景下部分维持有效的专利，供研发人员开拓思路。

1. 专利申请：CN107145768B

该专利是华为公司拥有的名称为"版权管理方法和系统"的专利，申请日为2016年3月1日，具有中国、美国、欧洲、日本、韩国、WIPO国际局等多个扩展同族，同族被引证次数达到160多次。该专利提出了一种方法，实现任何人或者组织均可便捷地进行数字内容的版权登记，并且做到登记结果不可篡改、时间存在性和内容唯一性证明。任何人均可查看版权登记结果，让版权管理透明化。版权所有人可以基于版权登记结果，进行便捷的版权转移、产品新增、产品废弃、许可证颁发以及许可证分发等版权管理过程，让版权所有人参与版权管理，可以实现版权所有人随时控制版权的分发，保护版权所有人的利益，实现数字内容价值在互联网的传播和交换。该专利通过将数字内容登记的版权事务、产品事务和许可证事务等都记录到区块链中，在P2P网络版权管理系统中各个设备都存储了该区块链，一旦事务添加到区块链后，就无法更改，因此保证了版权管理操作过程的不可篡改、时间存在性和实现了版权内容唯一性证明，确保版权管理的可信、透明和安全性。

2. 专利申请：CN109274667B

该专利是阿里巴巴拥有的名称为"一种基于区块链的版权事件存证方法及系统"的专利，申请日为2018年9月14日，具有中国、美国、欧洲、新加坡、WIPO国际局等多个扩展同族，同族被引证10多次，进行过专利转让。该专利提出了一种基于区块链的版权事件存证方法，联盟链网络由若干成员节点组成。该方法包括：目标成员节点接收版权事件存证请求；所述目标版权事件，是基于所述目标成员节点的作品相关业务产生的；所述目标成员节点的作品相关业务，是由控制所述目标成员节点的作品服务商的服务器所执行的作品相关业务；根据所述版权事件存证请求，构建版权事件相关交易；向所述联盟链网络广播所述版权事件相关交易，以使各成员节点基于共识机制，将所述版权事件相关交易发布至区块链。由于区块链上的数据不可篡改、不可销毁，因此，将对版权事件进行存证得到的存证记录发布至区块链，就可以保证存证记录的安全可信。

3. 专利申请：US11144618B2

该专利是创新先进技术有限公司拥有的名称为"基于区块链的作品版权分配方法和装置"的专利，申请日为2021年4月29日，最早优先权日为2019年3月29日，具有中国、美国、欧洲、新加坡、WIPO国际局等多个扩展同族，同族被引证10多次。该专利提出了用于基于区块链的作品的版权分配的方法，包括以下步骤：由第一节点设备从区块链的分布式数据库获得第一目标交易，其中第一目标交易包括共同创作参与用户对目标作品的共同创作参与行为数据，并且目标作品最初由原始作者创建；以及调用与目标作品的版权分配相对应的智能合同，执行智能合同中声明的逻辑，用于基于共同创作参与行为数据将版权份额分配给共同创作参与用户，并将目标作品的版权份额分配给共同创作参与用户。该专利中智能合约的部署及调用执行的结果均是经区块链节点设备的共识验证的，从而保证基于区块链的作品版权分配方法高效地执行。而且，用户参与共创目标作品的行为数据也会被收录在区块链的分布式数据库中；基于区块链的共识机制和防篡改机制，上述数据难以被仿冒或篡改，从而为基于上述用户对目标作品的参与创作行为数据开展的目标作品的版权份额分配方法，提供真实有效的数据基础。

4. 专利申请：CN107659610B

该专利是北京瑞卓喜投科技发展有限公司拥有的名称为"基于区块链技术的著作权保护方法、装置和系统"的专利，申请日为2017年8月2日，同族被引证次数达到60多次。该专利提出了一种基于区块链技术的著作权保护方法，包括：获取作品的著作权信息，将所述著作权信息打包写入区块链中，并将所述区块链向网络发布；接收请求方发送的授权请求，根据所述授权请求中所请求的作品著作权从所述区块链中提取相应的著作权信息，并基于该著作权信息形成授权信息反馈至所述请求方；将所述授权信息打包写入区块链中，并将所述区块链向网络发布；所述授权信息包括被授权的所述作品的著作权信息、授权描述信息；接收第三方发送的著作权校验请求，并根据所述著作权校验请求中所请求校验的作品，向所述请求方反馈该作品对应的著作权信息和授权信息，以供所述请求方核查。该专利在实现著作权保护的各业务环节中，通过区块链的数据组织形式对著作权业务环节中涉及的关键信息进行记录，保证著作权服务业务信息具有不可伪造、不可篡改、公开透明、长期有效的特点，进而使著作权确权快捷，权力归属明确，随时可查。

5. 专利申请：CN108769751B

该专利是中广热点和中广传播共同拥有的名称为"一种基于智能合约的网络视听

管理支撑系统"的专利,申请日为2018年5月2日,同族被引证20多次。该专利提出了一种基于智能合约的网络视听管理支撑系统,去中心化技术系统与中心化管理有机结合,提供从版权录入到内容分发再到收视数据的获取,通过对视听版权的全面服务,实现对网络视听导向提供事前、事中和事后管理能力,在版权确认阶段便捷实现对视听内容的审核把关;事中通过全网黑名单在内容进入网络传播阶段可以进行下线警告和盗版证据获取,全面掌控不良视听内容的传播;事后通过全网收视纪录的获取,为各个机构提供精准的社会舆情分析,为决策参考提供大数据服务。利用基于区块链和智能合约中去中心化技术系统,通过产业链各方的数据博弈机制,为中心化管理提供了有效的技术支撑;采用联盟链方式,产业链的各参与方以多中心的分布式记账方式实现共同记账,既解决了共有链的低效率,又规避了私有链可信度差的问题,对视听资源版权保护、行业结构性改革、网络视听导向管理等提供有效的能力支撑。

6. 专利申请:US10509891B2

该专利是思科科技有限公司拥有的名称为"用于内容和服务共享的方法和系统"的专利,申请日为2017年5月3日,具有中国、美国、欧洲等多个扩展同族,同族被引证次数达到60多次。该专利提出了一种用于内容和服务共享的方法,包括:在区块链服务器处从第一数字版权管理(DRM)客户端接收指令,所述指令包括将对经加密内容项的DRM许可转移给第二DRM客户端的指令;创建将记录在区块链中的区块,所述区块包括所述经加密内容项的内容项ID;所述第二DRM客户端的设备ID或所述第二DRM客户端的用户ID中的一者;所述DRM许可的许可信息;用于解密所述经加密内容项的DRM解密密钥;在所述区块链中记录所述区块;以及向所述第二DRM客户端发送确认所述区块被写入所述区块链的确认消息。该专利避免了单个服务器和单个妥协客户端将提取所有内容项的所有解密密钥的攻击。另外,使用将解密密钥划分为多个部分的实施例增强了可追溯性,因为多个区块链服务器具有对渲染操作的可见性,所以可以旁听交易以防止滥用。

7. 专利申请:CN109086577B

该专利是迅雷公司和深圳网心共同拥有的名称为"一种基于区块链的原创音乐作品管理方法及相关设备"的专利,申请日为2018年8月6日,同族被引证10多次,进行过专利转让。该专利提出了一种基于区块链的原创音乐作品管理方法,包括:获取作品提供方上传的原创音乐作品,并在基于区块链的文件系统中保存所述原创音乐作品;通过预设的合约接口,将所述原创音乐作品的版权归属信息写入所述区块链上的智能合约,得到相应的资产合约;对所述资产合约中的版权归属信息进行公示。该专利一旦将版权归属信息写入区块链上的智能合约,则无法对该版权归属信息进行任何修改,从而保证智能合约上的版权归属信息从始至终的一致性,由此便可根据智能合约上的版权归属信息来确定相应的原创音乐作品的版权归属,从而消除现有技术中存在的版权归属不清楚的问题,避免了作品版权争端,降低了维权难度。

8. 专利申请：CN108776941B

该专利是深圳市元征科技股份有限公司拥有的名称为"数字作品版权管理方法、系统及区块链节点设备"的专利,申请日为2018年4月13日,同族被引证次数达到30余次。该专利提出了一种数字作品版权管理方法,应用于区块链节点设备,所述方法包括：接收数字作品的版权方上传的数字作品和所述数字作品的版权信息；根据所述数字作品的版权信息生成所述数字作品的唯一标识地址,将所述数字作品的唯一标识地址插入区块链的数字作品列表中,并将所述区块链的数字作品列表推送至用户的客户端进行显示；接收用户根据所述数字作品列表选择的数字作品下载请求,所述数字作品下载请求包括用户的账户地址和需要下载的数字作品的唯一标识地址；根据所述用户的账户地址和所述数字作品的唯一标识地址,判断用户是否拥有所述数字作品的下载使用权；根据判断结果,按照预设规则处理所述下载请求。该专利实现了数字作品的版权信息公开透明,避免了版税信息的作弊,提高了数字作品创作人的创作热情。

9. 专利申请：CN108846776B

该专利是中山大学、广东顺德中山大学卡内基梅隆大学国际联合研究院和佛山市顺德区中山大学研究院共同拥有的名称为"一种基于区块链技术的数字版权保护方法"的专利,申请日为2018年4月19日,同族被引证次数达到20多次。该专利提出一种基于区块链技术的数字版权保护方法,包括：建立基于区块链技术的版权保护系统总体功能框架；生成基于区块链技术的版权保护系统的网络模块,建立去中心的P2P网络；生成基于区块链技术的版权保护系统的加密验证模块,构建一个无须人工验证、高度可信的底层网络；生成基于区块链技术的版权保护系统的交易模块,并生成交易信息,实现电子书版权登记和版权交易；生成基于区块链技术的版权保护系统的用户地址模块,利用加密验证模块为用户生成加密的哈希地址；生成基于区块链技术的版权保护系统的区块链数据存储模块,记录每一个区块,区块包含交易信息,并通过当前区块记录前一条记录的信息,通过加密信息字段,使区块中的交易信息具有签名认证作用；生成基于区块链技术的版权保护系统的共识机制模块,使区块链网络对具有记账权节点的选择达成共识,产生的区块写入节点区块链存储模块中。该专利去中心化极大地降低了管理成本，提高登记数据库的安全性，大大节约了著作权人的成本和管理、登记机构的管理成本，为版权作品的确权提供了解决方案，使得版权侵权行为成本会大大提高，监测侵权更加及时，为实时维权提供了基础。

10. 专利申请：CN107798650B

该专利是众安信息技术服务有限公司拥有的名称为"一种基于区块链的数字资产侵权判定方法和装置"的专利，申请日为2017年9月18日，同族被引证次数达到20多次。该专利提出了一种基于区块链的数字资产侵权判定方法和装置，其中方法包括：根据购买方成功购买的数字资产和购买方的身份标识，生成与数字资产对应的数字水印，并将数字水印的信息写入区块链；根据使用方上传的待测数字资产，获取待匹配数字水印，使用方不同于购买方；将待匹配数字水印的信息与区块链中的数字水印的信息进行匹配，以判定数字水印对应的购买方是否存在侵权行为。该专利能够实现及时发现版权方的数字资产被侵权，并在发现侵权时，准确确定作为侵权人的购买方，由此实现了对数字资产的版权进行保护及对数字资产侵权进行打击。

第 13 章　区块链相关专利审查与司法实践

13.1　区块链相关专利申请法律状态分析

由于区块链本质上是一种分布式账本数据库,其技术特性决定了区块链相关专利申请会以发明专利形式为主。而发明专利申请从申请、公开到实质审查结案需要 2—3 年的时间,因此,大部分的区块链相关申请目前还处于实质审查阶段,没有结案,而进入复审/无效或诉讼阶段的案件数量就更少了。以中国专利申请为例,全部 43910 件专利申请中,发明专利申请 41714 件,实用新型专利申请 1990 件,外观设计专利申请 206 件,发明专利占比 95%。在全部 41714 件发明专利申请中,如图 13-1-1 所示,只有约 40%(16686 件)的案件已经结案,约 60%(25028 件)的案件处于公开后待审或正在审查过程中。在已经结案的 16686 件发明专利申请中,授权率为 66%,驳回率和撤回率均为 17%。相比于通信计算机领域发明专利申请的平均数据而言,区块链相关专利申请的撤回率偏高,授权率偏低。这可能与我国对区块链相关专利申请的专利保护政策有关,也可能是部分申请存在申请泡沫。在所有 2836 件驳回案件中,有 122 件进入了复审程序,复审请求率为 4.3%。截至 2021 年 12 月 31 日,在中国,区块链相关专利申请进入诉讼程序的仅有 4 件,涉及财产保全诉讼和合同纠纷诉讼,无专利无效及行政诉讼和侵权诉讼案件。但全球范围内,有 272 件区块链相关专利申请进入诉讼阶段,其中绝大部分为行政诉讼,只有非常少量的侵权诉讼。

区块链作为一种通过计算机算法实现的分布式账本数据库,最早应用于"挖矿",以产生比特币。近几年来,区块链技术广泛应用于金融、医疗、交通等各个领域。可以发现,基于区块链技术的专利申请具有两大特点:一是广泛存在涉及商业类、金融类等应用领域的专利申请,二是广泛涉及由计算机实现的算法类或程序类的专利申请。区块链相关专利申请中会存在不少既包含技术特征,又包含非技术特征的混合类型发

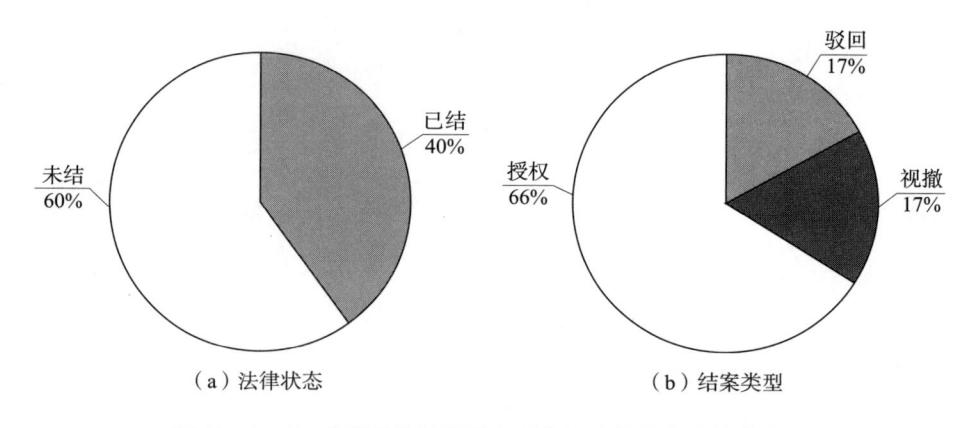

图 13-1-1　中国区块链发明专利申请法律状态及结案类型

明。因此，在审查该领域的发明专利申请时，除了新颖性、创造性这些专利授权的实质性条件判断，专利的适格性（指一项专利申请所请求保护的主题是否属于专利法意义上的可授予专利权的客体）是经常需要考虑的问题。不同国家有不同国家的标准。下面结合典型案例，分别从专利的适格性标准和实质性条件两个方面，对中国国家知识产权局、USPTO 和欧洲专利局（EPO）关于该类案件在专利授权确权中的相关规定和实践做法进行介绍。

13.2　区块链相关专利适格性审查

13.2.1　中国区块链相关专利适格性审查

在中国，区块链相关专利申请适格性的审查主要涉及三个法条：《专利法》第五条第一款，该款规定对违反法律、社会公德或者公共利益的发明创造，不授予专利权；《专利法》第二条第二款，该款规定专利法保护的方案为产品、方法或者其改进提出的新技术方案；《专利法》第二十五条第一款第（二）项，该项规定对智力活动的规则和方法，不授予专利权。

为了及时响应创新主体需求，不断提高审查质量和审查效率，助推新兴技术和新业态新模式的进一步发展壮大。国家知识产权局 2019 年启动了《专利审查指南 2010》修改工作，并于 2020 年发布了修改《专利审查指南 2010》的决定。此次修改确立了审查的一般原则。其一，强调了对权利要求的整体考虑原则。针对涉及人工智能、"互联网+"、大数据以及区块链等的发明专利申请，权利要求中往往包含算法、商业规则和方法等智力活动的规则和方法特征。该次修改明确了在审查中，不应当简单割裂技术特征与算法特征或商业规则和方法特征，而应将权利要求记载的所有内容作为一个整体考虑。如果直接忽略这些特征或者将其与技术特征机械割裂，则无法客观评价发明的实质贡献，不利于保护真正的发明创造。其二，明确了权利要求是否属于智力活动的规则和方法的审查标准。明确了如果权利要求涉及抽象的算法或者单纯的商业规则和方法，且不包含任何技术特征，则这项权利要求属于智力活动的规则和方法，不应当被授予专利权。但是，只要权利要求包含技术特征，该权利要求就整体而言并不是一种智力活动的规则和方法，不应当依据《专利法》第二十五条第一款第（二）项排除其获得专利权的可能性。其三，明确了权利要求是否属于技术方案的审查标准。明确了客体相关法律条款的审查顺序。针对要求保护的主题，首先应当审查其是否不属于智力活动的规则和方法，再审查其是否属于《专利法》第二条第二款规定的技术方案。在判断一项权利要求是否为技术方案时，应当对其中涉及的技术手段、解决的技术问题和获得的技术效果进行分析。❶ 可以看出，中国对于涉及区块链的发明专利申请的审查标准相比于之前客体审查方面更为包容。

在区块链应用非常广泛的数字货币及金融交易结算领域，相关专利申请在审查是否符合《专利法》第五条第一款，也即判断专利申请是否违反法律、社会公德或者公共利益时，需要严格遵守相关法律规定，《中国人民银行法》第二条第二款规定："中国人民银行在国务院领导下，制定和执行货币政策，防范和化解金融风险，维护金融稳定。"第二十条规定："任何单位和个人不得印刷、发售代币票券，以代替人民币在市场上流通。"根据上述规定，在区块链相关专利申请保护的方案中，判断其是否涉及代币、货币交易，是否扰乱金融秩序，损害公共利益就是判断相关申请是否违反《专利法》第五条的关键。一般认为，目前，根据我国《中国人民银行 工业和信息化部 中国银行业监督管理委员会 中国证券监督管理委员会 中国保险监督管理委员会关于防范比特币风险的通知》，比特币不具有法偿性与强制性等货币属性，并不是真正意义的货币，而是一种特定的虚拟商品，不具有与货币等同的法律地位，虚拟货币交易活动无真实价值支撑，价格极易被操控，不能且不应作为货币在市场上流通使用。这也得到司法判例的支持。❷ 因此，比特币并不属于代币范畴，在这一前提下，包括比

---

❶ 张鹏.《专利审查指南》新修改解析：信息通信产业专利授权确权规则新进展［J］.专利代理，2020（2）：11-17.
❷ 参见（2019）浙03刑终1117号案、（2018）粤刑申450号案、（2018）川01刑终851号案。

特币在内的虚拟货币交易并不违反《中国人民银行法》第二十条的规定。但是，虚拟货币的支付、交易等行为会扰乱社会经济秩序，妨害公共利益。我国先后发布《中国人民银行 中央网信办 工业和信息化部 工商总局 银监会 证监会 保监会关于防范代币发行融资风险的公告》和《关于进一步防范和处置虚拟货币交易炒作风险的通知》，也明令禁止比特币交易行为，司法系统认为民事主体之间的虚拟货币的交易、投资、互换等行为还违背公序良俗，将之认定为无效。❶

在比特币"挖矿"方面，一般认为，通过"矿机"计算生成虚拟货币的"挖矿"活动基于如下两个方面考虑而认为损害社会公共利益：一是此类"挖矿"活动能源消耗和碳排放量大，不利于我国产业结构优化、节能减排，不利于我国实现碳达峰、碳中和的目标，对产业发展、科技进步等带动作用有限；二是虚拟货币生产、交易环节衍生的虚假资产风险、经营失败风险、投资炒作风险等多重风险突出，有损社会公共利益。司法审判中也认为该行为与《民法典》第九条绿色原则规定的精神相悖，不符合产业结构调整的强制性规定和监管要求，违反公序良俗。❷

在我国，对区块链相关专利申请客体的一般审查流程分为两个方面。

第一，判断申请是否违反相关法律，或者是否存在妨害公共利益的情况，从而判断是否符合《专利法》第五条第一款的规定。如果相关申请涉及代币发行融资或者虚拟货币流通、交易等情形，一般认为相关申请会对国家金融秩序带来负面影响，扰乱社会正常经济秩序，妨害公共利益。如果相关申请属于狭义"挖矿"活动（即虚拟货币"挖矿"），由于该活动采用 PoW 共识机制生成区块，采用虚拟货币作为奖励，会消耗大量算力和电力，则认为相应申请严重浪费能源，妨害公共利益。除狭义"挖矿"行为之外的其他广义"挖矿"行为，若并不消耗大量计算资源即可达成共识，仅涉及区块生成的基本过程和步骤，则不能以与狭义"挖矿"相同的理由认定为妨害公共利益。

第二，在不属于上述两种情形的前提下，进一步从整体上把握请求保护的方案是否属于《专利法》第二条第二款的规定的技术方案。对一项包含算法特征或商业规则和方法特征的权利要求是否属于技术方案进行审查时，需要整体考虑权利要求中记载的全部特征。如果该项权利要求记载了对要解决的技术问题采用了利用自然规律的技术手段，并且由此获得符合自然规律的技术效果，则该权利要求限定的解决方案属于《专利法》第二条第二款所述的技术方案。

以下选取部分典型实际案例加以说明。

---

❶ 参见（2022）京 03 民终 23 九号案、（2021）京 03 民终 19166 号案。
❷ 参见（2021）京 0101 民初 6309 号案。

【典型案例 13 - 2 - 1】一种基于区块链的防篡改隐蔽通信方法、系统及平台（CN109672661A）

案情介绍：该申请结合区块链的不可篡改性，提出一种基于区块链的防篡改隐蔽通信方法、系统及平台，利用区块链 OP_RETURN 脚本附带隐藏的外带数据，经"挖矿"确认后加入区块链中，确保信息无法被篡改，实现了传递秘密信息的完整性和可用性，保障信息的安全传递。

权利要求 1：

一种基于区块链的防篡改隐蔽通信方法，其特征在于，所述防篡改隐蔽通信方法包括：

获取待发送的秘密信息；

利用 OP_REURN 脚本将所述秘密信息添加到比特币交易中，形成含有秘密信息的新比特币交易；OP_REURN 脚本允许开发者在交易输出上增加 40 字节的非交易数据；

将经过签名后的新比特币交易广播到区块链系统中，并存放在交易池中；

运行区块链"挖矿"程序，对所述交易池中新比特币交易进行"挖矿"作业，并打包形成交易区块；

通过 PoW 共识协议，将所述交易区块保存在区块链上；

查看所述区块链上的交易区块，提取秘密信息；

在获取待发送的秘密信息之前，所述防篡改隐蔽通信方法还包括：创建一笔比特币交易；所述比特币交易是调用比特币系统的交易操作模块后所创建的。

案件分析：根据《中国人民银行 工业和信息化部 中国银行业监督管理委员会 中国证券监督管理委员会 中国保险监督管理委员会关于防范比特币风险的通知》，比特币不具有法偿性与强制性等货币属性，并不是真正意义的货币，而是一种特定的虚拟商品，不具有与货币等同的法律地位，不能且不应作为货币在市场上流通使用。因此，比特币并不属于代币范畴，该案并不违反《中国人民银行法》第二十条规定。但是，该技术方案包括"挖矿"生成比特币的程序和比特币交易的相关内容，其实施会给公众或社会造成危害，会使国家和社会的正常秩序受到影响，属于妨害公共利益的发明创造。更具体地说，涉及虚拟货币"挖矿"的技术方案不符合绿色环保原则，妨害公共利益；涉及虚拟货币流通、交易的技术方案会扰乱社会经济秩序，妨害公共利益。因此上述方案不符合《专利法》第五条第一款的规定，不能被授予专利权。

【典型案例 13-2-2】一种区块链节点间通信方法及装置（CN107592292A）

案情介绍：该申请提出一种区块链节点通信方法和装置，区块链中的业务节点在建立通信连接之前，可以根据通信请求中携带的认证机构（CA）证书以及预先配置的 CA 信任列表，确定是否建立通信连接，进而减少了业务节点泄露隐私数据的可能性，提高了区块链中存储数据的安全性。

权利要求 1：

一种区块链节点通信方法，区块链网络中的区块链节点包括业务节点，其中，所述业务节点存储证书授权中心 CA 发送的证书，并预先配置有 CA 信任列表，所述方法包括：

第一区块链节点接收第二区块链节点发送的通信请求，其中，所述通信请求中携带有第二区块链节点的第二证书；

确定所述第二证书对应的 CA 标识；

判断确定出的所述第二证书对应的 CA 标识，是否存在于所述 CA 信任列表中；

若是，则与所述第二区块链节点建立通信连接；

若否，则不与所述第二区块链节点建立通信连接。

案件分析：该申请要解决的问题是联盟链网络中如何防止区块链业务节点泄露用户隐私数据的问题，属于提高区块链数据安全性的技术问题，通过在通信请求中携带 CA 证书并预先配置 CA 信任列表的方式确定是否建立连接，限制了业务节点可建立连接的对象，利用的是遵循自然规律的技术手段，获得了业务节点间安全通信和减少业务节点泄露隐私数据可能性的技术效果。因此，该发明专利申请的解决方案属于《专利法》第二条第二款规定的技术方案，属于专利保护的客体。

13.2.2 美国区块链相关专利适格性审查

美国针对专利的适格性审查，适用美国专利法第 101 条：凡发明或发现任何新颖而适用的方法、机器、制造品、物质的组分，或其任何新颖而适用的改进者，可以按照本法所规定的条件和要求取得专利权。也即方法、机械、制造品和物质成品四个类别之一才能够申请专利，该规定类似于我国《专利法》第二条第二款。

在美国，区块链相关专利依照涉及计算机程序和商业方法专利标准进行审查，其适格性审查主要聚焦于对包含抽象概念的权利要求是否可专利的判断。

2014 年美国联邦最高法院对 *Alice Corp. Pty. Ltd. v. CLS Bank Internationl*（以下简称"*Alice* 案"）作出判决，认定涉案利用计算机实施的商业方法、与之相关的计算机系统和存储媒介不具有可专利性。该案中，美国联邦最高法院明确指出，判断利用计算机实施的发明的可专利性应当适用"Mayo 二步分析法"。

Alice 案后 USPTO 发布《基于 Alice 判决的初步审查指南》，其中给出了对主题可专利性进行审查的步骤，该指南对涉及抽象概念的权利要求的审查采用二步分析法。第一步判断权利要求是否指向抽象概念。如果一项权利要求包含抽象概念，则进入第二步分析：判断该权利要求中是否存在其他限制特征，并且这些限制特征对该抽象概念进行了符合可专利性要求的实际应用。为了指导审查实践，该指南对美国联邦最高法院 *Alice* 案判决中列举的涉及抽象概念的情形进行了概括总结，并对涉及抽象概念的权利要求中，技术特征能够使该权利要求具有可专利性和无法使该权利要求具有可专利性的情形进行了分类总结。经过第二步分析，如果确定涉及抽象概念的权利要求中没有能够赋予该权利要求可专利性的技术特征，则该权利要求将被以指向"非法定可专利主题"为由依据美国专利法第 101 条予以驳回。

《基于 Alice 判决的初步审查指南》亦明确表示，美国联邦最高法院作出的 *Alice* 案判决并没有否定计算机软件或者商业方法本身的可专利性，也没有对其可专利性审查增加任何特别要求。但在美国联邦最高法院对 *Alice* 案判决之后，USPTO 立即对最有可能受到该判决影响的专利申请进行了重新审查，对含有抽象概念同时又仅仅涉及一般计算机的一般功能的专利申请，撤回"授予专利权的通知"，并将之退回原来的专利审查员进行进一步审查。就目前 USPTO 的审查实务来讲，涉及计算机程序和商业方法专利的主题可专利性被否定的可能性大幅增加。[1]

下面结合典型案例进行说明。

【典型案例 13 - 2 - 3】一种基于区块链的交易欺诈控制方法及系统（US20160342994A1）[2]

案情介绍：该申请涉及"区块链交易与私人验证身份的关联，特别是区块链交易

---

[1] 李洁琼. 利用计算机实施的发明的可专利性研究：美国联邦最高法院确认"Mayo 二步分析法"的适用[J]. 中山大学学报（社会科学版），2015，55（2）：171-184.

[2] ZHA Y L, CHEN W. Blockchain patentability through the lens of a recent PTAB decision [EB/OL]. (2021-03-03) [2023-05-20]. https://www.lawoftheledger.com/2021/03/articles/blockchain/blockchain-patentability-through-the-lens-of-a-recent-ptab-decision/.

与基于交易数据和存储的账户资料的交易账户关联的消费者或商家的关联"。该应用程序认识到区块链交易的缺点,例如处理时间长、收款人无法识别付款人以及仅依赖电子凭证来建立对数字货币的所有权。该申请通过结合区块链网络和传统支付网络来解决这些问题。

权利要求1:

1. 一种将区块链交易链接到私人验证身份的方法,包括:[A] 在计算机系统的账户数据库中存储多个账户配置文件,其中每个账户配置文件包括与交易账户相关的数据,至少包括账户标识符和账户数据;[B] 由计算机系统的接收器经由支付网络接收交易消息,其中交易消息基于一个或多个标准被格式化并且包括多个数据元素,所述多个数据元素至少包括被配置为存储的第一数据元素个人账号,第二数据元素,用于存储商户标识,第三数据元素,用于至少存储区块链网络标识,第三数据元素或第四数据元素,用于存储数字签名;[C] 由计算机系统的处理器识别存储在账户数据库中的第一账户配置文件,其中包括的账户标识符对应于存储在接收的交易消息中包括的第一数据元素中的个人账号,并且其中第一账户资料包括公钥;[D] 由计算机系统的处理器识别存储在账户数据库中的第二账户配置文件,其中包括的账户标识符对应于存储在接收到的交易消息中包括的第二数据元素中的商家标识符;[E] 由计算机系统的接收器接收交易通知,其中交易通知指示使用与存储在接收的交易消息中包括的第三数据元素中的区块链网络标识符相关联的区块链网络处理的交易,并且包括在至少与第一账户配置文件和第二账户配置文件之一相关联的交易标识符和地址标识符,并且其中地址标识符是使用公钥生成的;[F] 由计算机系统的处理器使用包含在第一账户配置文件中的公钥验证数字签名;和 [G] 计算机系统的处理器在验证数字签名后,存储接收到的交易通知中包含的交易标识与地址标识、个人账号、商户标识中的至少一项之间的关联。

案件分析:USPTO的专利审查员以不符合美国专利法第101条的规定为由驳回该申请。

在步骤A的审查中,美国专利审判及上诉委员会(Patent Trial and Appeal Board,PTAB)认同专利审查员的结论,认为该权利要求包括存储数据、接收数据、识别数据和验证的抽象概念。PTAB进一步同意专利审查员认为该权利要求包括人类活动组织规则,即"处理商业交易,如同时使用传统支付和区块链支付元素验证付款人的身份的区块链支付交易"。因此，PTAB 认定该权利要求中叙述的基本经济运用是一个抽象概念。但是，PTAB 否定了专利审查员认为该权利要求也/或指向思维过程。PTAB 认同上诉人提出的"权利要求明确叙述了一系列即使在充足的时间内也无法由人类工作或通过思考完成的技术"，因为"电子签名的庞大数据存储和复杂性是人类脑力劳动无法理解的，通过使用公钥和设计超复杂的签名算法进行验证更是人脑无法胜任"，所以"为确保网络的可信度，交易消息的处理速度必须以纳秒为单位进行。由于每天处理的交易数量非常庞大，因此必须使用专门的计算机系统，而这是不可能通过人脑力劳动来复制的"。换句话说，用人脑来执行该发明是不切实际的。

在步骤 B 的审查中，PTAB 确定了将抽象概念整合到实际应用中的附加元素，这些元素结合了区块链处理系统的优点（例如，匿名性）和传统支付处理系统的优点（例如，速度，安全性，欺诈预防）。在确定超出抽象概念的其他元素时，PTAB 同意上诉人的主张："账户数据库""计算机系统的接收器""支付网络""处理器""区块链网络"的有序组合构成附加要素。PTAB 认同了权利要求中电脑系统同时使用两种网络（即传统支付网络和区块链网络），以确保提交的交易中的一方是区块链交易的一方。因此，在对附加要素的评估中，PTAB 将"支付网络"和"区块链网络"均纳入了评估当中。

在判断附加要素是否将抽象概念整合到实际应用中时，专利审查员认为："数据库""计算机系统""处理器"仅充当实现抽象概念的工具，并没有改善计算机系统的功能或其他功能；PTAB 更关注计算机执行的区块链交易在技术领域的改进，以使区块链系统可以获得传统支付处理系统的速度、安全性和防止欺诈的优点。为了实现这些改进，上诉人认为，附加要素的有序组合将区块链交易与私人身份验证联系起来。PTAB 同意上诉人的主张，即权利要求"既提供了传统支付处理系统的安全性（例如，通过标识在权利要求 1 中提到的步骤 C 和 D 中的第一账户资料和第二账户资料），也提供了区块链支付交易的隐私性（例如，通过使用区块链网络，使用权利要求 1 中步骤 E 的公钥，生成地址标识），来验证存储在账户数据库（例如，权利要求 1 中的步骤 A）的计算机系统接收器的数据元素（例如，权利要求 1 中的步骤 B）中的数字签名（例如，权利要求 1 的步骤 F）"。

总体而言，PTAB 将这两个网络认定为附加元素，认可说明书中阐述对区块链系统改进的明确支持，成为上诉人获胜的关键。

如上所述，从本质上讲，区块链应用几乎无法被认定为指向思维过程。首先，在权利要求中，描述数字签名和共识验证之类的技术特征可能会使权项更显得难以为人脑所完成。其次，计算机功能的改进，例如处理区块链交易的安全性和速度，很可能被认为是一种实际应用。具体而言，使用标准化类型的计算机网络来改进区块链网络也可能被认定为是一种实际应用。

13.2.3 欧洲区块链相关专利适格性审查

欧洲对于专利适格性的审查适用《欧洲专利条约》（EPC）第52条。该法条要求专利请求保护的主题必须具有技术特性（technical character），也就是说请求保护的主题必须与技术领域有关，解决技术问题，且具有技术特征。在确定是否具有技术特性时，将请求保护的主题作为一个整体进行判断，且无需与现有技术对比。对此，EPO审查实践中采用的判定方法为：只要请求保护的方案中含有至少一个技术特征，即可认为满足了技术特性的要求。可见，在专利适格性审查方面，EPO并不会特别重视，新颖性和创造性的审查往往对案件的整体走向起决定因素。

EPO将区块链专利视作一种计算机实现发明（CII），因此，EPO根据CII判例法制定的既定标准对其进行审查。2018年11月，EPO颁布了有关CII审查指南的最新版本。该指南新增了包括将运用"双重标准"的混合型发明应用于区块链技术的方法，以及一些应用"双重标准"测试的实例。"双重标准"的第一个标准是"资格测试"，要求专利的主题具有技术特性；第二个标准是指专利需要对创造性的部分作出技术贡献。除此之外，与计算机的数学方法和程序有关的新章节也已被引入指南，并详细阐述了这类主题技术性的评估方法。❶

以下结合典型案例进行说明。

【典型案例13-2-4】数据记录的完整性（EP3577593A1）

案情介绍：该申请提供了一种保护在用于对象的数据存储装置中收集的数据的完整性的方法，用于解决随时间收集的数据不可靠、不完整或不相关等问题。

权利要求1：

1. 一种确保对象的数据存储装置中收集的数据随时间的完整性的方法，包括在所述数据存储装置处接收与所述对象相关的数据，其中所述数据的至少一部分源自与所述对象结合提供的数据处理实体，在接收到所述数据时，

---

❶ 祖贝贝. 区块链技术商业方法可专利性的判定研究［D］. 郑州：郑州大学，2021.

由所述数据存储装置通过将所述数据存储在所述数据存储装置中，并计算所述数据的第一数字签名来处理所接收的数据，由所述数据存储装置将所述第一数字签名发送到分布式分类账，以供稍后用于验证存储在所述数据存储装置中的所述数据，从所述数据存储装置发送所述数据以供至少一个用户设备呈现，以及基于存储在所述分布式分类账中的所述第一数字签名，计算所述数据的第二数字签名以用于验证所述数据的完整性。

案件分析：该案在通过 PCT 申请进入欧洲后，专利审查员未对专利适格性提出任何意见，仅提出了新颖性和创造性审查意见。申请人克服缺陷后，EPO 就作出了授权决定。但是对于该案同族专利申请 GB2566741A，专利审查员均认为权利要求属于不能被专利保护的主题。

13.3　区块链相关专利实质性条件审查

13.3.1　中国区块链相关专利实质性条件审查

通过了客体判断之后，便可以开始专利授权实质性条款审查，主要为《专利法》第二十二条关于新颖性和创造性的审查。《专利法》第二十二条第二款规定："新颖性，是指该发明或者实用新型不属于现有技术；也没有任何单位或者个人就同样的发明或者实用新型在申请日以前向国务院专利行政部门提出过申请，并记载在申请日以后公布的专利申请文件或者公告的专利文件中"；《专利法》第二十二条第三款规定："创造性，是指与现有技术相比，该发明具有突出的实质性特点和显著的进步，该实用新型具有实质性特点和进步。"

对于新颖性的审查，遵循"四同"审查原则：技术问题相同、技术特征相同、技术方案实质上相同、技术效果相同。根据《专利审查指南2010》的规定，对于区块链专利申请的审查，尤其是涉及商业模式创新的区块链专利申请，要考虑权利要求记载的全部特征，不仅包括技术特征，而且包括算法特征或商业规则和方法特征。

对于创造性的审查，采用"三步法"判断方法：第一步，确定最接近的现有技术；第二步，确定发明的区别特征和发明实际解决的技术问题；第三步，判断要求保护的发明对于本领域的技术人员来说是否显而易见。对于区块链相关专利申请的创造性审查，根据《专利审查指南2010》的规定：对既包含技术特征又包含算法特征或商业规则和方法特征的区块链相关发明专利申请进行创造性审查时，应将与技术特征功能上彼此相互支持、存在相互作用关系的算法特征或商业规则和方法特征与所述技术特征作为一个整体考虑。并应当考虑所述的商业规则和方法特征对技术方案作出的贡献。

下面以一个复审典型案例为例进行说明。

【典型案例13-3-1】 一种数字证书管理办法、装置和系统（CN107360001B）

案情介绍：该申请提出了一种数字证书管理方法、装置和系统，与现有技术中使用中心化的证书授权中心CA签发证书并直接上链的方案相比，该申请去中心化的CA仅具有签发证书并请求将签发的数字证书写入区块链的作用，也就是说CA签发的数字证书在未上链之前并不具有合法性。即便CA出现问题（例如，被黑）而被恶意利用随意签发数字证书等，但由于签发的数字证书不具有合法性，因此并不会对区块链造成安全影响。该申请能有效避免在CA出现问题时，整个区块链需要承受巨大的安全风险的情况，提高区块链的安全性。

权利要求1：

> 一种数字证书管理方法，包括：接收证书授权中心CA发送的第一交易请求，所述第一交易请求用于请求将所述CA为区块链的节点签发的数字证书写入所述区块链；确定所述区块链对所述数字证书进行共识校验的共识结果；若所述共识结果为通过共识校验，则响应所述第一交易请求，将所述数字证书写入所述区块链。

对比文件1（CN106385315A）公开的一种数字证书管理方法及系统如下。

S1. 建立区块链应用系统，部署多个节点，每个节点对应一个公开、共享的账本，每个账本中均记录多个区块……

S21. 用户生成的证书向全节点发布，经过区块链全节点的共识处理，将新生成的证书记录在各节点的账本中，证书生成操作结束……

数字证书生成的具体过程为：

S211. 用户生成公私钥对（p, s），同时生成自签名数字证书Cert；

S212. 通过私钥计算签名Sign [t, m, Hash (r)]；

S213. 将Cert, t, m, Hash (r) 及Sign [t, m, Hash (r)] 作为一笔操作记录向全部节点发布；

S214. 其他节点接收到操作记录，使用Cert中的公钥p及t, m, Hash (r) 信息验证签名 Sign [t, m, Hash (r)] 是否正确，同时验证 t 是否与当前时间相一致；

S215. 根据区块链共识处理机制，当半数以上节点验证通过，将操作记录记录到区块链中，用户数字证书生成成功。

案件分析： 虽然对比文件 1 公开了要将证书相关信息在通过区块链的共识校验后再上链存储，然而对比文件 1 并没有公开区块链所存储的数字证书是 CA 为该区块链自身节点签发的数字证书，也不存在与 CA 之间的请求—响应这一交互过程。并且，对比文件 1 的方案的构建意在舍弃 CA 认证，其方案中证书均是用户自己生成的，没有动机在系统中保留 CA 认证并对来自 CA 的签发证书进行共识和存储，对来自 CA 的写入请求进行响应和处理，其中区块链的节点也没有动机使用来自 CA 的证书。因此，对比文件 1 没有给出采用上述区别特征的技术手段以解决如何保证区块链节点的数字证书安全可靠的技术问题的技术启示。另外，也没有证据表明上述区别特征是本领域惯用手段。包含上述区别特征的权利要求 1 的技术方案具有以下有益技术效果：能够借助 CA 和区块链自身实现对该区块链中节点的证书数据的双重安全验证，保证区块链节点的数字证书安全可靠，提高整个区块链的安全性。因此，权利要求 1 相对于对比文件 1 具备《专利法》第二十二条第三款规定的创造性。

13.3.2 美国区块链相关专利实质性条件审查

针对新颖性审查，美国适用美国专利法第 102 条的规定。针对创造性审查，美国适用美国专利法第 103 条的规定：一项发明，尽管没有如第 102 条所规定的那样被相同地公开或描述，但是如果请求获得专利保护的主题和现有技术之间的区别，使得该主题作为一个整体对于该发明做出时该主题所属领域的普通技术人员来说是显而易见的，则不能根据完成该发明的方式否定该发明的可专利性。

美国联邦最高法院于 1966 年在 *Graham v. John Deere Co* 案中确定了创造性审查的四个要素：①现有技术的范围和内容；②所要保护的发明与现有技术之间的区别；③相关领域的普通技术人员的水平；④非显而易见性的辅助因素（secondary considerations），包括商业上的成功、长期存在但未满足的需要、其他人的失败以及未预料的结果。美国联邦巡回上诉法院（CAFC）在 1982 年通过判例确立了"教导－启示－动机"（teaching－suggestion－motivation，TSM）准则。TSM 准则要求必须存在组合现有技术中的元素的启示或教导，从而认定该发明是显而易见的。USPTO 根据 *Teleflex v. KSR* 案的判决对专利审查指南中关于显而易见性的内容进行了重大的修改，在 TSM 准则的基

础上，增加了六种属于显而易见性的情形，提高了专利创造性判断的灵活性，但其所遵循的仍然是 TSM 准则的思路。❶

USPTO 关于商业方法类的申请，其创造性（非显而易见性）的判断方法与一般的专利申请基本一致：第一步，确定保护范围和在先技术内容；第二步，确定区别技术特征；第三步，确定本领域技术人员的技术水平；第四步，评价所有与非显而易见性相关的证据。❷

【典型案例13－3－2】个人分类账区块链（US20170177898A1）❸

案例介绍：该申请公开了一种个人账务区块链，一方面交易记录与交易数据分别构成区块链，当需要查找交易数据时，需要先到交易记录链中查找到交易标识，再找到交易数据链中的实际交易数据；另一方面，每个交易数据中数据又形成一个子区块链。以这样的方式增强个人账本的安全性。

原始权利要求1：

一种基于计算机的方法，包括：由处理器访问由参与系统的所有计算节点共享的交易数据库，所述计算节点基于区块链协议，所述交易数据库包括交易和区块，其中所述交易是要存储在区块链中的数据，其中所述区块是确认某些交易何时以及以何种顺序被记录为区块链的一部分的记录；接收由用户系统签名的请求，以在区块链中包括具有附加数据的新交易，其中附加数据已经用加密密钥加密。

修改后的权利要求1：

一种基于计算机的方法，包括：处理器访问由参与系统的所有计算节点共享的交易数据库，所述计算节点基于区块链协议，所述交易数据库包括交易和区块，其中所述交易是要存储在区块链中的数据，其中所述区块是确认某些交易何时以及以何种顺序被记录为区块链的一部分的记录；接收来自用户系统签名的用户的请求，以在区块链中包括具有附加数据的新交易，其中附加数据先前已经用用户的加密密钥加密，并且其中附加数据被分成多个部分，每个部分都使用自己独特的加密密钥加密；添加一个区块，用于在区块

---

❶ 肖晓丽. 中美欧专利创造性评判之比较［EB/OL］.（2018－03－29）［2022－10－19］. http：//www.lifanglaw.com/plus/view.php？aid=1629.

❷❸ 刘华楠，丁雪龙. 浅析 USPTO 区块链相关专利的审查思路［J］. 中国发明与专利，2018，15（S2）：11－16.

链中记录新交易和附加数据；从另一个用户系统接收具有交易标识符和解密密钥的请求以访问附加数据；使用区块链中相应块的交易标识符搜索交易数据库；响应于在区块链中找到相应的区块，使用解密密钥解密附加数据；并使已解密的附加数据可用于另一个用户系统。

案例分析：针对原始权利要求1，USPTO的专利审查员认为其不属于美国专利法授权客体：整体来看，权利要求1的方案仅仅是收集、展示、处理、识别、存储数据的抽象概念；权利要求1的方案仅仅是将交易数据进行收集并添加到区块链数据库，而且也仅是泛泛地限定了散列、加密，这不足以将该抽象概念转化为适格的专利。同时，基于对比文件1和对比文件2评述权利要求1不具备创造性：对比文件1公开了一种使用私有区块链验证电子交易的方法，包括存储区块链、接收交易信息、生成数据记录和更新区块链，将更新的区块链发送到交易处理设备进行验证；对比文件2公开P2P交易指引装置，比特币交易中利用区块链进行交易记录，其中区块链的加密使用用户密钥。对比文件1公开了权利要求1中更新区块链的基本方法，其没有明确公开"接收系统签名的请求"，而对比文件2公开了这一区别特征；由于两者都是相同的信息安全领域，将对比文件2的接收方式应用到对比文件1对本领域技术人员而言是显而易见的。

针对修改后的权利要求1，申请人修改增加了对加解密过程的进一步限定，使权利要求1的方案通过用户的加密密钥和加密算法解决了敏感信息被公开账本其他成员访问的问题，从而使得权利要求1不再仅仅是使用计算机技术的抽象概念，克服了美国专利法第101条规定的客体问题。同时由于对比文件1明确指出，哈希和加密都是在服务器上生成的，这与该申请中由用户控制得到是不同的。对比文件2没有同样的教导，因此，对比文件1结合对比文件2的组合无法得到当前权利要求1的方案，权利要求1相对于对比文件1和2具备美国专利法第103条的创造性。

13.3.3 欧洲区块链相关专利实质性条件审查

EPO涉及专利实质性条件审查的法条分别是涉及新颖性的EPC第54条和涉及创造性的第56条。

对于即包含技术特征又包含非技术特征的混合型发明的权利要求，EPO审查指南中规定了使用"问题-解决"法进行新颖性和创造性的评判，包括以下三个步骤。

步骤一：基于发明达到的技术效果，确定对发明的技术特性做出贡献的特征。

步骤二：基于对技术特性做出贡献的特征，确定最接近的现有技术。

步骤三：确定权利要求所要求保护的主题与最接近的现有技术之间存在的区别特征，在发明的背景之下，确定区别特征所达到的技术效果，从而根据确定出的技术效果，区分做出技术贡献的特征和未做出技术贡献的特征：①如果不存在区别特征，则权利要求不具备新颖性，基于 EPC 第 54 条排除可专利性；②如果区别特征均为未做出技术贡献的特征，则权利要求因为没有技术贡献而不具备创造性，基于 EPC 第 56 条排除可专利性；③如果区别特征包括做出技术贡献的特征，则基于做出技术贡献的区别特征，确定权利要求实际解决的技术问题。相对于实际解决的技术问题，如果要求保护的技术方案是显而易见的，则权利要求不具备创造性，基于 EPC 第 56 条排除可专利性。

其中，对于权利要求中的特征是否做出贡献，EPO 审查指南中提出使用"二维法"进行考量，满足技术应用和技术实施两个维度中的任意一个，就可以认为特征对技术特性做出贡献。

2022 年 2 月 3 日，EPO 发布了 2022 年《欧洲专利局审查指南》修订版的预览文件，并宣布该指南将于 2022 年 3 月 1 日正式生效。新版指南对 G 部分第 Ⅱ 章第 3.5.2 节（游戏的方案、规则和方法）和第 3.6.3 节（数据检索、格式和结构）进行了修改，增加了新的技术效果示例。第 G 部分第 Ⅶ 章第 5 节（"问题－解决"法）增加了关于 COMVIK 方法和关于混合型发明第 G1/19 号转介案的参考内容，包括将问题解决方法应用于此类权利要求的新示例。

【典型案例 13 - 3 - 3】区块链生成装置、生成方法、验证装置、验证方法和程序（EP3376456A1）

案情介绍：该申请涉及生成区块链数据的区块链生成装置和区块链生成方法、验证区块链数据的区块链验证装置和区块链验证方法以及程序，其中，区块链数据是将包含由多个交易生成装置生成的交易数据的区块连结而得的。该申请能够提高数据生成的安全性和可靠性。

权利要求 1：

1. 一种区块链生成装置，其对连结区块而得的区块链数据连结新区块来生成新区块链数据，该区块包含由多个交易生成装置生成的交易数据，其特征在于，所述区块链生成装置具备：

同步单元，其取得共享数据，该共享数据包括所述区块链数据和未包含

于所述区块链数据中的交易数据;

交易模式量算出单元,其根据所述区块链数据的所述交易数据中与使用该区块链生成装置的生成者的标识符相关联的交易数据,来算出所述生成者的交易模式量;

区块生成条件确认单元,其基于所述交易模式量算出单元算出的所述交易模式量,来判定所述生成者是否具有生成所述新区块链数据的资格;以及

区块链生成单元,所述区块生成条件确认单元判定为具有资格时,参照所述共享数据尝试生成所述新区块链。

案件分析:该申请被 EPO 专利审查员以权利要求不具备 EPC 第 56 条规定的创造性为由驳回。驳回决定中,专利审查员指出:对于权利要求 1 这样包含技术特征和非技术特征的混合型权利要求,创造性评价时需要考虑权利要求的技术特性,那些无论独立或与其他特征结合均对发明的技术特性没有贡献的特征在评价创造性时不予考虑。

如果非技术特征满足以下两个条件,可以被认为对权利要求的技术特性没有贡献。

第一,这些特征整体上的并与权利要求的技术特征独立的被排除在 EPC 第 52 条第(2)款和第(3)款规定的可专利性之外。

第二,这些特征与权利要求中明确的技术特征结合,并没有产生与这些明确的技术特征单独产生的技术效果所不同的技术效果。

在该申请中,权利要求 1 具有技术特征,包括:使用包括多个用于执行过程的模块的装置,以及由多个装置产生交易数据集。根据说明书,这些装置是计算机网络中一般目的的计算机。但装置的功能及各个部分实现的功能均为非技术特征。这些特征涉及根据商业相关或行为方面的考虑产生区块链数据。单独考虑这些过程并不具备技术特性,因为没有使用任何技术手段,不产生技术效果也没有解决技术问题。因此,当独立于权利要求中的其他技术特征考虑时,根据 EPC 第 52 条第(2)款和第(3)款的规定,其定义的主题不具备 EPC 第 52 条第(1)款规定的可专利。该申请没有描述技术特征和非技术特征之间的任何技术交互,也无法确定任何技术上的相互关系。因此上述非技术特征对于权利要求的技术特性没有贡献。

最接近的现有技术被认为是由通用计算机组成的传统的网络计算机系统,这样的系统在该申请优先权日之前被本领域技术人员众所周知,并且也采用这样的系统自动进行商业相关处理也很公知。权利要求 1 区别于这样的现有系统的地方在于系统被根据上述非技术特征的步骤进行编程,但是这些特征无助于技术问题的解决,因此在评估 EPC 第 56 条规定的创造性时不予考虑。该申请唯一可以确定的技术问题是在一个公

知的网络计算机系统中实施建议的方案，该方案是非技术的、商业相关的方案。从一个网络计算机系统出发，在考虑这些非技术方案的约束条件下，仅仅只是利用传统的硬件和程序方法自动化实现该非技术过程，这属于本领域技术人员的常规解决手段，不需要创造性劳动。因此所提出的问题和所确定的主题都不能明显提供一个具备创造性的解决技术问题的技术方案，因此权利要求1不具备创造性。

申请人争辩权利要求1解决了以下技术问题：如何产生更安全和更可靠的区块链数据。该问题的解决并不是通过特定社会行为的假设，而是通过技术计算和考虑，权利要求1是一个技术方案，并且达到了技术效果，即（产生了更安全和更可靠的区块链数据）。在网络环境中，针对改善数据安全问题的计算机实现方法总是依赖于经济和/或社会方面的考虑。这些考虑不会剥夺所在方法的技术效果，因为（在发明的时间点）它依然通过利用技术手段（即计算机）解决了一个技术问题（即如何提高数据的安全性），并达到了技术效果（即改善了数据安全）。由于该申请旨在实现数据/网络安全领域的技术效果，经济和行为方面的考虑发挥了作用，但并不改变实现了技术效果的事实，即改善了数据/网络安全。权利要求中前序后的步骤都是实现上述技术效果所必需的，因此有助于实现这种效果。从一个众所周知的网络计算机系统出发，如何产生更安全和更可靠的区块链数据，并不是显而易见的。现有技术未公开或给出启示。

EPO的专利审查员坚持认为：与经济和/或社会考虑相关的附加技术特征并不会剥夺一种技术方法的技术效果和/或使其整个主题成为非技术性的。在一项权利要求中出现技术特征和非技术特征是合法的，但是，根据EPC第52条第（1）—（3）款，第56条规定的创造性要求对一个技术问题的非显而易见性的技术方案。根据《欧洲专利局上诉委员会判例法》《欧洲专利局审查指南》有关规定，对于混合型发明在创造性评判过程中必须考虑那些单独而言可能是非技术性的特征是否对技术效果有贡献。该申请的非技术过程并没有明显达到前面所述的技术效果。在"问题－解决"法的框架下，它们应该被合理认定为非技术特征。该申请唯一可以得出的技术问题是在一个公知的网络计算机系统中实现的非技术方案。请求保护的主题缺乏EPC第56条规定的创造性。

该案目前正在上诉中，上诉结果很可能会对未来区块链申请产生影响。涉案申请的中国、美国、日本同族均已授权。

该驳回决定中充分阐述了EPO对于区块链相关专利申请的创造性审查思路，在包含技术特征和非技术特征的混合型权利要求中，明确区分技术特征和非技术特征，并且评估非技术特征在发明中是否对要求保护主题的技术性作出贡献，对于未作出技贡献的非技术特征在评价创造性时不予考虑。EPO上述创造性审查思路与我国和美国的思路均有所不同，EPO在创造性审查中对技术性的要求更高。

针对区块链相关专利申请，并非所有区块链应用程序都会被EPO的专利审查员视为技术性质的，对于那些被解释为商业方法本身的应用程序（与共识机制相关的发明可能面临更大的风险）可能在EPO面临较大的困难，除非与任何计算机实现或商业方法发明一样，能够证明明确的技术效果。

13.4　区块链相关专利司法实践

全球区块链相关申请中，近60%的案件处于待审状态中，另外由于当前产业尚处于初期，并未形成丰厚利润规模引发诉讼大战。因此区块链相关专利进入诉讼程序的数量很少。中国还未出现相关专利诉讼案件。下面介绍1件美国诉讼案例。❶

【典型案例13-4-1】*Rady v. Boston Consulting Group, LLC et al.* 案

【涉诉专利】

美国专利US10469250B2专利提出了一种用于确认钻石身份的方法，将钻石独特的随机属性（如质量、几何形状）签名记录到区块链，使用光谱成像、3D空间感知的摄影图像确定签名。区块链的节点可提供位置证据、隐私、信任和认证。该专利已提交PCT申请，并且在中国、欧洲、韩国、美国广泛布局同族，其中多项美国同族已经获得授权。

【案情介绍】

原告麦克斯·A.拉迪（Max A. Rady）是美国的波士顿咨询集团（BOSTON CONSULTING GROUP）的前员工，其主张前东家由于为全球最大的钻石生产商戴比尔斯集团（De BEERS GROUP）开发宝石鉴定解决方案时面临技术困境，因而联系专利发明人并获得了解决方案，但违反保密协定向戴尔比斯集团交付的技术方案中使用了麦克斯·A.拉迪当时未公开的专利内容，波士顿咨询集团的这一行为不仅构成专利侵权，而且构成商业秘密盗用。戴比尔斯集团的区块链平台Tracr因采用了涉诉专利技术，由此也被诉至法庭。该平台利用钻石的3D图像扫描来识别异常区域（夹杂物/划痕/缺

---

❶ 可信区块链推进计划. 创新与知识产权发展白皮书（2020）[EB/OL].（2021-01-12）[2023-05-20]. http://www.cbdio.com/BigData/2021-01/12/content_6162270.htm.

陷），然后将其矢量映射到3D空间关系中并进行光谱分析，以确定每颗钻石的独特"指纹"。这些指纹存储在区块链上以验证整个供应链中每颗钻石的来源。该平台已被周大福珠宝金行（深圳）有限公司、埃罗莎集团等采纳。麦克斯·A.拉迪根据美国联邦民事诉讼规则第38条款请求所有问题和主张在陪审团面前审理，提出3倍赔偿及相关技术的永久性禁令。

【案件分析】

涉诉专利的中国同族目前处于公开待审状态。中国区块链平台开发商及钻石鉴定技术研发机构需要关注。

该案提示，发明人在参与商业合作过程中，未公开的专利技术方案存在外泄的风险，同时要做好商业秘密保护措施。

另外，涉案专利为原告供职波士顿咨询集团期间申请的，涉案专利构成职务发明还是职务工作之外自行开发存在争议。该案也为企业做好专利权属约定、收益分配方面的管理，避免与员工出现利益和权益纠纷敲响警钟。

第 14 章　区块链相关知识产权保护建议

14.1　采取多元化的保护方式

从前文分析可以看出，在当前的知识产权法律保护体系下，区块链行业可以获得专利权、著作权、商标权和商业秘密保护。对于区块链技术中知识产权保护的解决方案及建议，国内学者有几种不同的主要观点[1]：第一种以曹乐佳的文章为代表，认为通过专利途径来保护区块链技术是可行的，他提出，区块链的底层技术与整体架构都可以申请专利保护；第二种以杨瑞琦的观点为代表，其在《法治与经济》发表的文章《对区块链技术保护的思考》中认为，可以通过完善著作权法和使用著作权来保护区块链技术；第三种以吴广平先生在《中国知识产权报》发表的文章《区块链技术的专利保护策略》为代表，他提出的观点认为，不建议过度保护区块链技术的底层技术，而是通过建立区块链产业联盟来形成专利池或直接披露，以增加该领域专利申请的难度。

笔者认为，寻求和获得其中一项知识产权进行保护是最基本的选择，也就是说，选择单一保护模式是底线。有能力的创新主体应当采取"1＋1＋1"的保护模式，即"专利权/商业秘密＋著作权＋商标权"的模式，最大限度地布局和保护自身利益。[2] 对于区块链技术来说，作为一种新兴技术，有必要通过适当的方法对其进行保护。多元化保护有利于促进区块链技术的健康发展，尽管使用专利方式来保护区块链的基础层和平台层技术是最强有力的，但不可否认的是，其他知识产权模式对区块链技术的保护同样有着积极作用。

---

[1] 周昌岐. 区块链技术专利问题研究 [D]. 昆明：云南大学，2020.
[2] 石超，余晓春. 区块链的知识产权保护模式与战略布局研究 [J]. 科技与法律，2019（4）：43.

14.1.1 以专利权保护为主

区块链技术是一个分散式的数据库,俗称分布式账本,是一种记录交易的技术。区块链技术本质上是一种计算机技术,与在计算机平台上运行的计算机程序密切相关,适用计算机领域的知识产权制度。涉及软件和平台的相关技术改进或创意基本上都属于专利保护的客体,但很多人忽略了这一事实,放弃了专利保护。然而,无论是对企业还是国家来说,有效专利的数量、质量以及布局在证明其技术创新能力、技术实力积累等情况时,都是不可忽视的重要因素之一,深入研究区块链技术的专利保护问题的重要性不言而喻。

根据上文比较专利权、著作权、商标权和商业秘密这四种保护方式的保护力度情况可知,专利权能最大限度地保护区块链有关的技术改进与创意。具体而言,专利权保护的对象是发明创造中的发明构思,即用于解决现有技术中存在的技术问题的方法流程,而计算机软件的源代码只是上述方法流程的某一种具体实现方式的载体。也就是说,如果与某一计算机软件相关的技术获得了专利权,那么其他软件开发者即便采用不同的编程语言,哪怕全部重新进行编码,只要沿用了同一发明构思,都有可能落入该专利权的保护范围。同时,虽然与计算机软件相关技术的发明构思会随着专利或专利申请的公开而被大众获知,但作为计算机软件本体的源代码并没有公开,其他软件开发者也就完全无法从计算机代码中获得启迪。此外,相对于传统的中心化的计算机软件,区块链技术因其去中心化的特性,其技术方案所涉及的一系列方法步骤往往在多个设备主体中执行,这种情况通过专利进行保护更合适。

具体地,发明专利可保护主题涵盖各种与加密货币、区块链技术相关的特征、功能和过程以及与其相关的平台组成。外观设计专利可以从一个功能项目的装饰性设计中获得,其保护主题涵盖计算机显示器、图标和用户界面的各个方面。[1]

14.1.2 以著作权、商标权和商业秘密保护为补充

14.1.2.1 著作权保护

根据著作权相关法律的规定,受著作权法保护的作品必须具有独创性、可复制性,

---

[1] 卉海云,苏娜平. 美律所解析区块链技术专利策略 [EB/OL]. (2018-02-26) [2022-09-20]. https://www.worldip.cn/index.php?m=content&c=index&a=show&catid=64&id=694.

属于智力成果,并且属于法律所列举的客体类型。不言而喻,区块链具备独创性,属于智力成果,其可复制性也因其以代码形式表现而显而易见。在著作权客体类型中,区块链相关程序软件符合"计算机软件"作品,关于区块链内容的书籍等符合"文字作品",因此区块链具有著作权属性。由于区块链程序能否获得著作权保护并不取决于源代码是否开放,因此区块链技术所形成或包含的每一个程序自然都受到著作权法的保护。即使源代码是公开的,它仍然可以受到软件著作权的保护。❶

此外,在区块链的运行过程中,数据和时间点被一个接一个地记录下来,形成各种区块,然后链接起来形成区块链。区块链中记录的事项也在区块链形成时成为一个数据库。尽管《著作权法》没有明确将数据库纳入著作权保护的客体范围,然而,在数据库中选择、组织和排列数据可以形成汇编作品。因此,对区块链形成的数据库进行有目的和创造性的操作,以及对区块链数据进行独创性的编排,都可以寻求著作权保护。

如果一个技术方案表达兼具专利属性和著作权属性,可以同时寻求专利权保护和著作权保护,两者并不冲突,且我国现行知识产权法律制度也并未禁止同时获得专利权和著作权。以区块链技术应用方案为例,其通常包括实现方法、源程序、目标程序及有关文档,其中实现方法在满足相关条件的前提下落入了专利保护的客体范围,可通过提出专利申请对其进行保护,而源程序、目标程序及有关文档等自始享有著作权,其指令序列、语句序列以及各种文字说明资料等,同样受到著作权保护。

14.1.2.2 商标权保护

根据前文对商标的定义,其是能够明显标识一个商品(服务)、以防被混淆的标志,属于一种无形财产,其能给企业带来经济效益和社会效益,关系到企业声誉的提高和市场份额的扩大,任何企业都不能忽视在商标保护上的投资。尤其是在区块链技术进一步淡化了地域问题的情况下,保护商标直接关系到企业在国际环境中的市场利益。

我国商标只有获得政府有关部门授权或在政府有关部门注册后才能享有相应的商标权保护。商标不仅是区别于其他机构的标志,而且具有承载商誉的功能。商标是通过一个词、词组、符号、颜色或以上要素的组合等用来识别和区分商品或者服务的来源,其类型多样,有图形商标、文字商标、数字商标、颜色商标、立体商标、声音商标、证明商标、组合商标等。在获得商标后,企业需要进一步运营和建设,以增强企业竞争力,更好地参与市场竞争。

---

❶ 石超,余晓春. 区块链的知识产权保护模式与战略布局研究 [J]. 科技与法律,2019 (4):41-47.

在区块链技术快速发展、竞争激烈的环境中，除了要有技术意识，还要有商标或者品牌意识，保护自己的行业品牌和区块链软件名称等。对于已经发展起来的企业来说，有必要在企业运营过程中制定自己的商标战略，将商标转化为品牌，以保持优势地位，提升在国内外的商业影响力。对于数量更多的初创企业来说，也应当树立商标保护意识，及时申请商标保护，为其技术研发和业务运营提供重要的法律保障，以防发生侵权时无所适从。具体地，至少可以选择以下两种路径来通过商标保护区块链服务或产品：①建立区块链行业协会等组织机构，申请区块链作为证明商标；②利用关键词组合描述基于区块链技术的相关服务或产品的独特内容或特性，并将上述关键词组合申请为注册商标。❶

14.1.2.3 商业秘密保护

商业秘密是指不为公众所知悉、具有商业价值并经权利人采取相应保密措施的技术信息、经营信息等商业信息。对于传统的商业计算机软件来说，其源代码封装严密且非公开，因此很明显，软件源代码通常能够满足商业秘密的构成要件——秘密性、价值性和保密性，当然属于软件开发者的商业秘密。由于商业秘密保护与前面提到的专利权保护都涉及技术信息，看似有所重叠，但实际上存在显著差异。由于专利要求在申请过程中或获得专利权后披露其技术信息，因此存在一定的被仿制和逆向工程的风险，而商业秘密以保密的形式存在，这可以确保权利人的技术或经营信息不为公众所知。但是，如果发生侵权，原告在商业秘密侵权诉讼中的举证责任难度则高于在专利侵权诉讼中的举证责任。总之，商业秘密和专利申请这两种保护方式各有优缺点，企业需要根据其自身的需求和技术的性质进行选择。

14.1.3 协调知识产权保护和开源许可之间的关系

区块链的许多核心和关键技术都诞生于开源社区，整个区块链操作软件基本上都是用开源代码编写的，开源代码可以由其他参与者进一步修改和完善。正因如此，这个源于开源社区的区块链技术早已不再局限于"比特币"或金融交易市场，而是迅速推广并应用于医疗、交通运输和知识产权等其他领域。如前文提到，由于知识产权的独占性与区块链开源技术的共享性天然存在着一定冲突，因此，在寻求区块链技术的

---

❶ 胡光. 区块链技术知识产权保护策略研究 [J]. 重庆理工大学学报（社会科学），2019 (4)：97-104.

知识产权保护时必须协调好知识产权保护和开源许可之间的关系。

许多区块链领域都是开源技术，这给国内企业带来了发展机遇，助力我国区块链产业的发展进入快车道。然而，需要注意的是，开源并不一定意味着不需要进行知识产权保护，尤其是专利保护。目前，许多领先开源企业在大力推广开源的同时，也在积极提交大量区块链技术相关的专利申请。中国相关企业应尽快开展区块链知识产权布局，以便在未来的竞争中占据一席之地。此外，开源并不意味着无条件和免费使用，国内企业在使用相关技术和遵循不同版本的开源协议时，也应警惕专利侵权和著作权侵权等风险。企业在研发过程中，应规范风险防范流程，防止侵权代码流入，可以依托产业联盟进行信息共享和沟通，降低研发成本，促进联盟内部成员之间的良好合作关系，通过"保留权利，公开代码"的方式建立知识产权交叉许可机制，实现研发和知识产权资源的共享。

因此，作为区块链开源技术的开发者和用户，区块链领域的创新主体应充分认识到以下两点。第一，如果有布局知识产权保护的计划，则在布局之前，应明确与拟布局知识产权相关联的软件代码是否已开源。如果是，则在知识产权保护问题上应结合开源技术的许可证制度进行研究，确认开源许可证是否对知识产权布局以及相关权利的行使有规定。布局知识产权的决定应在准确评估知识产权对自身影响的基础上合理作出。第二，即使没有布局知识产权的计划，由于开源软件的开发人员数量众多并且松散复杂，因此开源软件的代码往往还存在侵犯不受许可证限制的第三方知识产权的风险。尽管这是整个开源社区层面的问题，但开源代码的使用者也应该对此保持足够警惕。❶

14.2　区块链技术发展趋势预测及建议

14.2.1　技术创新解决方案

在区块链技术的申请趋势来看，自2018年以来，各个分支申请量均增速较大，大部分的专利申请尚处于在审状态。在已审结案件中，授权有效的案件占比约为一半，

---

❶ 吴广平. 区块链技术的专利保护策略［N］. 中国知识产权报，2017-08-09（11）.

其余案件为失效申请。中国申请人的技术敏感度还有待提高，核心专利数量较少，还需继续提升专利质量。

基于上节中对中国技术发展路径中的问题的分析，针对区块链技术中部分技术分支比较薄弱、区域发展不平衡、技术敏感度不高等现状，尽快提高专利创新能力和行业竞争力是产业专利工作的重中之重。下面通过多种途径分析区块链技术创新能力的提升方案。

14.2.1.1 技术分支创新能力提升路径

对于处于优势的技术分支，如安全机制分支，应当进一步加大这些领域的研发投入，采取以自主创新、技术借鉴再创新相结合的方式，在自主创新的基础上，跟踪行业领军企业、主要技术创新人员的专利申请动向，深度跟踪、深入挖掘、充分吸收利用国内外先进技术和关键技术，力争突破技术瓶颈，获得更多的核心技术专利，达到国际领先水平。

对于稍微处于劣势的技术分支，如数据分支，可采取企业间协同创新、引进外部技术吸收再创新为主的方式进行技术积累，在此基础上进行劣势领域上的创新突破，加快专利储备和布局。

需要注意的是，在借鉴其他公司专利技术时，要注重专利的地域性和法律状态。若目标市场为中国，对于中国地区的专利，如专利已授权并处于有效状态，在进行利用时需注意技术规避，避免侵权，可围绕其核心专利进行外围专利布局；如专利处于在审状态，则需要积极关注其专利法律状态变化。

14.2.1.2 区域之间创新能力提升路径

深圳在区块链技术的总申请数量居全国首位，其次为北京。深圳和北京两个地区的申请量总和超过了全国总申请量的一半，说明中国的区块链技术发展过于依赖部分地区部分龙头企业，区域发展不均衡。申请量较小的地区在具备一定的创新能力以及拥有一定的专利积累的基础上，需要不断关注技术的最新发展动向，继续加大研发投入，尽快达到行业平均水平。

针对上述深圳和北京的申请量明显领先其他地区的申请量的情况。对于技术研究相对落后的地区的申请人，可以采取企业交流或技术合作等形式，向具备前沿技术的地区的企业学习技术经验，并加大技术创新投入和可专利性技术的挖掘，增加发明专利的申请量，促进创新水平的提升。

14.2.1.3 专利质量提升路径

在企业中,重视对前沿技术的学习,提高技术人员的技术敏感度,及时了解和掌握国外最新技术发展状况和趋势,从而挖掘可以申请专利的技术点并进行专利申请。核心专利数量越多,控制力和影响力越强,应当根据当前国内专利申请状况进行企业专利布局,掌握核心专利,从而在未来的市场中占据主要地位。此外,对于未在中国布局的国外专利及中国失效专利,可以有策略地利用这些专利,提高创新质量和创新效率。

14.2.2 中国企业发展路径和风险防范路径

14.2.2.1 中国企业发展路径

根据创新主体类型将国内区块链专利申请的创新主体分为企业和科研院所,并分类型对申请量统计排名,国内区块链专利申请总量排名前十位的企业名单及申请数量如图14-2-1所示。其中,腾讯公司以1800多件专利申请高居第一位,中国平安以1400多件专利申请位居第二,阿里巴巴则以1000多件专利申请位居第三。

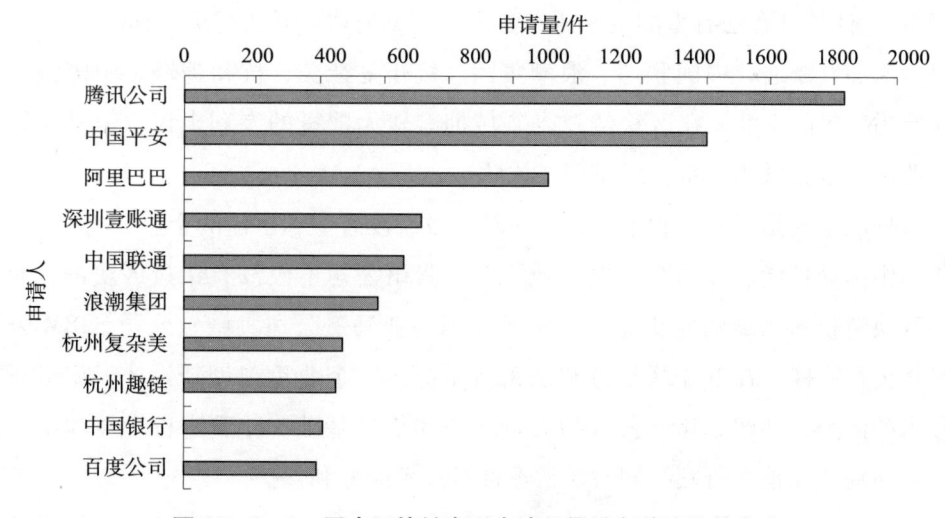

图14-2-1 国内区块链专利申请总量排名前十位的企业

区块链专利申请总量排名前十位的高校名单及申请数量如图14-2-2所示。广东工业大学以140多件专利申请高居第一位,西安电子科技大学以120多件专利申请位居第二,重庆邮电大学以110多件专利申请位居第三。

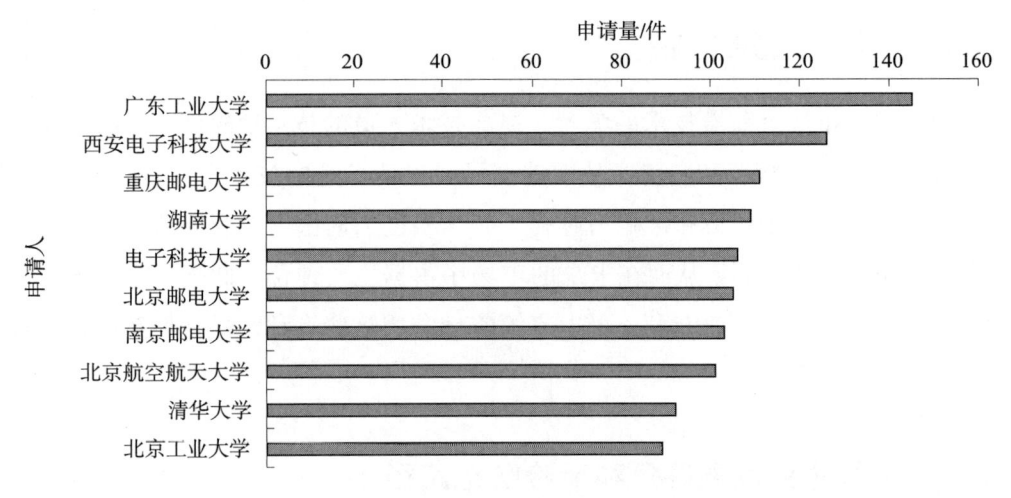

图 14-2-2　国内区块链专利申请总量排名前十位的高校

通过对比图 14-2-1 和图 14-2-2 可以看出，在区块链技术领域，国内高校的专利申请量低于企业的专利申请量，因而推动区块链技术发展的主要创新主体是企业。企业在推动该领域快速发展方面起重要作用。

可以将国内区块链技术领域的企业根据专利申请量的多少分为三个梯队。其中，腾讯公司在专利申请总量和排名方面都处于国际和国内领先地位，其技术实力雄厚。此外，中国平安和阿里巴巴等专利申请人的专利申请量虽然少于腾讯公司，但申请量均大于 1000 件，具有强有力的技术研发实力，三家公司一并属于第一梯队。

以为深圳壹账通、中国联通、浪潮集团、杭州复杂美、杭州趣链、中国银行、百度公司等为代表的企业，在区块链技术领域拥有较大数量的专利申请，但是与第一梯队的企业申请量有微小差距，属于第二梯队。

第三梯队主要是那些专利申请量相对较少或者没有专利申请的企业。

作为中国最具代表性的互联网企业之一，腾讯公司不仅没有错过区块链，而且成为国内区块链技术领域的龙头企业，腾讯公司与亚马逊公司、微软公司、IBM 公司等海外科技公司一样，在争夺区块链和加密货币应用。企业重视创新人才，积极研究区块链技术的潜力，并建立起该技术的大量知识和信息基础，注重进行全球和中国的区块链专利布局，在技术研发的同时非常重视对技术的专利保护。

处于第二梯队的企业，具备一定的专利基础，拥有专业的研发团队与较强的研发基础，能够实现自身的战略防御，处于整体自我防御，局部突破扩张的阶段。对于这部分企业，应根据自身产品的特点，深入挖掘相应领域的技术难点，突破难点，实现在该领域的绝对优势，从而在细分市场中占据一席之地。

处于第三梯队的企业，具有一定的技术基础和研发能力，但由于专利申请量少，产品的专利防御能力相对薄弱。对于这部分企业，应首先着眼于自己的产品线，提高研发实力，快速积累专利量，从而实现专利层面的战略防御。

14.2.2.2　风险防范路径

目前来看，区块链技术正处于突飞猛进的发展阶段，虽然中国的专利数量占据优势，但主要是以国内专利申请为主，国内创新主体在海外进行专利布局的比例不高，整体海外布局依然不够全面，同时核心技术的专利数量不多。

海外市场潜力巨大，中国应尽快从制造大国转变成智造大国，对知识产权风险问题引起足够的认识，规避海外市场存在的较大专利风险，例如海外专利侵权诉讼、337调查、海关扣押等。目前中国企业均尚未在海外市场进行大规模布局，其积极利用专利手段保护自主创新的技术知识，除了在国内进行专利布局，也应根据自身发展情况，尽快进行海外专利布局，避免由于技术未在海外进行专利保护而失去竞争优势。具体可充分利用PCT制度，也可通过购买或交叉许可等手段构建相关产品的专利池，夯实自身的专利基础。另外，积极应对专利诉讼，合理利用包括专利无效在内的各种救济手段，如若确实构成侵权，也可及早谈判达成专利许可合作寻求和解。

14.2.3　创新人才培养和引进路径

专利的布局和研发离不开技术创新人才的支撑，谁拥有更多的技术创新人才谁就更有话语权、竞争力和控制力。专利发明人是技术创新人才的直接体现，专利发明人数越多，且人均专利数量越多说明创新实力越雄厚。因此创新人才的培养以及引进也成为影响我国在区块链技术领域未来发展趋势的重要因素。针对人才优势薄弱的热点技术分支，可采用内部培养和外部引进两种渠道，分层次、分阶段引进培养一支熟悉产业、精通技术、了解市场、通晓专利的创新人才队伍，为分布式账本产业发展提供智力支撑。

14.2.3.1　创新人才培养路径

中国要在区块链技术领域产业形成更多、更好的具有自主知识产权的创新成果，就需要具有足够的技术创新人才。在区块链产业技术创新人才培养方面，根据之前的分析，相比较于全球发展水平，我国原创国申请占比较高，技术人才总量充足，但是核心专利占比较低，高级技术人才较为缺乏。从短期发展来看，建议采取外部引进和内部培养相结合的方式，当高级技术人才积累到一定程度后，可采取内部培养为主、外部引进为辅的方式。

在政府层面，高层次产业人才是区块链产业人才队伍的核心，更是推动转型升级的主要力量。政策应发挥对人才的导向作用。建议政府制定和实施人才政策措施，从外部创新人才引进和内部创新人才培养入手，形成覆盖人才引进、培养、使用、激励和保障等方面的政策体系。从而培养、支持和鼓励符合产业发展目标的创新人才向关键产业环节集聚；大力扶持熟悉国内外区块链产业相关领域发展趋势和技术前沿且具有创新实力或拥有核心专利技术的本地创新骨干人才。

在企业层面，要建立科学的制度，健全和完善科学的人才培养、使用、激励和保障等制度，形成良好的企业用人环境，同时为吸引人才打好内部基础。此外我国区块链产业的技术创新人才主要以企业科技人员为主，高校科研优势并未充分显现，其中在区块链技术总体申请人中，高校和科研院所相关申请人占比仅为11%。企业可在政府带动下积极推进与高校的紧密联系，为本土人才的培养提供良好的学术、人文环境。增加高等院校学生深入企业实习实践调研的机会，增强专业实践技能，鼓励参与实践性较强的科研项目，同时可以依托国内科研院所及职业技术学院，开展多层次学历教育和实用技能培训，夯实区块链产业一线实用技术创新人才储备基础，形成梯度化的高水平创新人才队伍。

14.2.3.2 创新人才引进路径与建议

人才是一种战略性资源，引进人才是一种战略投资。应积极采取主动的措施吸引和留住人才，壮大技术人才队伍，力争在更短的时间突破技术瓶颈，较快的提升科研水平。

对于高层次人才，可以通过优惠政策鼓励、吸引和支持国内外区块链产业高层次创新人才，尤其引进在产业薄弱或缺失环节具有创新实力并拥有核心专利技术的国内外优秀专业创新人才。同时建议政府根据国家区块链技术发展情况，对人才引进政策进行持续优化、动态调整。

企业方面，首先是需要营造良好的创新环境，搭建人才引进平台，举办高层次创新人才、实用技术专业人才等各类人才交流会、人才招聘会、科技洽谈会等活动，开展校企合作活动，组织企业赴定点院校招聘人才，引进各类所需的人才，从而引导各类人才更好地向企业集聚和流动，进一步增强区块链产业创新活力。其次是建立灵活多样的人才引进方式。拓宽思路，创新引才方式，在吸引高层次创新人才工作难度较大的情况下，可借鉴"柔性引进"的灵活方式，通过聘请顾问、举办、讲座、寻求技术合作、开展课题研究等方式实现技术的积累和引进。最后是建立高层次人才专家库。探索建立涵盖技术创新、知识产权、国际贸易、现代化管理和基础研究在内的高层次人才专家库，为企业创新发展提供智力人才储备。

其中企业可从个人、高校、其他企业进行区块链产业创新人才引进，尤其是各技术分支关键环节创新人才。对个人的人才引进的难度和风险相对较低，建议采用直接聘用的方式引进。高校发明人较为分散，人均专利申请量较低，且多数创新以论文形式发表，因此，在引进高校创新人才时可兼顾其论文发表情况。高校创新人才引进难度较大，建议采用外聘专家方式引进，但需要明确创新成果的知识产权归属。其他企业创新人才创新能力较强，但同时引进难度较大、风险较高，如采用直接聘用方式引进，一定要注意该个人是否与原单位签订相关协议，人才所掌握的技术是否已经在原单位申请了相关专利，如果已经申请了相关专利，则要注意使用该人才的技术是否可能会涉及侵权纠纷，确保引进人才时避免侵权违约等风险，消除潜在隐患。

针对人才优势薄弱的热点技术分支，要着重加强人才引进和培养，由于国外人才引进难度很大，可以考虑从我国相关领域中具有领先技术水平的企业以及高校和科研院所引进人才。

具体可以考虑从国内区块链技术领域申请量排名位于前列的企业、高校及科研院所引进热点技术分支所需的人才。其中我国在区块链技术领域申请量排名前十位的领先企业依次是腾讯公司、中国平安、阿里巴巴、深圳壹账通、中国联通、浪潮集团、杭州复杂美、杭州趣链、中国银行、百度公司。在高校申请人中，广东工业大学、西安电子科技大学、重庆邮电大学以及湖南大学的申请量位居前列。上述高校整体技术实力雄厚，企业可以联合其一起研究热点技术，也可以外聘专家的方式引进。

14.2.4 专利协同运用和市场运营路径

14.2.4.1 专利联盟构建路径

专利联盟是指组织、机构或企业之间基于共同的战略利益，以相关技术领域的专利技术为纽带达成的联盟。联盟中的成员以专利的交叉许可，或者相互优惠使用等方式共享专利技术，对联盟外部共同发布联合许可声明。

（1）专利联盟构建的必要性。

专利联盟的功能主要在于能够将相同或者相近技术领域中不同组织、机构或企业的专利资源进行整合。专利联盟对于组织、机构或企业而言，能够实现技术优势的互补，以较低的成本弥补技术劣势，提升技术创新能力，促进技术的快速发展，同时也促进专利的转化应用。在国际竞争中，专利联盟有助于提升我国相关产业的技术竞争力，能够帮助国内创新主体更好的应对国际竞争，改善国际竞争格局，促进国内创新主体在海外更好的发展。

通过前面的分析可知，区块链产业的发展与专利存在关联度，随着区块链技术发展，全球范围内的创新主体在抢占技术制高点和扩大市场占有率的驱动下，会对国内的区块链产业构成一定的挑战。从区域资源整合、行业良性发展、产业竞争力提升、创新主体技术能力提高等角度考虑，有必要建立区块链产业专利联盟。通过将区块链专利联盟作为整体，对内专利许可实现技术共享，盘活专利无形资产，对外进行专利谈判，有利于抵御专利风险。此外，建立专利联盟还有利于分别攻克技术难点，避免重复研究等。总之，为提高我国区块链产业竞争力，有必要建立专利联盟。

（2）区块链部分核心专利。

为了形成有效的专利联盟，需要各个参与专利联盟的企业将自己的授权有效专利放在一起构成专利池，联盟成员可以通过交叉许可等方式共享彼此的专利技术，免于承担侵权的责任。同时，要求专利池中的专利必须是涉及区块链领域关键技术的核心专利，授权并维持有效。

14.2.4.2 专利收储运营路径

第12章已经分析了国内外区块链技术相关专利申请量以及授权情况，国内专利申请人可考虑在申请量较多的领域进行专利许可/转让以提高专利转化效率。相对而言，在专利申请量较少，技术实力相对较弱的领域，一方面，区块链相关企业需要在区块链各技术分支加大研发力度；另一方面，可以考虑吸收外部技术，通过收储高校、科研院所、企业及个人具有产业化前景的关键技术专利成果，加快专利技术成果转移转化，迅速补足自身的技术短板，发挥专利对经济转型和产业升级的支撑作用，实现专利的市场价值，提升产业核心竞争力。

14.2.5 本节小结

区块链技术作为新兴的、具有革命性意义的技术，正处于快速的技术革新以及爆发式的专利数量增长之中，相关研究和应用呈现井喷的趋势。

本节对区块链技术进行了深入全面的分析，在把握完整产业链结构和技术分解的基础上，对区块链技术领域的全球和国内专利情况进行了多维度、多层次的统计分析，把握技术发展的趋势和热点技术演进的方向，同时，对创新主体和创新人才的情况进行了多角度的分析，并有针对性地给出了相关的发展建议。

目前，我国区块链技术相关产业的发展正面临着良好的机遇，应着力增强自主创新能力，加大知识产权的保护力度。希望本书的分析能够为产业的发展起到积极的推动作用，为创新主体的创新提供方向上的参考。

14.3　全链条加强保护

14.3.1　从专利申请的角度

14.3.1.1　技术创新，打造高价值专利

区块链技术具有广阔的发展及应用前景，背后蕴含着巨大的市场价值，区块链相关专利的价值也不言而喻。2016 年 12 月，在《国务院关于印发"十三五"国家信息化规划的通知》中，区块链首次作为战略性前沿技术写入。2019 年 10 月 24 日，中共中央政治局在第十八次集体学习时强调，要把区块链作为核心技术自主创新的重要突破口，明确主攻方向，加大投入力度，着力攻克一批关键核心技术，加快推动区块链技术和产业创新发展。"十四五"规划中，区块链被列为七大新兴数字产业之一，明确提出了区块链技术创新、应用发展、监管机制完善的三大重点任务。在这样的国家政策背景下，我国创新主体应该抓住发展机遇，加强相关底层技术的研发及创新，提升区块链专利质量，深度挖掘高价值专利，通过建立区块链产业联盟的形成组成专利池，构建多样化的专利运营体系，通过自主创新和知识产权保护紧密结合提高企业的核心竞争力，占领技术和市场的制高点。

我国区块链相关专利申请主体以企业为主，国内高校和科研院所占比很小，但国内高校和科研院所实际拥有雄厚的技术优势和科研资源。因此，我国创业公司一方面可寻求与行业巨头合作，获得发展资金，保持自身的可持续发展，提升区块链技术与各行业

的深度融合发展；另一方面，可积极寻找技术互补的科研院所，依托高校优势，积极建立产学研相结合的技术研发合作机制，与国内优势高校、科研院所开展校企、校院（所）等模式的协同合作，集聚人才，提高科技创新层次，提升区块链技术研发水平和能力。❶

14.3.1.2 熟悉法律，寻求最有利保护

不同国家和地区，专利保护相关的政策法规各不相同，包括知识产权的保护类型、不同类型知识产权的客体要求以及相关的知识产权法律规定、审查指南、相关判例甚至学术观点等。在进行专利申请前，要了解熟悉目标国家的相关情况，做到有的放矢。

对于区块链相关专利申请，其保护形式与计算机算法、货币以及商业方法等密切相关，尤其要了解各个国家专利适格性标准和专利授权需满足的条件，了解各国在审查和司法实践中的做法和不同特点。

申请人要根据技术的特点和市场的需求，积极进行专利战略布局。针对不同国家和地区知识产权保护制度在技术、产品、市场、法律等因素差异，结合自身特点和所处阶段，采取不同专利申请策略以及保护类型，为后续有效抗衡或制约竞争对手奠定基础，提升我国区块链企业的国际市场竞争力。抓住新兴数字产业发展重要时机，提前谋篇布局，加强全球区块链技术专利布局竞争态势研究和跟踪，引导国内企业加大在海外国家、地区的区块链技术专利申请力度。❷

专利"走出去"，带动产品"走出去"。在"走出去"的过程中，积极应对国际竞争对手的各种挑战。在遇到海外诉讼纠纷时，应组建专业团队来积极应对，在仔细评估案情的情况下，根据当地法律采取恰当的应对措施来维护自身利益。

14.3.1.3 撰写规范，获得最恰当保护

不同国家和地区专利法对申请文件的要求大体相同，但由于各个国家和地区专利保护政策或实践要求的差异，导致在申请文件的撰写尤其是权利要求的撰写上可能有所不同。所以申请人应该基于各个国家和地区不同的要求，撰写能够获得保护的最大范围的权利要求。

例如，在中国申请专利，为了符合专利适格性的要求，对于区块链相关申请，涉及数字货币的，应注意不能违反《中国人民银行法》的相关规定，也即相关专利申请

---

❶ 葛亮，张亚东. 全球区块链技术专利分析［J］. 中国发明与专利，2019，16（1）：39-46.
❷ 辜璐，葛鹏，王耀，等. 区块链技术专利态势研究与发展建议［J］. 中国发明与专利，2021，18（10）：35-40.

不能涉及虚拟货币的发行以及虚拟货币代替人民币在市场上流通。认真区分"挖矿"的目的和用途，区分"挖矿"识别与"挖矿"本身。另外，对于包含算法特征或商业规则特征的区块链相关申请，权利要求的方案中不能仅仅描述算法本身或者商业规则本身，单纯的算法或商业规则属于智力活动的规则和方法，并不是专利法保护的对象，撰写时应考虑算法或商业规则与具体应用场景的结合，专利法保护的是一种基于具体应用场景的能够解决一定技术问题的技术方案。为了符合新颖性创造性的要求，申请文件中要重点突出发明方案相对于现有技术的改进，突出算法特征或商业规则和方法特征与技术特征之间作为一个整体相互支持、相互作用对技术方案作出的贡献。特别的，在说明书中应描述清楚算法或商业规则和方法特征是如何与技术特征在"功能上彼此相互支持、存在相关作用关系"共同解决技术问题的，写清具体与特定技术领域的结合过程，并写明有益技术效果。如果发明客观上提升了用户体验，可以在说明书中写明这种用户体验是如何由技术特征和算法特征或商业规则和方法特征共同带来或产生的。

再如，在美国申请专利，针对美国不保护抽象概念的规定，在提交区块链算法相关的专利申请时，就应该将说明书的重点放在发明的技术实现方面，详细描述发明的技术方面的实施例，避免把重点放在具体的算法上。在撰写权利要求时，重点放在技术解决方案上，叙述要超出传统计算机的处理步骤和功能，避免专利审查员以抽象概念为由驳回专利申请。此外，在撰写权利要求的时候，尽量从同一个产品的角度去叙述，以便于侵权举证。❶

确定权利要求最恰当的保护范围，权利要求的保护做到层次分明、结构完整。独立权利要求在充分体现发明核心构思的前提下，尽可能的请求较大的保护范围，从属权利要求进一步层层限定，避免在独立权利中写入过多过细的特征。装置、方法、系统、存储介质各种保护形式全面完整。

14.3.2 从国家战略的角度

14.3.2.1 鼓励创新，加大专利保护

我国正处于"十四五"时期，也正当"两个一百年"奋斗目标历史交汇点，应当充分发挥知识产权对区块链产业创新发展的引领和支撑作用，全面提升区块链技术领

---

❶ 许燕彬. 区块链技术的美国专利申请策略［N］. 中国知识产权报，2018-10-22（5）.

域知识产权创造、运用、保护和服务能力，助力构建新兴数字化产业发展新格局。

贯彻知识产权发展战略，完善区块链技术成果转化机制。以实现科技自立自强，提升我国区块链技术自主创新能力为目标，构建自上而下顶层牵引与自下而上自主创新结合的保护激励机制。以市场需求为导向，构建覆盖区块链基础研究、平台研发、行业应用以及成果孵化的创新资源网络，推进产业链上中下游资源协同及产学研深度融合，加速成果从创造研发、工程实践到行业推广的转化成效。强化专利质量提升工程，培育区块链高价值核心技术专利。统筹优化区块链产业专利布局，加大对区块链基础算法、底层协议、平台框架以及安全机制等核心关键技术支持力度，着力培育高价值的核心技术专利，抓住"量高"优势积极转化形成"质优"的新局面。从创新源头贯彻落实质量提升，规避技术含量低、实用性不强或重复申请等情况，提升知识产权公共服务能力，打造深度融入产业的专业化服务。❶

14.3.2.2　政策制定，服务国家发展

专利制度设立的目的是保护创新，促进科学技术进步和产业发展。是否加强对计算机软件及商业方法发明的保护以及加强到什么程度，应当取决于国家相关产业的发展状况。因此，要根据国家产业发展的水平和阶段来调整专利政策，实现合法垄断与有序竞争之间的平衡，以达到促进技术创新和国家发展的目的。

不同行业对专利制度的依赖程度有所不同，不同领域内专利激励机制的作用方式也有区别。对所有领域的发明都采取同一的判断标准和方法已经很难满足社会和科技发展的实际需求。对于主题是否可专利的判断，基于不同行业的具体特点适用不同的标准是非常必要的。涉及计算机程序的发明的专利保护要注意出现专利密度过高的现象，这将会制约该产业的创新和发展。发挥法院的司法能动作用对实现专利政策的灵活运用能够起到重要的作用。我国法院基于审判实践探索主题可专利性标准在不同产业领域内的不同适用方式是非常必要且可行的。专利法的核心任务是为具有社会价值的发明的产生、披露和商业利用提供动力，美国利用计算机实施的发明的专利政策转变值得我国思考。❷

---

❶ 辜璐，葛鹏，王耀，等．区块链技术专利态势研究与发展建议［J］．中国发明与专利，2021，18（10）：35－40．

❷ 李洁琼．利用计算机实施的发明的可专利性研究：美国联邦最高法院确认"Mayo 二步分析法"的适用［J］．中山大学学报（社会科学版），2015，55（2）：171－184．

附　录　申请人名称约定表

约定名称	申请人名称
腾讯公司	腾讯科技（深圳）有限公司
中国平安	中国平安保险（集团）股份有限公司
平安科技	平安科技（深圳）有限公司
平安医疗	平安医疗健康管理股份有限公司
平安国际智慧城市	平安国际智慧城市科技股份有限公司
深圳平安医疗	深圳平安医疗健康科技服务有限公司
阿里巴巴	阿里巴巴集团控股有限公司
深圳壹账通	深圳壹账通智能科技有限公司
浪潮集团	浪潮集团有限公司
中国联通	中国联合网络通信集团有限公司
杭州趣链	杭州趣链科技有限公司
百度公司	百度在线网络技术（北京）有限公司
	北京百度网讯科技有限公司
支付宝	支付宝（中国）网络技术有限公司
万事达卡	万事达卡公司
	Mastercard International Incorporated
杭州复杂美	杭州复杂美科技有限公司
北京瑞策	北京瑞策科技有限公司

续表

约定名称	申请人名称
西门子	西门子股份公司
	SIEMENS AG
富士通	富士通株式会社
	FUJITSU LIMITED
中国银行	中国银行股份有限公司
IBM 公司	国际商业机器公司
	International Business Machines Corporation
Nchain 公司	Nchain Holdings Limited
Coinplug 公司	Coinplug, Inc.
杭州云象	杭州云象网络技术有限公司
江苏荣泽	江苏荣泽信息科技股份有限公司
深圳网心	深圳市网心科技有限公司
迅雷公司	深圳市迅雷网络技术有限公司
小米公司	小米科技有限责任公司
深圳前海微众银行	深圳前海微众银行股份有限公司
工商银行	中国工商银行股份有限公司
中国银行	中国银行股份有限公司
蚂蚁集团	蚂蚁科技集团股份有限公司
中链科技	中链科技有限公司
Bizmodeline 公司	Bizmodeline Co., Ltd
泰康保险	泰康保险集团股份有限公司
康键信息技术	康键信息技术（深圳）有限公司
陕西医链	陕西医链区块链集团有限公司
Alphabrothers 公司	Alphabrothers Co., Ltd

续表

约定名称	申请人名称
深圳赛安特	深圳赛安特技术服务有限公司
山东爱城市网	山东爱城市网信息技术有限公司
IRM 公司	Iron Mountain, Inc.
EINGOT 公司	EINGOT, LLC
BBM 公司	BBM HEALTH, LLC
沃尔玛公司	WALMART STORES, Inc.
沃尔玛阿波罗公司	Walmart Apollo, LLC
武汉诶唉智能	武汉诶唉智能科技有限公司
航天科工	中国航天科工集团有限公司
华为公司	华为技术有限公司
中广传播	中广传播集团有限公司
中广热点	中广热点云科技有限公司
京东公司	北京京东叁佰陆拾度电子商务有限公司
	京东科技集团